Über dieses Buch Gebannt haben viele beobachtet, wie der scheinbar stabile Staat der DDR einem Kartenhaus gleich zusammengefallen ist. Nicht geringer war die Verwunderung darüber, daß die Revolution in der DDR nach den Mustern basisdemokratischer und gewaltloser Auseinandersetzung verlief. Daß das bislang gängige Bild von der DDR vielfach ihrer Realität widerspricht, will der Band aufzeigen. Wissenschaftler, Journalisten und Künstler, die aktiv am Prozeß der Umgestaltung der DDR beteiligt waren oder sind, beleuchten die Rolle zentraler Institutionen der Revolution: der Kirche, der Kunst, der Wissenschaft, der Medien. Von den Ursachen des raschen Zerfalls des politischen Systems handelt der Band ebenso wie von den Fragen nach Perspektiven einer neuen wirtschaftlichen, sozialen und politischen Ordnung. Er versucht eine vorläufige Bestandsaufnahme vorwiegend aus der Perspektive derjenigen, die die Ereignisse der vergangenen Monate selbst nicht für möglich gehalten haben.

Die Herausgeber Thomas Blanke, geb. 1944, ist Professor für Arbeitsrecht an der Universität Oldenburg. Rainer Erd, geb. 1944, ist Privatdozent für Soziologie an der Johann Wolfgang Goethe-Universität Frankfurt am Main. Beide sind Mitherausgeber der Zeitschrift »Kritische Justiz«.

Thomas Blanke und Rainer Erd (Hg.)

DDR – Ein Staat vergeht

Fischer
Taschenbuch
Verlag

Originalausgabe
Veröffentlicht im Fischer Taschenbuch Verlag GmbH,
Frankfurt am Main, September 1990

Umschlaggestaltung: Buchholz/Hinsch/Hensinger
Umschlagfoto: action press/succo
Gesamtherstellung: Clausen & Bosse, Leck
Printed in Germany
ISBN 3-596-10460-2

Inhalt

Thomas Blanke
Einleitung

1. Die Wiederkehr der Geschichte

In diesen Tagen, Wochen und Monaten ereignen sich Zeichen und Wunder. Woran niemand mehr geglaubt hat, es stellt sich ein, und mit einer derartigen Rasanz, daß den Chronisten die Worte im Munde veralten: Geschichte wird gemacht. 200 Jahre Französische Revolution haben 70 Jahre Oktoberrevolution und 40 Jahre DDR eingeholt oder in den abgegriffenen Formeln der Systemkonkurrenz gesprochen: überholt, ohne sie einzuholen. Das Alte, so scheint es, besiegt das Neue. Marx, Engels, Lenin und Stalin werden von Locke, Voltaire, Rousseau. B. Franklin und Kant geschichtlich widerlegt.
Die Weltordnung, seit über 40 Jahren blockgespalten, schien unverrückbar, ultrastabil. Kapitalismus versus Sozialismus, Marktwirtschaft und parlamentarische Demokratie einerseits, Diktatur der kommunistischen Partei und Planwirtschaft andererseits bildeten die Achse, um die sich die Weltgeschichte drehte. Auf beiden Seiten eine hegemoniale »Supermacht«, deren Führungsrolle in den militärischen wie wirtschaftlichen Bündnissystemen unbestritten war. Relative Sicherung des Weltfriedens im Großen unter dem Damoklesschwert der wechselseitigen atomaren Vernichtung bei gleichzeitigem Wettrüsten und Verlagerung von Kriegen in die Zonen der sog. »Dritten Welt«: Das war der »nomos der Erde« nach der Niederwerfung des nationalsozialistischen Deutschland, beruhend auf dem Willen der Siegermächte, der im Ost-West-Konflikt eingefroren war.
Nachstalinistisches Tauwetter und Entspannungspolitik hatten zwar die Plafonds für eine Politik des Dialogs und der Verständigung verbreitert, aber an der Logik der Konfrontation, auf der diese aufruhte, im Grundsätzlichen nichts geändert. Davon zeugen noch in den achtziger Jahren nicht nur der Boykott der Olympischen Spiele von 1984 in Moskau durch zahlreiche westliche Länder unter Federführung der USA, die »Nachrüstung« der NATO-Arsenale in Westeuropa mit atomaren Mittel- und Kurzstreckenwaffen und das gigantomanische SDI-Projekt, sondern ebenso die schier paranoid anmutende, abgründige Skepsis, mit der aufmerksame amerikanische Beobachter gerade auch die Politik von Gorba-

tschow beargwöhnen und vor dem Verlust an Wachsamkeit und Verteidigungsbereitschaft des Westens warnen.
So festgefahren die Fronten schienen, der Lauf der Geschichte ist ebenso unerwartet wie unverhofft wieder in Gang gekommen. Der Sturmwind, von dem Walter Benjamin sagt, daß er vom Paradies her weht, hat dem Engel der Geschichte erneut die Flügel gebläht und treibt ihn durch die Zeit – mit rückwärts gewandtem Gesicht. Wir wissen, bestenfalls, was war.
Das Posthistoire, mitsamt seinen verkehrten Fronten, in die es Links und Rechts, Fortschritt und Emanzipation, Erhaltung und Bewahrung einspannte, ist passé. Die Zukunft ist nicht länger nur die bloße Fortschreibung eines unglücklich halbierten Status quo, sondern ein umfassend offener Horizont. Erstmals bietet sich, in den entwickelten Industrieländern in Ost und West, die Chance, daß er ausgefüllt wird auf der Grundlage der Selbstbestimmung der Bürger. Aber wird, was kommen wird, noch das Prädikat »Geschichte« verdienen? Reduziert sich nicht die Welt, nach dem Scheitern der moralisch anspruchsvolleren Alternative zum Kapitalismus, auf Marktwirtschaft und Pluralismus, das Diktat von Produktivität und Effektivität unter den Zwängen ökonomischer und administrativer Rationalität?

2. Die Offenheit der geschichtlichen Situation und die Angst vor Ungewißheit

Der Preis der Unbestimmtheit ist die Angst vor Ungewißheit. Sie ist die Kehrseite von Freiheit und Selbstbestimmung. Der Umgang mit diesen Ängsten will gelernt sein. Erwartungssicherheit wird nur in dem Maße gewonnen, wie sich die Erfahrung einstellt, daß nicht alles möglich ist. Das sich überstürzende Tempo der Ereignisse zeigt an, wie sehr es an solcher Gewißheit und Gelassenheit fehlt. Was eben noch alles nicht möglich erschien, gilt jetzt als noch kaum wirklich. Warum sollte es sich nicht wiederum als umkehrbar erweisen?
So schlägt allenthalben die Stunde der Drahtzieher, die Nägel mit Köpfen machen wollen. Auch wo sie dabei nicht nur das eigene Interesse im Kopf haben, zählen sie auf die Allgemeinheit der Eigeninteressen. In einer historischen Situation, in der deren offene, unverblümte Artikulation und Verfolgung erstmals seit Jahrzehnten legitim sind, erweist sich dieses Kalkül als realistisch. Der Ausgang der ersten freien Parlamentswahlen in der DDR und Ungarn endete folgerichtig mit einem Sieg derjenigen Parteien, die für eine bürgerlich-liberale Politik einstehen. Dieser entschlossene Pragmatismus hilft, die Beklemmung angesichts der Offenheit der geschichtlichen Situation wegzudrängen und die Risiken des »Experi-

ments« der Selbstbestimmung durch die Flucht in andernorts gewohnte Fahrwässer zu minimieren. Die gleichsam bedingungslose Übernahme bereitliegender Strukturen kapitalistischer Marktgesellschaften, der »Anschluß« im Fall der DDR nach erfolgter Wirtschafts- und Währungsunion ist die Konsequenz.

Von Intellektuellen wird dies weithin als Mangel an demokratischem Selbstvertrauen interpretiert. Selbst wenn das zutrifft, ist er nur zu verständlich aufgrund des seit Generationen mangelnden Selbstbestimmungsrechts und der umfassenden paternalistischen, staats- und parteiautoritären Gängelung bis in alle Lebensbereiche hinein. Andererseits beruht, was von hier aus wie ein betrüblicher Siegeszug eines einfallslosen Bürgerblocks von Wirtschaftsegoisten, Technokraten, Opportunisten, Anpassern oder gar Nationalisten erscheinen mag, immerhin auf einer zutreffenden Einschätzung der politischen Prioritäten der Mehrheit der Bevölkerung.

Gewiß ist politischer Realismus nicht *per se* eine Tugend. Aber umgekehrt wird erst recht kein Schuh draus: Die Befangenheit in politischem Wunschdenken ist zusätzlich blind. Bevor die bundesdeutsche Linke darangeht, den Gebrauch des Selbstbestimmungsrechts der Bevölkerung in den politischen Wahlen zu schelten, nachdem sie eben erst noch die Eroberung dieses Rechts gefeiert hatte, sollte sie zu verstehen suchen, warum sich ihre – wieder mal projektive – Hoffnung, andere würden es anderswo besser machen, erneut enttäuscht sieht. In derartigen Fehleinschätzungen, in denen ein schon notorisch illusionäres Politikverständnis zum Ausdruck kommt, offenbart sich zudem ein tiefliegendes Mißverständnis von Gesellschaft, genauer: ein Verkennen derjenigen Mechanismen, die Gesellschaft auf der Basis von Freiheit und Selbstbestimmung konstituieren und zusammenhalten.

Die Kehrseite dieses fundamentalen Theoriedefizits manifestiert sich im Zusammenbruch der sozialistisch diktierten Länder. Noch in der derzeit verbreiteten Volksbeschimpfung artikuliert sich demnach, so ist zu argwöhnen, die mangelnde Bereitschaft, den Ursachen für das Scheitern der sozialistischen Utopie energisch und selbstkritisch auf den Grund zu gehen.

Zu unterscheiden bleibt freilich zwischen einer wirklichkeitsnahen Analyse politischer Entwicklungen und der schlichten Anpassung ans unvermeidlich Scheinende. Auch ein noch so treffendes Verständnis der Realität ergibt aus sich keinen Maßstab, wie sie zu beurteilen sei: Normative Kriterien sind aus der Erkenntnis, was warum der Fall ist, nicht zu gewinnen. Auf der anderen Seite bleiben die Verhältnisse, was sie waren: kritikwürdig. An Anlässen für Kritik mangelt es nicht. Die gouvernementale Form, die Eile und die fast naturwüchsige Automatik, mit der sich die über 40jährige Trennung der beiden deutschen Staaten in scheinbar geschichtliches Nichts auflöst, sind nur die gravierendsten Momente, die das Ausland und nicht wenige Beobachter hierzulande mit Besorgnis erfüllen.

Was ist nun an diesem Einbruch der Geschichte in die Weltläufte spannend und lehrreich, auch über den Tag hinaus? Was verlohnt es, aus dem Strom der Ereignisse, speziell der deutsch-deutschen, herauszuheben und festzuhalten? Drei Großthemen drängen sich auf: Die Frage nach den Ursachen für den langen Machterhalt und den plötzlichen Zerfall des Sozialismus – auch – in der DDR, die Beschreibung der Erwartungen und Orientierungen, die sich während der Übergangsperiode herausbildeten, und die Diskussion der Perspektiven, die sich aus der mit der Einigung Deutschlands gewandelten weltpolitischen Konstellation ergeben.

3. Das Scheitern des Sozialismus: Das Ende der Utopie einer solidarischen Gesellschaft und einer industriellen Entwicklungsalternative

Das Augenmerk der Historiker und Gesellschaftstheoretiker wird sich zunächst auf die Frage richten, wie sich ein solcher »Zusammenbruch« eines globalen Imperiums, das in Gestalt der sozialistischen Systemalternative zugleich mehr war als ein bloßer Machtblock unter der Herrschaft der Sowjetunion, erklärt. Welche sozialen, politischen, ökonomischen, kulturellen und ideologischen Faktoren haben dazu beigetragen, daß dieser Koloß seine innere Kohärenz verlor, die zentrifugalen Kräfte in den sog. »Satellitenstaaten« Osteuropas erstarken und schließlich die Macht der regierenden moskauhörigen kommunistischen Parteien brechen konnten? Sind die sozialistischen Gesellschaften an ihren strukturellen Entwicklungsproblemen gescheitert, nach langem Siechtum oder unter dem Ansturm gewandelter politisch-sozialer, technologisch-ökonomischer Anforderungen, die im Rahmen der überkommenen Strukturen nicht aufgenommen werden konnten? Wurden sie ein Opfer von Reagans Strategie der »Todrüstung« oder hat die Reformpolitik Gorbatschows – gewollt oder ungewollt – diesen Prozeß herbeigeführt? Und diese Politik des Generalsekretärs der KPdSU und jetzigen Präsidenten selbst, wie erklärt sich ihre Durchsetzung in der Sowjetunion, was vermag sie, wo liegen ihre Grenzen? Welchen Einfluß haben die Lehrsätze des dogmatisierten Marxismus-Leninismus auf Ökonomie und Politik der sozialistischen Länder gehabt, welche Bedeutung kommt den ideologisch-politischen Etappen, speziell dem Leninismus und Stalinismus zu? Ist das Projekt einer »moralischen Ökonomie«, einer bewußten und geplanten Lenkung des gesamtgesellschaftlichen Reproduktionsprozesses notwendig verbunden mit einer Entmündigung und Enteignung der Subjekte und deshalb stets in Gefahr, zu einer administrativen Herrschaftssicherung durch Propaganda, Terror und Massenvernichtung zu degenerieren? Ist diese Ära der Versuche, Gesellschaften »moralisch« einzurüsten und zweckrational zu verwalten, definitiv und unwiederbringlich vergangen? Und wenn dem so ist: Was bedeutet dies für das Verständnis von Politik, Ökonomie und Gesellschaft? Ist mit dem Scheitern des Sozialismus auch der Humanismus an sein Ende gekommen?

Im kleineren Maßstab, im Blick auf die DDR, sind diese Fragen zu differenzieren. Die Tatsache, daß die Blockspaltung der Erde das Ergebnis des Zweiten Weltkrieges und der Niederwerfung des Nationalsozialismus war und in der Teilung Deutschlands ihren signifikanten Ausdruck erhalten hatte, tauchte die »deutsch-deutsche Frage« stets in ein besonderes Licht. Der Sozialismus in der DDR war importiert und oktroyiert und doch auf eine spezifische Weise deutsch: gründlich und vergleichsweise produktiv. Das spiegelverkehrte Freund-Feind-Bild klammerte die beiden deutschen Staaten, die sich jedenfalls von westdeutscher Seite her nie ganz in ein Verhältnis wechselseitiger Anerkennung setzen mochten, negativ-ideologisch aneinander. In ihren jeweiligen politischen »Lagern« übernahmen sie, teils aus Mangel an eigener Tradition, teils aus der Mentalität der Frontstaaterei, die Rolle der neunmaltreuen Vasallen; was nicht verdecken konnte, daß sie doch, so es die Geschicke und die argwöhnischen Nachbarn zuließen, hier und da Sonderwege einschlugen oder es jedenfalls versuchten.

Daß die Normalität der Nachkriegsära höchst anormal war und darin ein, wenn auch langwährendes, Provisorium darstellte, dafür genügte ein Blick auf die innerdeutsche Grenze, die Berliner Mauer und den Schießbefehl. Und doch hatte sich – von wenigen hartnäckigen Nationalisten und Vertriebenenverbandsvertretern abgesehen – so gut wie alle Welt mit diesem Provisorium abgefunden, ja, angefreundet: Es fungierte wie ein Seismograph der politischen Stabilität zwischen den »Supermächten«, war gerade wegen seiner Verletzlichkeit und Haltlosigkeit eine beständige Anmahnung an das Defizit einer internationalen »Sicherheitspartnerschaft« und zugleich Garant gegen die Wiedergeburt deutscher Großmachtbestrebungen. »Wer hatte«, so fragt Habermas zu Recht, »bei aller Rhetorik, noch mit so etwas wie einer Wiedervereinigung gerechnet – und wer hatte sie überhaupt gewollt«? (»DIE ZEIT« v. 26. 3. 1990).

Warum aber war in der Bundesrepublik das als Verfassungsauftrag gedeutete Wiedervereinigungsgebot auf eine bloße Floskel, eine rhetorische Pflichtformel der offiziellen Politik abgesunken, der selbst bis in die Reihen der CDU hinein zunehmend weniger Reverenz erwiesen wurde? Wurde die Stabilität des DDR-Regimes einfach nur überschätzt oder hatte man sich mehr und mehr mit dem Gedanken getröstet, daß der

Fortbestand der Teilung Deutschlands dazu beitrug, den Frieden in Mitteleuropa zu stabilisieren?
Auch in der DDR schien die Perspektive eines politischen Wandels trotz Perestroika und Glasnost in der Sowjetunion in weite Ferne gerückt. Man muß nur den – knapp zwei Jahre zurückliegenden – Briefwechsel zwischen Marion Maron und Joseph von Westfalen lesen und wird zugeben müssen, daß Ben Witter (»DIE ZEIT« v. 6.2.1990) recht hat mit seiner sarkastischen Bemerkung: »Weil in der DDR eigentlich niemand mehr glaubte, daß die Mauer einmal fallen würde, verhielt man sich wie im Gefängnis; jeder versuchte sich Hafterleichterung zu verschaffen.«
Erschöpfend, wie könnte es anders sein, lassen sich die angesprochenen Fragen derzeit nicht beantworten. Sie werden die politische Debatte der kommenden Jahre bestimmen und vielfach erst in der geschichtlichen Praxis, die auf so abrupte Weise angestoßen worden ist, ihre Antwort finden. Zu vermuten ist auch, daß diese welthistorischen Umbrüche am Ende des 2. Jahrtausends nicht ohne tiefgreifende Folgen für die sozialwissenschaftliche Theoriebildung selbst bleiben werden. Vollmundige Analysen der Ursachen und Bedeutung des Zerfalls des sozialistischen Weltsystems sind weder unsere Sache noch stehen sie auf der Tagesordnung. Was wir mit den Artikeln von Antonia Grunenberg, Wilfried Ettl/Jürgen Jünger/Dieter Walter und von mir präsentieren, sind erste, vorsichtig-tastende Annäherungen an die Logik der Ereignisse und ihre voraussichtlichen Konsequenzen.
Um zu begreifen, was da so nicht mehr weiterging wie bisher, gilt es vor allem in Erinnerung zu halten, was war. Deshalb stellen wir in diesem Band zu Beginn Bilder, Szenen und Eindrücke aus dem Leben der sozialistischen Gesellschaft vor, während die eher theoretisch-analytischen Beiträge zu den Ursachen des Zusammenbruchs am Ende des Buches stehen. Die Essays von Dieter Segert, Rainer Erd, Jürgen Seifert, Susanne Binas/Peter Zocher und der literarische Text von Reinhard Bernhof schildern teils die Institutionen, überwiegend aber die alltäglichen Inszenierungen der Macht, die wie ein Myzel alle Sektoren der Gesellschaft durchzogen und noch den beliebigen Kneipenbesuch zu einer Begegnung mit dem System machten. In allen Poren des sozialen Zusammenhangs war es präsent, kein Roman, kein Theater- oder Musikstück, kein noch so privates Gespräch, in dem es nicht mit von der Partie war. Das Pendant zur Allzuständigkeit des Staates war seine Allgegenwärtigkeit im Sinne eines stets eingeschlossenen Dritten.
Vordergründig schien diese Omnipräsenz auf ein hohes Maß an Politisierung der Bevölkerung hinzudeuten. Doch das Gegenteil war der Fall. Nicht aus Interesse, sondern aus einer Mischung von autoritärer Bevormundung und Verdruß war der Staat gezwungenermaßen Dauerthema. Öffentlichkeit, soweit es sie unterhalb der Ebene der offiziellen und ge-

duldeten Kultur in der DDR gab, fungierte nur im Umkreis der oppositionellen Menschenrechts-, Friedens- und Ökologiegruppen als kollektives Räsonnement, in der großen Breite jedoch als allgemeines Dauerlamento einer aufgenötigten Abarbeitung an der strukturellen Mangelwirtschaft und der Gängelung durch Partei und Staat.
In den vergangenen Jahren, so wird berichtet, nahm die Distanz zur politischen Macht auffällig zu. Die Grundlage des »Sozialkontrakts« zwischen Führung und Bevölkerung, die in den siebziger und beginnenden achtziger Jahren in einer Art Stillhalteabkommen wenigstens passive Folgebereitschaft garantiert hatte, waren nach und nach entfallen. Die Ökonomie stagnierte, die erwartete Verbesserung des Lebenshaltungsniveaus blieb aus, die Partei widersetzte sich allen Reformbestrebungen und igelte sich trotz Glasnost und Perestroika in der Sowjetunion in einer altersstarren Orthodoxie ein, die die DDR nach Ost und West isolierte. So brachte die Partei, wie Michael Czollek und Dieter Segert beschreiben, die moralischen Quellen ihrer Herrschaft allmählich zum Versiegen, auf deren beständiger Erneuerung der sozialistische Staat, wenn er nicht nur auf Repressionen basieren will, in besonderem Maße angewiesen ist.
Die Formen, in denen sich dieser dramatische Legitimationsverlust artikulierte, waren verschieden, geradezu gegensätzlich. Sie schwankten zwischen Desillusionierung, zunehmender Aggressivität, Aufbau von subkulturellen Milieus, Pluralisierung und Differenzierung von Lebensstilen vor allem in der Jugendkultur und dem Aufkeimen der lange Jahre eingekapselten, meist unter kirchlichem Dach versammelten Gegenöffentlichkeiten. Die gleichmachende Gesellschaft, deren allfälliger Hauptfeind die »Abweichung« war, hielt dem Druck der ihre Bewegungsfreiheit, ihre Selbstbestimmung und Autonomie einklagenden Subjekte immer weniger stand.
Autonomie und Selbstbestimmung sind keineswegs nur, nicht einmal in erster Linie politische Kategorien. Sie bezeichnen ein Begehren, das sich selbst bestimmen will und sich hierbei zunächst ganz unpolitisch auf den Umkreis der persönlichen Lebensgestaltung richtet. Diese geradezu physische Unmittelbarkeit des Freiheitsverlangens läßt sich auch dort beobachten, wo sie revolutionäre Sprengkraft erhält: Scheinbar nebensächliche, belanglose Fragen wie Kleidung und Haartracht, Sprache und Auftreten erlangen in Phasen, in denen gesellschaftliche Normierungen hohl werden, einen geradezu sakralen Symbolgehalt, an dem sich Gut und Böse, Drinnen und Draußen, Konform und Nonkonform scheiden. Zu solchen Symbolen der Selbstbestimmung, an denen sich die körperlich, materiell gewordene Gegnerschaft zum politischen System kristallisierte, wurden in der DDR zum einen das Verlangen nach Freizügigkeit: »Visafrei bis Hawaii« – diese Parole von der Montagsdemonstration in Leipzig steht für den ununterdrückbaren Traum, die *ganze* Welt mit *eigenen* Au-

gen sehen und erleben zu können, das Gefängnis aus Mauern, Scheuklappen und Sichtvermerken verlassen zu können, ohne sich erniedrigenden bürokratischen Prozeduren unterziehen zu müssen. Zum andern die gleichsam bedingungslose, bis zum Selbstbetrug gesteigerte Bereitschaft, die Konsumgüter des Westens als realexistierende Boten eines höheren Zivilisationsniveaus anzuerkennen, an dem man durch deren bloße Besitzerlangung teilhaftig werde.
Wie amerikanischer Kaugummi, Cola und Camel für die Nachkriegsgeneration der Bundesrepublik so wurden Bananen, westliches Bier und westliche Schuhe, Hi-Fi-Geräte, Walkmans, PC's und CD's zu Symbolen der Befreiung für die DDR-Bürger. Deshalb waren sie nahezu jeden Preis wert, während die einheimischen Produkte nichts mehr zählten, mochten sie noch so gut sein. Der Fetischcharakter der Ware steht, Marx sei's geklagt, nicht nur für Entfremdung und Ausbeutung. Er steht auch für selbstbestimmte Marktteilnahme und autonome Bedürfnisbefriedigung. Und damit für eine Form der Ökonomie, die nicht nur effizienter, produktiver und weniger parasitär ist als die des Sozialismus, sondern auf einer Fülle von dezentralen Entscheidungen, Zuständigkeiten und Verantwortlichkeiten basiert und so den Subjekten eine eigenständigere Rolle zuweist, als dies eine bürokratisch verwaltete Planwirtschaft vermag.
Vertrags-, Markt- und Eigentumsfreiheit sind Formen der Verzahnung einer im ganzen ungeplanten Ökonomie mit den auch im Detail unvorhersehbaren Handlungsmotiven der Subjekte. Die sozialistische Weltbewegung war sich sicher, daß das nicht gutgehen könne – soviel Chaos und Anarchie müsse in Krisen und Katastrophen enden. Daher die trotzige Siegeszuversicht des Sozialismus, die um so überspanntere Züge annahm, je evidenter die Tatsache wurde, daß die zentrale Planwirtschaft noch viel weniger funktionierte. Als Resultat einer Unsumme von wechselseitigen Betrugsmanövern nach den Prinzipien: »Ihr gebt uns kein echtes Geld, dafür erhaltet ihr auch keine richtige Arbeit« und »Wir fordern 100, dann erhalten wir vielleicht 10« addierte sich dieses Nichtfunktionieren zu einer gigantischen, allseits bekannten und hingenommenen Irrationalität auf.

4. Der Sieg der Realität: Revolution, Übergang, Umgestaltung und Übernahme

Wie baufällig der Sozialismus in Wirklichkeit war, wußte nicht mal er selbst. Propaganda und Stasi arbeiteten gemeinschaftlich an der Entstehung eines Weltbildes, das die Wirklichkeit nicht etwa erst aufnahm, um sie sodann zu verfälschen; vielmehr kam die Realität ungeschminkt und ungefälscht gar nicht vor. Die »Aufklärung«, deren sich das System zu seiner Selbstwahrnehmung bediente, schlug es mit Blindheit. Und die »Gegenaufklärung«, deren es sich zur Abwehr seiner universellen Gesamtdissidenten bediente, schlug mit dieser Blindheit auf die eigenen Projektionen zurück. Wirklichkeit außerhalb der ideologisch gedachten und politisch bestimmten Sphäre des »realexistierenden Seins« existierte in diesem doppelt fiktionalen Raum nicht. Daß es eine solche gäbe, wird in der Stasi-Anweisung zur Bearbeitung von Eingaben aus der Bevölkerung zur gefälschten Kommunalwahl vom 7.5.1989 zwar bereits geahnt – aber als latente Bedrohung sogleich verdrängt: »Auf jeden Fall ist zu vermeiden, daß zur Sache selbst oder zu den angeblichen Fakten argumentiert wird.«

Und doch setzte sich die Wirklichkeit gegenüber der Fiktion durch: Die »Sache selbst«, die die Wahrheit über die Verhältnisse aussprach, meldete sich immer unerschrockener zu Wort. Es kam zur Revolte, die Mauer fiel, und der Sozialismus dankte ab. Wie es zu dieser Revolution in der DDR kam, welche Prozesse sich »vor Ort«, gleichsam *en miniature* abspielten, schildern in diesem Buch Christoph Wielepp und Sylvia Kabus als engagierte Beobachter aus der »Heldenstadt« Leipzig. Auch wenn die sich ausbreitenden Massenproteste zunächst keineswegs unter dem Signum der Wiedervereinigung standen, wurden die Parolen »Wir sind ein Volk« und »Deutschland einig Vaterland« doch zunehmend unüberhörbar.

Noch in den Debatten vom November und Anfang Dezember 1989 in der BRD wie in der DDR setzte niemand auf eine rasche Vereinigung der beiden deutschen Staaten. Helmut Kohls 10-Punkte-Plan ging ebenso wie Hans Modrows Modell der »Vertragsgemeinschaft« von einer längeren Übergangszeit aus, während derer sich die DDR politisch und ökonomisch stabilisieren würde, um dann auf der Basis völkerrechtlicher Gleichberechtigung sich zu einem gemeinsamen Dritten zu verbinden. Von der gleichen Vorstellung gingen die Initiatoren des Aufrufs »Für unser Land« aus, der für eine demokratisch-sozialistische Alternative zur BRD eintrat – und immerhin (bis zur Desavouierung der Kampagne durch die Unterschrift von Egon Krenz) über zwei Millionen Unterstützungsunterschriften fand. An diesem Aufruf hat sich eine vehemente Kontroverse über die Rolle der Intellektuellen in den unterschiedlichen Gesellschaftssystemen, über ihr politisches Selbstverständnis, die Legitimität ihrer Hoffnungen und ihres Engagements und vor allem über ihr Verhältnis zur großen Masse der Bevölkerung entzündet. Hintergründiges Thema dieser Debatte ist die notwendige Trauerarbeit über den Verlust der Utopie einer nach moralischen Prinzipien eingerichteten Gesellschaft.

Daß der DDR keine Zeit zu einer vorübergehenden Konsolidierung blieb, lag weniger an politischen Interventionen oder massiven ökonomischen Pressionen (diese dominierten erst später, seit Mitte Januar 1990) von seiten der BRD als an dem Druck, der von der Unruhe in der Bevölkerung ausging. Das Verlangen nach Freizügigkeit, Reisefreiheit und Ausreisemöglichkeit in die BRD hatte Anfang August mit der partiellen Öffnung der ungarischen Grenze ein erstes Ventil gefunden, das das sukzessive Einreißen der Grenzen bewirkte.

Die Öffnung der Mauer am 9. 11. 1989 besiegelte das Schicksal der DDR. Politisch war von nun an kein Halten mehr. Die Wohlstandsgesellschaft der Bundesrepublik, die in imperialer Weise das schützende (und rächende) Dach ihrer Rechtsordnung stets über alle »Volksdeutschen« von der Etsch bis an die Memel, von der Maas bis an den Belt gehalten und der Staatsbürgerschaft der DDR hartnäckig die Anerkennung verweigert hatte, übte eine ungeheure Sogwirkung auf die dortige Bevölkerung aus. Ein nicht abreißender Aus- und Übersiedlerstrom von mehreren tausend Menschen am Tag – bis Anfang März 1990 hatten ca. 450000 die DDR verlassen – ließ es nur mehr eine Frage von Wochen und allenfalls Monaten erscheinen, bis es zum Kollaps des Systems kommen werde. In den Betrieben wurden die Arbeitskräfte, in den Gaststätten die Bedienung rar, und an der Mauer blühte der postsozialistische Devotionalienhandel mit Uniformteilen und Abzeichen der Nationalen Volksarmee. Es begann der kurze Winter der Anarchie, der die rasche Angleichung der Lebens- und Einkommensverhältnisse in der DDR an den Standard der Bundesrepublik zum alternativlosen Gebot der Stunde machte. Am Ende sollte schließlich die praktisch bedingungslose Übergabe der DDR an die Bundesrepublik, der Tausch von nationaler Souveränität gegen harte Währung und die Strukturen der Marktwirtschaft stehen.

Die nationale Eigenständigkeit der DDR, so erwies sich in diesen Monaten, war untrennbar verbunden mit der sozialistischen Struktur ihrer Gesellschaftsordnung und deren Einbindung in das kommunistische Staatensystem. Für den Fortbestand der Eigenstaatlichkeit unter Bedingungen einer kapitalistisch-marktwirtschaftlichen Ordnung hingegen fehlte es an jeder Legitimationsgrundlage. Sie ließ sich auch nicht, wie dies anfangs von Teilen der Grünen und von einigen Intellektuellen, wie etwa Günter Grass, postuliert wurde, auf die Verbrechen des nationalsozialistischen Deutschland und die Verantwortung für die Greuel zweier Weltkriege gründen.

Die sich überstürzenden Ereignisse sind noch zu frisch, zu unerwartet und unerhört, in ihrer Dimension zu wenig abschätzbar, die Lage insgesamt noch nicht stabil genug, um bereits Bilanz zu ziehen. Weithin, so der Eindruck, hat sich im intellektuellen Publikum zunächst Sprachlosigkeit breitgemacht. So blieb das Feld der Aufmerksamkeit den Politikern und den Kolumnisten der großen Tages- und Wochenzeitungen und den Arrangeuren und Teilnehmern von Talkshows im Fernsehen überlassen –

der Geschichtsbruch war zugleich ein großangelegter Test auf die Mediengesellschaft. Wieviel sie zu Tempo und Ablauf der Ereignisse beigetragen hat, läßt sich schwer abschätzen. Aber zweifellos haben ihre Akzente und Schwerpunktsetzungen eigene Wirkungen gehabt, auch wenn die Medien selbst kaum Herr über die Nachrichten sind, die sie transportieren. Selten spielen sie ihre Rolle als Nachrichtenproduzenten so dreist wie »Bild«, die über Monate hin als papierne Nationalflagge auf den Markt kam.

Konjunktur hatten insbesondere die Enthüllungen über die Privilegien und persönlichen Bereicherungen der Partei- und Staatsführung, Umfang und Forderungen der Montagsdemonstrationen in Leipzig, die Erstürmung der Gebäude der Staatssicherheit, das Kabinett der »Wendehälse« und der Sturz von Krenz, die Öffnung der Mauer, die Szenen der Verbrüderung unter dem Brandenburger Tor, die Schlangen an den Grenzen, den Supermärkten und den Zahlstellen des Besuchergeldes, der Strom der Übersiedler, das Aufbauschen angeblich neonazistischer Gefahr durch die kaum gewendete SED/PDS, die Gerüchte über Putschversuche von seiten der NVA, die Minimalisierung der Regierung Modrow zu einer Art spätsozialistischem Schattenkabinett durch die Bundesregierung, die Aktivitäten des runden Tisches und die Neuorganisation der Parteienlandschaft der DDR durch die Parteien der Bundesrepublik, das Ausmaß der Stasi-Überwachung und die Stasi-Verfilzung der gesamten Gesellschaft bis in die Führungsränge der neugebildeten Parteien hinein, die Wahlen und die Regierungsbildung unter de Maizière, Auseinandersetzungen um den Währungsumtausch und das Ausmaß des ökonomischen und ökologischen Desasters nach 40 Jahren Sozialismus.

Den Müttern und Vätern der Revolution schwammen im Reißstrom der Ereignisse die Felle weg. Der total diskreditierte realexistierende Sozialismus hatte zugleich die Aussichten auf die Realisierung einer humanen, demokratischen und ökologischen sozialistischen Alternative mit in sein Grab gezogen. So verschüttete der abrupte Niedergang des SED-Regimes, der selbst durch rasche programmatische und personelle Erneuerungsversuche nicht aufzuhalten war, auch die politischen Ideen seiner einstigen Opponenten, die es zum Einsturz gebracht hatten, unter seinen Trümmern.

Der »runde Tisch«, jene bemerkenswerte Verfassungsinstitution einer sich vorübergehend selbstorganisierenden, aus dem kleinen Kreis ihrer politisch unbelasteten Aktivbürger rekrutierenden staatlichen Verwaltung, verlor in dem Maß seine Legitimität, wie das Ende der Regierung Modrow absehbar war. Ohnehin war seine Funktion darauf beschränkt, als »Hüter der Revolution« darüber zu wachen, daß ihre Erfolge nicht von den übermächtigen Strukturen des Staats- und Parteiapparats vorzeitig erstickt würden. Allen Ansätzen hierzu ist der »runde Tisch« aufmerksam, entschlossen und angesichts seiner faktischen Machtlosigkeit erstaunlich wirksam entgegengetreten. Daß nach den Wahlen am 19. März 1990 bereits nach wenigen Monaten einer frei gewählten Regierung die Amtsgeschäfte übertragen werden konnten, ist sein historisches Verdienst. Weniger nachhaltig ist sein politischer Erfolg in seiner Rolle als selbsternannter Amtsvormund des Souveräns, der der zur Farce heruntergekommenen, erst SED, dann PDS-beherrschten Volkskammer die Gesetze vorschrieb. Der Versuch, mit der Sozialcharta und dem Verfassungsentwurf Pflöcke eines ökologisch, sozial und demokratisch progressiven Selbstverständnisses in den Rechtsboden der zukünftigen DDR-Entwicklung einzurammen und auf diese Weise Elemente einer DDR-Identität zu bewahren, die – und das gilt gerade auch für die Exponenten der Opposition – dem Postulat sozialer Gerechtigkeit einen besonders hohen Stellenwert einräumte, ist mißlungen. Der rasante Zeittakt der grundstürzenden Ereignisse ließ einen solchen Identitätswandel, von dem her erst selbstbewußt Verhandlungen mit der BRD-Regierung hätten geführt werden können, nicht zu. Was in dieser kurzen Übergangs- und Traumzeit verfassungsjuristisch konzipiert wurde, kommentiert Ulrich K. Preuß.

Der Schwerpunkt der Beiträge von Gunter Hofmann, Marianne Schulz/Jan Wielgohs, Michael Czollek und von Reinhard Bernhof liegt auf der Reflexion über die Umstände, die dafür sorgten, daß die DDR gleichsam verschwand, als habe sie nie existiert und als gäbe es nichts Selbstverständlicheres, als daß die Kopie und möglichst rückstandslose Verschmelzung mit der BRD vorzuziehen sei gegenüber jeder selbständig zu entwerfenden Alternative.

Das Wahlergebnis vom März 1990 mit dem überwältigenden Sieg der gewendeten Blockparteien und den noch immer hohen Stimmanteilen für die PDS hat diese Entwicklung besiegelt. Überraschend schnell hat sich die parlamentarische Normalität fast gleichstarker Blöcke von konservativen und progressiven Parteien auch in der DDR etabliert. Das Spektrum der dominierenden Fraktionen hüben und drüben gleicht sich an, die Vereinigung der Organisationen von SPD, CDU, CSU/DSU und FDP ist beschlossene Sache.

Wie ein Gebilde aus grauer DDR-Vorzeit ragt die PDS in die neue Ära herüber. Auch ihr intelligenter und politisch integrer Vorsitzender Gysi – und die respektable Gestalt von Hans Modrow – werden nicht verhindern können, daß sie rasch an Bedeutung verliert. In Scharen haben die Mitglieder das sinkende Monopolschiff verlassen, von 2,3 Millionen im Sommer 1989 waren März 1990 gerade noch ca. 650000 übrig. An den Rand des parlamentarischen Spektrums gedrängt, für koalitionsunfähig erklärt, wird sie das Attribut einer Nachfolgeorganisation der SED, deren demokratische Zuverlässigkeit zweifelhaft bleibt, nicht loswerden.

Derzeit wird sie, zu Recht, um ihr Vermögen gebracht. Daß es nicht längst in die Verfügung der Gesellschaft zurückgegeben wurde, die es unter Berücksichtigung aller politischen Kräfte neu verteilen mag, ist schwer zu verstehen. Was jedoch aufmerken läßt, ist die Begründung, mit der dies nun verlangt wird: Die SED und damit auch die PDS hafte mit ihrem Vermögen für die verheerenden wirtschaftlichen, sozialen, politischen und ökologischen Konsequenzen ihrer 40jährigen Herrschaft. Die Folgen der SED-Diktatur in Kategorien zivilrechtlicher Haftung zu reflektieren und mit ihren Mitteln zu bearbeiten, ist zunächst eine Verharmlosung. Sie läßt die Bereitschaft ahnen, auch diese unselige Vergangenheit zunächst monetär zu bewältigen und es damit bewenden zu lassen. Sie ist aber weiterhin Ausdruck des abenteuerlichen Siegeszuges einer »neuen politischen Ökonomie«, die Politik nach Kosten-Nutzen-Kalkülen bilanziert und zum Unterfall der wirtschaftlichen Unternehmensführung macht. Für zugefügtes Unrecht – und nur insoweit – hat nicht die öffentlich-rechtliche Institution Staat einzustehen, sondern die jeweilige Partei soll für die Summe ihrer Fehlentscheidungen haften. Sollte dies Denken Schule machen, dann könnte das Geschäft der Politik insgesamt getrost eingestellt und den Angestellten von Großversicherungen überlassen werden.

5. Konkursbilanz und Perspektive: Die deutsche Einigung und die Neuordnung der Weltachse

Dank der staatlichen Allzuständigkeit erleben wir das seltene Schaustück einer ebenso schonungslosen wie offen-transparenten Bilanz aller Sektoren und Angelegenheiten eines ganzen Landes: Von der Erziehung und Gesundheitspflege, dem Wohnen und der Arbeit, dem Sport, Verkehr und der Freizeit, von der Öffentlichkeit über die Kultur bis hin zur Politik und dem Militär – alles war von staatlichem Belang, unterlag staatlicher Regulierung und Kontrolle und wurde zum Problem eines umfassenden Verständnisses von Staatssicherheit. Daß die zu erstellende Bilanz eine Konkursbilanz sein wird, steht außer Frage. Schätzungen über das Ausmaß gehen weit auseinander, bleiben notwendig spekulativ, solange die Mechanismen des Marktes nicht etabliert sind. Ohne ein Geldsystem, das in der Lage ist, reale Preise abzubilden, sind Wertschätzungen von politischen oder moralischen Optionen kaum zu unterscheiden. Wie trist der Bilanzabschluß ausfällt, bleibt also vorerst abzuwarten.

Vom Ausgang dieses – nicht theoretisch, sondern nur praktisch durchzuführenden – Vorgangs hängen die Aussichten ab, die sich für die Perspektive der Masse der Bevölkerung der DDR ergeben: Armut und soziale Deklassierung im Verhältnis zum Rest der – dann einhellig – Bundesdeutschen, nicht länger kaschiert durch den Schatten der Mauer und den Vergleich mit den noch ärmeren östlichen Nachbarn – ist zweifellos ihr nächstes Schicksal. Wie lange wird es andauern, wie hoch die Arbeitslosigkeit schnellen, wie der Umbau der Produktion und der Aufbau von Infrastruktur und Dienstleistungen erfolgen? Wer trägt die Gemeinkosten und Lasten dieses Prozesses angefangen vom Aufbau von Sozialversicherungssystemen bis hin zur ökologischen Grundsanierung des Landes? Regeln das wirklich alles die vielbeschworenen »Selbstheilungskräfte« des Marktes, angeschoben durch die Finanzspritzen der bundesrepublikanischen Staatskassen, oder müssen sie in einem noch gar nicht abzusehenden Ausmaß dauersubventioniert werden? Vor allem aber: Wie erfolgt in der Praxis eine derartige, bislang nie erprobte Umstellung einer ganzen Volkswirtschaft von staatlicher Planwirtschaft auf »Kapitalismus«? Wer wird in diesem Umstellungsprozeß zum Eigentümer und Kapitalbesitzer avancieren? Inwieweit geht dieser soziale Differenzierungsprozeß, bei dem auf Generationen hin über die Verteilung von Wohlstand und Einkommen entschieden wird, nach einsehbaren Kriterien der Gerechtigkeit und unter gesellschaftlicher Kontrolle und Verantwortung vor sich? Wer überschaut den rasch wuchernden marktwirtschaftlichen Freiheitsdschungel, wer verhindert, daß sich die bisherigen Inhaber bürokratischer Herrschaftspositionen, die opportunistisch gewendeten Funktionäre des sozialistischen Systems zu Neokapitalisten der ersten Stunde wandeln? Wie der sozialistische Schwindel vom Volkseigentum an den Betrieben marktwirtschaftlich auffliegt, schildert der Bericht von Eckardt Hildebrandt.

Die Vereinigung beider Staaten nach Art. 23 des Grundgesetzes durch Beitritt der in der DDR wieder zu bildenden Länder und nicht nach Art. 146 der bundesdeutschen Verfassung durch Einberufung einer verfassungsgebenden Nationalversammlung aus beiden Staaten scheint beschlossene Sache. Auch das ist eine Konsequenz der Eile und der selbstverordneten Alternativlosigkeit zur Pauschalübernahme der bundesdeutschen Realität in all ihren Dimensionen. Aber ist die Bundesrepublik wirklich die »beste aller denkbaren Welten«, ist ihre Verfassung, die in der Tat die vernünftigste der deutschen Geschichte ist, nicht doch auch verbesserungswürdig? Solche Fragen auch nur aufzuwerfen, erscheint denkbar unzeitgemäß.

Hinter der Scheu vor einer offenen und freimütigen Diskussion dessen, was auf alle Einwohner, sei es der BRD, sei es der DDR, voraussichtlich zukommt, was davon wünschenswert ist und was nicht und wie dem gesteuert werden kann, verbirgt sich die Angst vor dem Ausgang dieses geschichtlichen Experiments. Die Erwartung der Bundesdeutschen, daß sich für sie tunlichst nichts ändern möge, ist so verständlich wie unrealistisch. Es ist ja nicht so, als wachse ihre Republik personell und territorial

gleichsam über Nacht um ein Drittel, ohne daß dies ihre Identität auch nur berühre. Sie steht vielmehr vor einer Integrationsaufgabe von gigantischen Ausmaßen, wenn sie die weithin in den fünfziger Jahren steckengebliebene Arbeitsgesellschaft der DDR beerben will. Mit welchen Mentalitäten die Bundesrepublik sich hierbei konfrontiert sieht, thematisiert der Essay von Rainer Schedlinski.
Inzwischen ist hierzulande immerhin der politische Dauer- und Großstreit darüber ausgebrochen, welche sozial- und wirtschaftspolitischen Maßnahmen notwendig sind, um die Einigung auf eine stabile materielle Grundlage zu stellen – auch wenn der Anschein fortbesteht, als sei ein solcher Streit »eigentlich« unschicklich. Die rasche Herbeiführung der Wirtschafts-, Währungs- und Sozialunion bereits zum 1. Juli 1990 durch den Staatsvertrag der beiden Regierungen und die bereits für das Ende dieses Jahres vorgesehenen Wahlen zu einem gesamtdeutschen Bundestag treffen auf den erbitterten Widerstand des sozialdemokratischen Kanzlerkandidaten. Bis in die eigenen Reihen ist umstritten, ob Lafontaines Politik, sich mit Hinweis auf die Ungewißheit der ökonomisch-sozialen Kosten dieses einmaligen historischen Experiments der Harmonisierung zweier derart unterschiedlicher Wirtschafts- und Sozialsysteme politisch zu profilieren, nicht nur opportun, sondern auch legitim sei. Und ob nicht vielmehr, was derzeit machbar erscheint, so schnell wie möglich realisiert werden müsse, damit nicht die Kosten der Ungewißheit sich negativ akkumulieren.
Riskant sind beide Varianten der Politik, die eilige wie die vorsichtige. Die Hoffnung, die Kosten des Experiments der Markteinführung einer bankrotten Staatswirtschaft seien präzis taxierbar, dürfte eine neuerliche sozialdemokratische Illusion sein. So hat die SPD, nach außen zähneknirschend, in Wirklichkeit erleichtert, dem Vertragswerk zugestimmt. Ein typisches Doppelspiel, das sich die Option für künftigen Einspruch und die Freizeichnung von Verantwortung vorbehält. Die Opposition gab zu erkennen, daß sie auf ihrer angestammten politischen Rolle besteht. Dies ist bereits schwierig genug in einer Zeit, in der die Schaffung der staatlichen Einheit einen Konsensdruck erzeugt, dem sich keine politische Partei, nicht mal die Grünen, zu entziehen vermag. Trotz der Perspektive einer bereits weit vorangetriebenen Europäischen Integration und der Herstellung des Binnenmarktes zum 1. 1. 1993: Die Rolle des vaterlandslosen Gesellen, die die CDU/CSU gern vergeben möchten, ist niemand bereit zu übernehmen.
Daß »Deutschland, Deutschland über alles« gleichwohl nicht die Losung der Stunde ist, die um alles in der Welt umgesetzt werden muß, dies müssen alle politischen Kräfte in der Bundesrepublik jedenfalls nach außen glaubhaft demonstrieren. Der Regierung geht es in erster Linie darum, solche großdeutschen, nationalistischen Träume außenpolitisch zu de-

mentieren, um freie Hand für den Vereinigungsprozeß zu erhalten. Dafür hat sie sich sogar bequemt, ihre offen zwielichtige Haltung in der Grenzfrage zu Polen vorsichtig zu revidieren. Die Opposition, die weniger Rücksichten auf nationalkonservative Wählerschichten zu nehmen braucht, bringt die sozialpolitischen Interessen ihrer Klientel ins Spiel, um auch innenpolitisch jeglicher nationalistischer Euphorie durch das schlichte Präsentieren der Rechnung entgegenzuarbeiten. Wenigstens an den Schmerzgrenzen des Portefeuilles bricht sich der Sturzbach nationaler Euphorie: Je reicher eine Gesellschaft, desto eher ist sie für die politisch rationalisierenden Effekte des »materialistischen Instinkts«, für das schnöde Kalkül des Eigennutzes zugänglich. Das scheint paradox. Aber Paradoxa dieser Art säumen die Foren der Politik. Der Ausgang der Landtagswahlen vom Mai 1990 in Niedersachsen und Nordrhein-Westfalen mit dem Sieg der Sozialdemokratie und der Erosion der rechtsradikalen Republikaner hat gezeigt, daß der Taumel von Großdeutsch-Schwarz-Rot-Gold die rationalen – böse Zungen sagen egoistisch-materialistischen – Motive der Bundesbürger keineswegs erstickt hat.
Das gespaltene Deutschland war das Faustpfand der einstigen Alliierten des Zweiten Weltkriegs gegen das Wiedererstarken großdeutscher Hegemonialbestrebungen und imperialistischer Expansionsinteressen in Mitteleuropa. Mit der Aufhebung dieser Spaltung geht eine Epoche zu Ende, und die alten Ängste regen sich. Welche Aufgaben und Perspektiven sich daraus für die auswärtige deutsche und die internationale Politik und die Zugehörigkeit zu den Bündnissystemen ergeben, erörtert in diesem Band Bruno Schoch. Zu verhindern gilt es, daß mit der Wiederkehr der Geschichte auch die Gespenster der Vergangenheit neuerlichen Einzug halten. Die Zuversicht, daß dies gelingen wird, speist sich aus dem, was der Anlaß dieses Buches war: Die demokratische Revolution in der DDR.

I. Szenen aus dem deutschen Sozialismus

BAYERISCHER RUNDFUNK
Anstalt des öffentlichen Rechts

Entliehen: 3.7.76 Verlängert:

Gemahnt:

Zuname des Entleihers in Druckschrift

Vom Entleiher auszufüllen

Unter Anerkennung der Ausleihordnung der Bibliothek entleihe ich das folgende Buch:

Autor:

Titel:

Sign.: RA XX 61 II Zugangs-Nr.

Eigenhändige Unterschrift: [illegible]

Anschrift / Abteilung:

Telefon:

V / 607 4.93

Dieter Segert

Fahnen, Umzüge, Abzeichen

Die Macht der Rituale und Symbole

Am Beginn jeder Woche, montags, versammelten wir uns um den Fahnenmast. Er erhob sich im Mittelpunkt des Pausenhofes, auf einem mit Feldsteinen eingefaßten Beet, das aus irgendwelchen Gründen den Namen »Ernst-Thälmann-Hain« bekommen hatte. Die Schule hieß »Jenny Marx«.
Der »Fahnenappell«: die Schüler standen im nach vorn offenen Karree ordentlich ausgerichtet um ihn herum, die Lehrer daneben. Der diensthabende Schüler meldete die Klassenstärke an den Direktor. In meiner Erinnerung ist er ein Riese von Wuchs, immer im Anzug. Er war eine Autorität mit der dazugehörigen Distanz. Nur daß er rauchte, störte das ansonsten positive Bild. Auf die Meldung aller Klassen antwortete der Direktor mit einer kurzen Ansprache. Zu besonderen Anlässen, derer es nicht wenige gab, wurde die Staatsfahne aufgezogen. Hammer, Zirkel, Ährenkranz – bedeutungsvolle Zeichen, die uns aber wenig berührten, solange die Vorstellung, dieselbe Fahne sei auch ohne Emblem komplett, noch fern lag. Das Hissen der Fahne konnte auch von einem Gedicht, einem Lied begleitet werden.
Immer wiederholte Formen der Präsentation strukturierten den Alltag, lassen unzerbrechlich erscheinen, was doch nur zufällig ist. Fahnenappelle begleiteten mich, von dem Tag der Einschulung an über alle Klassen bis zum Abitur, auch während des Ferienlagers im Sommer – falls ich mal einen der knappen Plätze bekommmen hatte. Auch meine Kinder kennen noch solche Appelle, nur wurden sie seltener veranstaltet. Zum Schluß konnte sich jeder selbst entscheiden, ob er Pionierhalstuch und weißes Hemd mit dem flammenden Symbol der Organisation tragen wollte oder nicht. Die öffentliche Meinung war liberaler geworden.

Aufmärsche: Am Vorabend des 1. Mai durften die älteren Schüler Fackeln tragen. Die jüngeren zogen mit Laternen durch die Straßen. Man mußte uns dazu nicht lange bitten, die flackernden Lichter und die lodernden Fackeln zogen uns mit magischer Kraft an. Der erste Mai selbst, der »Kampftag der Arbeiterklasse«, war ein Tag des gemeinsamen Umzugs, zunächst an der Hand von Großeltern oder Eltern, dann im Klassenverband. Die Stadt war nicht groß, der Fußmarsch nicht lang.

An diesem Tag war immer irgendwie schönes Wetter, geregnet hat es selten. Ein Feiertag, schulfrei. Die Straßen, durch die wir zogen, waren durch das leuchtende Grün junger Birkenblätter und die klaren Farben der Fahnen geschmückt. Die eigenen und die der Freunde. Auch unser Fenster trug das Staatssymbol, der Vater klemmte es in die Fensterflügel ein.
Der Höhepunkt, aber eigentlich auch das Ende des Umzugs, war der Vorbeimarsch an einem zur Tribüne umgebauten Anhänger. Auf ihm standen immer dieselben Personen, meist Männer im Alter meiner Eltern. Außer ihren Namen kannte ich kaum etwas von ihnen. Am nächsten war mir der Bürgermeister, über den mit Hochachtung gesprochen wurde. Er soll einiges für die Stadt gemacht haben.
Am 8. Mai wurde immer ein Kranz niedergelegt, an einem Ehrenmal für die in den letzten Kriegstagen in einem abgestellten Waggon eines Gefangenentransports durch SS-Männer umgebrachten sowjetischen Soldaten. Viel geredet wurde darüber, über ein irgendwo in der Nähe befindliches Außenlager eines KZ's, über den Krieg und sein Ende nicht. Auf Fragen der Kinder wurde kurz geantwortet, als wolle man ihnen eigene Ängste ersparen. Allerdings, mein Großvater, der im Krieg Major der Reserve und Adjutant eines Generals in Magdeburg gewesen war und der dafür drei Jahre in ein Kriegsgefangenenlager der Amerikaner ging, stimmte dem Versuch, die Kriegsursachen durch Enteignung der Kriegsgewinnler auszureißen, vollen Herzens zu. Und wir durften, sehr zu unserem Leidwesen, kein Kriegsspielzeug benutzen.
Größere Aufmärsche als in Salzwedel habe ich erst als Jugendlicher erlebt. Manche haben mir gefallen, andere wurden als belastend empfunden. Ein »Treffen der Freundschaft« anläßlich des 50. Jahrestages der Oktoberrevolution von 1917 führte mich nach Leipzig. Meine Eindrücke waren positiv, die erlebten Orte hatten klangvolle Namen: Messegelände und Völkerschlachtdenkmal. Das erste Mal in einer Kaserne der sowjetischen Streitkräfte – Blasmusik und Nudeln mit Gulasch.
Als Walter Ulbricht 75 wurde, 1968 im Sommer, wurden Tausende nach Berlin gekarrt, darunter auch ich. An einem Tag hin und zurück, zur Feier ins »Walter-Ulbricht-Stadion« an der Chausseestraße, dazu noch eine Stadtrundfahrt. Mir war das Ganze schon zu pompös und anmaßend. Den Höhepunkt der Feier sollte wohl die Übergabe von fünfundsiebzig Nelken und etlicher »Verpflichtungen« an den Staatsratsvorsitzenden und Ersten Sekretär bilden. Jahn, der Vorsitzende der FDJ, spielte den Boten. Danach wurde ein extra für diesen Tag komponiertes Lied eingeübt. Begeisterung kam nicht auf.
Es wäre sicher übertrieben, Abneigung gegen Pompöses mit Einsichten in Herrschaftsverhältnisse gleichzusetzen. Die organisierten Massenaufmärsche brachten notwendigerweise Streß und Langeweile mit sich.

Wenn Hunderttausende bewegt werden sollten, und zwar zügig, dann erforderte das ein hohes Maß an formaler Disziplin, die der Spontaneität Jugendlicher entgegenlaufen muß. Strukturen der Organisation müssen geschaffen werden – Zehner-, Fünfziger-, Hunderter- und Fünfhunderter-Blöcke mit entsprechenden Verantwortlichen (meist ehrenamtlichen Funktionären). Das Ineinandergreifen der Bewegungen erforderte feste Stellzeiten, die dazu noch von gewissenhaften untergeordneten Befehlshabern mit Reserven abgepolstert wurden. Das führte zum Herumstehen, Warten, Müdewerden. Der Höhepunkt immer wieder der »Vorbeimarsch«, genügend vorbereitet durch Musik, Fahnen, Bilder von Helden der Vergangenheit und lebenden Führern, Losungen, Sprechchöre in der Nähe des Zentrums der Veranstaltung – die Stimmung stieg –, dann die Tribüne mit den Medienstars in natura.
Was hat die bewegt, die unten standen, die vorbeizogen? Die meisten waren irgendwie neugierig auf die Berühmtheit da oben. Was treibt die Autogrammjäger zu ihren Idolen? Direkter Blickkontakt mit dem Halbgott, oder es war gar der Erste selbst. Die Verkörperung des Guten, der guten Politik. Eine persönliche Beziehung zu Politikern, die versucht, sich die fernen Personen auf ein begreifbares Maß heranzuholen. Diese Menschen, die ihr familiäres Leben, ihre Tätigkeiten in der freien Zeit so sehr abschirmen ließen, daß sie den menschlichen Niederungen ganz enthoben schienen. Da war es vielleicht die Sehnsucht, diesen Abgrund doch mit einem Lächeln oder einem Blick überspringen zu können, eine Sehnsucht beider Seiten, wie Volker Braun in seinem Hinze-Kunze-Roman vermutet. Ich erinnere mich an eine Pionierleiterin, die sentimentale Lieder sang (»Meinst du, die Russen wollen Krieg?«) und angesichts der Mächtigen auf der Tribüne in eine Euphorie geriet, die Distanz weder wahren wollte noch konnte. Sie skandierte so lange Losungen, bis sie heiser wurde. »Unser Dank gilt der Partei, wenn sie uns ruft, sind wir dabei!«
Die Tribünen waren unterschiedlich hoch und unterschiedlich weit weg vom Volk. Immer waren sie den Demonstranten näher als die Ur-Tribüne dieser politischen Kultur, die Tribüne des Lenin-Mausoleums in Moskau, vielleicht weil die Macht nicht so groß war wie die des großen Bruders. Vielleicht auch gab es mitunter eine ferne Empfindung über den Skandal einer vom Volk in den Formen der Repräsentation so weit entfremdeten Führung, die doch Fleisch vom Fleische, Blut vom Blute der Werktätigen sein wollte. Honecker ging noch 1973 direkt durch die Menge der zu den X. Weltfestspielen in Berlin angereisten Jugendlichen. Später überließ er solche Abenteuer Fidel Castro und Michail Gorbatschow. Bis zuletzt blieb aber die eine, nicht aufgegebene Tradition, zu Beginn der Januar-Demonstration in Berlin die Straßen bis zum Grabmal der Sozialisten in Friedrichsfelde zu Fuß zu laufen. Und doch, diese Formen der Präsenta-

tion von Macht haben die vorhandene Kluft spüren lassen, die eigentlich durch diese Aufmärsche emotional verringert werden sollte. Unter dem Jubel der Versammelten erklärte Christa Wolf am 4. November 1989: Ein Vorschlag für den ersten Mai, die Führung zieht am Volk vorbei!
Fahnen und Aufmärsche zielten auf die Emotionen aller Bürger, wollten Identifikation erreichen und stabilisieren. Symbole und Zeremonien sollten die Ergebnisse der Revolution nach 1945 als unabänderlich erscheinen lassen, und sie zeigten Wirkungen besonders bei den Bürgern, die in diese Ordnung hineingeboren wurden. Der Bruch mit ihnen wird keineswegs leichtfallen.
Losungen, Zeitungstexte, Formen politischer Weiterbildung in den verschiedenen Parteien und Verbänden sollten die Werte und Orientierungen vorgeben und einprägen. Dabei wurde das Maß der offiziellen Einflußnahme auf die Emotionen und den Verstand der Bürger im Verlaufe der Existenz des Staates verringert. Das System wurde in seinen Ansprüchen an Zustimmungsbekundungen seitens der Bevölkerung bescheidener. Die »ideologische Arbeit« trat hinter pragmatischere Herangehensweisen zurück. Diese partielle Säkularisierung vollzog sich, beinahe unmerklich, beim Übergang von Ulbricht zu Honecker, von einem Teil des Apparates getragen, von anderen nur widerwillig als taktisches Zugeständnis geduldet. Die äußere Erscheinungsform dessen war die abnehmende Zahl von Losungen, also von diesen weißgetünchten Buchstaben auf rotem Fahnenstoff, an den Betrieben und Institutionen, auf öffentlichen Plätzen, die – wie in Dresden auf einem Hochhaus bis vor kurzem – verkündeten: »Der Sozialismus siegt!« Oder: »Von der Sowjetunion lernen heißt siegen lernen!« Oder: »Mit erfüllten Plänen zum VIII. Parteitag der SED!«
Natürlich gab es keine öffentliche Erklärung darüber, daß von einem bestimmten Datum an eine solche Verringerung des Aushängens von Sprüchen stattzufinden habe. Nach wie vor wurden zu bestimmten Anlässen, vor dem 1. Mai und dem 7. Oktober, die aktuellen Aufforderungen in der Presse veröffentlicht. Aber sie wurden nicht mehr mit der früheren Intensität ausgehangen. Mir ist das erste Mal die praktisch vollzogene Verringerung von Losungen im Straßenbild aufgefallen, als ich 1975 in Moskau die alte Pracht roter Spruchbänder wiederfand (am häufigsten die beschwörende Losung: »Partei und Volk sind eins!«) und mich an vergangene, schon fast vergessene Zeiten, die fünfziger und sechziger Jahre erinnerte. In die gleiche Rubrik der propagandistischen Beeinflussung durch Aussagen und Aufforderungen (Fragen eignen sich schlechter für forsche Propaganda) fallen die Wandzeitungen, auch ihre Hochzeit war in den siebziger Jahren vorüber.
Die Wirkung solcher Losungen, Wandzeitungen und anderer sprachlicher Formen erklärt sich sicher nicht aus dem von ihnen transportierten

Sinn. Der war meist zu schlicht, als daß er irgend etwas hätte bewirken können. Er ging auch, im Unterschied zu den Stereotypen der Konsumwerbung, an der Psychologie der Massen vorbei. Er ging höchstens den Menschen auf den Geist, war ein Grund dafür, daß sie ab- und umschalteten. Und trotzdem bewirkten sie etwas, sie lähmten das Nachdenken über politisch sensible Punkte, versperrten – wie das bei jeder Form von Ideologie geschieht – die Zugänge zu einer aktiven Auseinandersetzung mit jenen.
In den letzten Jahren wurden die Versuche einer ideologischen Beeinflussung allerdings nicht geringer, auch wenn deren traditionelle Formen aus dem Straßenbild verschwanden. Nach dem VIII. Parteitag, nicht zuletzt in Auswertung der Ereignisse in der CSSR 1968 und in Polen im Dezember 1970, wurde die Beeinflussung über Formen der Argumentation verstärkt. Die gewünschten Werte wurden weniger in ihrer Kurzfassung in Losungen (oder den Geboten der sozialistischen Moral, die Ulbricht auf dem V. Parteitag der SED hatte verkünden lassen) angeboten, sie wurden außer über den entsprechenden Unterricht in der Schule auch in den Formen der politischen Bildung möglichst allen Erwachsenen nahegebracht: so laut Statistik über vier Millionen Gewerkschaftsmitgliedern in den monatlichen Veranstaltungen der »Schulen der sozialistischen Arbeit«, den Mitgliedern der SED in den Parteilehrjahrsveranstaltungen, die nach einem vorgegebenen Programm ablaufen sollten. Höhere Formen der Parteischule waren Betriebs- und Kreisschulen des Marxismus-Leninismus, die in den letzten 15 Jahren von 750000 SED-Mitgliedern besucht wurden. Alle diese Veranstaltungen liefen neben der Arbeit ab.
Wenn auch seit 1971 insgesamt die sichtbare Repräsentanz der Symbole und Losungen der Staatsmacht abgenommen hatte, dieser Rückzug zu mehr Pragmatismus in der Machtausübung war eigentlich taktischer Natur. Das wurde nach 1987, besonders aber mit der durch die 7. Tagung des ZK im Dezember 1988 vollzogenen konservativen Wende ganz deutlich. Nachdem sich in der KPdSU die Position Gorbatschows gefestigt hatte, setzte die Partei- und Staatsführung der DDR wieder auf die traditionellen Mittel der ideologischen Arbeit. Die Schrauben wurden angezogen. Die ganze symbolische Macht mobilisiert. Massenumzüge wie das Pfingsttreffen 1989 und die Feiern zum Jahrestag sollten die Funktionstüchtigkeit der Herrschaftsverhältnisse demonstrieren. Dazu kam noch die Demonstration der Instrumente selbst – Großaufgebote von Staatssicherheit, Polizei und Kampfgruppe.
Von allen Schichten der Bevölkerung spürten die Studenten diesen Sinn des zweiten Aufgusses von traditionellen Formen wohl am deutlichsten. Der Welt sollte mit dem Pfingsttreffen vorgeführt werden, daß alles in der Ordnung ist. Wie es ein mittlerer Parteifunktionär in Reaktion auf kriti-

sche Stimmen gegenüber den hohen Kosten solcher Feiern entschuldigend erklärte: In keinem anderen Land des Sozialismus ist heute eine solche Demonstration der Stabilität möglich! Also, die Kosten sind zwar hoch, aber auch der politische Gewinn ist enorm. Gerade deswegen weigerten sich viele Studenten, dieses Treffen zu unterstützen, am schärfsten fuhren wohl die Studenten der Kunsthochschulen in Dresden und Berlin diesen Kurs.
Zu den Fäden, die die Menschen an das System binden sollten, zählten über Fahnen, Umzüge und Worte hinaus Abzeichen und andere öffentliche Auszeichnungen. »Moralische Stimulierung« ist hier der Terminus technicus. Für Geld ist nicht alles zu haben, besonders, wenn das Geld einige seiner Funktionen nach Aufgabe der regulierenden Funktion des Marktes verloren hat. Diese Erkenntnis wurde wohl schon in der Sowjetunion der dreißiger Jahre gewonnen, in der das erste Mal in diesem System hohe Arbeitsleistungen durch stark über dem Durchschnitt liegende Lohnzahlungen entgolten wurden. Die Sieger im Wettbewerb um hohe Arbeitsleistungen wurden mit der öffentlichen Nennung ihrer Namen belohnt. Dazu kam ein zu Feiern am Anzug zu tragendes buntes Stück Metall – ein neues Thema: Orden und Ehrenzeichen.

Medaillen und Ehrenzeichen: Auszeichnungen begleiteten uns von früher Kindheit an. Erfolge in der Schule wurden nicht nur durch gute Noten gewürdigt, diese traditionelle Form der Hervorhebung, sie wurden zusätzlich durch die Namensnennung zum Fahnenappell, anläßlich bestimmter Feiertage, belohnt. Der Ehrgeiz, sich hervorzutun, gehört wohl zu den ganz ursprünglichen menschlichen Verhaltensweisen. Der Wunsch, nicht unterzugehen im Strom menschlicher Geschichte, sondern seinen Namen erhalten zu können. Moralische Stimulierung – aus der Anonymität des Klassenverbandes in den Raum vor der Fahne zu treten, den eigenen Namen positiv bewertet aus dem Mund des Direktors zu hören. Ein Leistungsabzeichen von den zwei oder drei zu bekommen, die jedes Jahr vor den Sommerferien in der Klasse verteilt wurden. Urkunden gab es auch. Diese Art von Würdigung besonderer schulischer Leistungen ist sicher keine Besonderheit des »realen Sozialismus«, besonders ist aber die Unzahl der öffentlich gewürdigten Leistungen.
Der Strom der Medaillen und Ehrenzeichen floß auch nach Abschluß der Schule weiter. »Aktivist der sozialistischen Arbeit«, Mitglied eines »Kollektivs der sozialistischen Arbeit«, »Verdienstmedaille der DDR«, dann die vielen Orden, verbunden mit teilweise erheblichen Dotationen und sonstigen Vergünstigungen, »Banner der Arbeit« in drei Stufen, »Vaterländischer Verdienstorden«, »Karl-Marx-Orden« und so weiter und so fort. Eine ganze Pyramide von Ehrenmetall, deren Spitze in der Regel für

die Angehörigen der führenden Schicht vorbehalten war. Auch die Massenorganisationen hatten ihre spezifischen Auszeichnungen.
Ergebnis dieser Flut waren auf jeden Fall Differenzierungen unter den in sozialer und politischer Hinsicht Gleichgestellten – immer wieder wurde ausgegrenzt oder, positiv formuliert, hervorgehoben. Die Vergabe dieser Metallstücke, bei Erwachsenen stets verbunden mit finanziellen Zuwendungen, war ein umfassend und systematisch angewendetes Herrschaftsmittel. Die russischen Revolutionäre um Lenin hatten gegen diese Herrschaftstechniken Vorbehalte. Zunächst wurden von ihnen sowohl Orden als auch Rangabzeichen abgeschafft. Später, natürlich durch Stalin und seine Vasallen vorangetrieben, kam es dann zur bis in die späten Tage des »Realsozialismus« anhaltenden Ordensflut. Man eignete sich die uralte Lehre an, die auch Napoleon beherzigt hatte: Man kann Menschen von sich abhängig machen, wenn man sie mittels Auszeichnungen und der Vergabe von Ehrenämtern aus der Masse der übrigen Bürger hervorhebt. Das sind die Fäden, an denen man sie wie Marionetten tanzen lassen kann.
Nach meiner Beobachtung sind es insbesondere die Männer, die für so etwas wie verliehenen Ruhm anfällig sind. Es könnte natürlich auch ein falscher Eindruck sein, hervorgerufen durch die größere Zahl von Auszeichnungen, die an diese Gruppe verliehen wurde. Aber ich meine, Eitelkeit und Gier nach öffentlicher Hervorhebung, einen verdächtigen Glanz in den Augen der nach vorn Gerufenen, stärker an meinen Geschlechtsgenossen beobachtet zu haben. Vielleicht ist es auch der verständliche Wunsch danach, als Ergebnis flüchtiger Tätigkeiten etwas Handfestes nach Hause tragen zu können. Spezifische Schatzbildner der Neuzeit, die weder Gold, deren sie nicht habhaft werden konnten, noch Prestigekonsumgüter – unsere Autos konnten in der Regel diese Sehnsucht nur unvollkommen befriedigen – horten konnten. So mußten es Auszeichnungen, gesellschaftliche Ehrungen sein. Das schwächere Geschlecht dagegen ist aus irgendwelchen Gründen der Erde näher, findet Befriedigung im Fluß der Handlungen des menschlichen Lebens selbst.

Ein unerforschter Kontinent: Einer der Streitpunkte unter den antistalinistischen Linken in der Vergangenheit war die Einschätzung des Charakters dieser »realsozialistischen Diktaturen«. Waren es Gesellschaften, in denen eine neue *Klasse* aus Parteifunktionären und Technokraten, eingeschlossen die Spitzen des ideologischen Apparates, über die Werktätigen herrschten? War es eine *Schicht* von Bürokraten, die in ihr an den Interessen der Mehrheit schmarotzte? Die Realität zeigt sich in etwas diffuserem Licht, als diese beiden Schichtungsmodelle annahmen. Sicher, eine Gruppe aus den Spitzen der verschiedenen Apparate, der politischen, der wirtschaftlichen, der kulturellen Funktionäre, die über stabile Fäden, auch Formen der sozialen Kommunikation, miteinander verbunden waren, läßt sich ausmachen. Sie waren Nutznießer, Eigner, des scheinbar anonymen staatlichen Besitzes an Produktionsmitteln, auch an Gütern des gehobenen Konsums, der ihnen auf einer bestimmten Ebene des Apparates planmäßig zustand. Die Spitzen dieser Gruppe entwickelten offensichtlich in den letzten Jahren auch so etwas wie ein Cliquenbewußtsein über ihre privilegierte Lage und deren unlösbare Verbindung mit dem Status quo. Das zeigt sich sowohl am intern artikulierten Haß gegen die Gorbatschowschen Reformen als auch an dem offensichtlich gerade in den Jahren wirtschaftlicher Schwierigkeiten zunehmenden Drang, sich persönlich zu bereichern. Bemerkenswert ist in diesem Zusammenhang die Tatsache, daß ab Ende der siebziger Jahre das System der Versorgung dieser Spitzengruppe mit hochwertigen Konsumgütern wesentlich ausgebaut wurde, also gerade zu dem Zeitpunkt, als die wirtschaftliche Sackgasse des Systems sichtbar wurde.

Soweit also stimmt das Bild von der Herrschaft einer Schicht/Klasse über das Volk, soweit lassen sich die sozialen Prozesse als Entstehen einer neuen Ordnung der Ausbeutung deuten. Aber es bleibt ein wesentlicher Rest. Es ist nicht nur Ergebnis einer Täuschung, wenn eine größere Gruppe von Bürgern der DDR sich als Herren des Landes gefühlt hat. Und daß, obwohl sie nicht im eigentlichen Sinn des Wortes die Souveräne dieses Landes gewesen wären. Die historische Wahrheit ist nicht etwa, daß die 2,3 Millionen Mitglieder der SED gemeinsam mit den Hunderttausenden von Mitgliedern und Funktionären von Blockparteien und politischen Massenorganisationen über den Rest der erwachsenen Bevölkerung geherrscht hätten.

Die Bilanz der wirtschaftlichen Vorteile läßt sich nicht so ziehen, daß diejenigen, die sich in einer Funktion, einem Amt, engagierten, auf der Seite der sozialen Gewinner gestanden hätten. Sie unterschieden sich zumindest nicht sehr vom Durchschnitt des Rests der Bevölkerung. Und wer sich überhaupt nicht politisch einband, konnte im Rahmen der sich üppig entfaltenden Schattenwirtschaft durchaus gut leben. Er hatte sogar mehr Zeit für seine Geschäfte. Die Möglichkeit, auf Kosten anderer zu leben, war nicht notwendigerweise mit einem Engagement für das System verbunden. Andererseits, wer sich in der DDR engagierte, konnte nicht schon mit einem sozialen Aufstieg rechnen. Viele der Funktionen waren keineswegs Leitern des Aufstiegs in die Oberschicht.

Was aber zog die große Gruppe von Bürgern auf die Posten und Pöstchen? Sicher läßt sich ihre Motivation nicht auf einen einfachen Nenner bringen. Eine Gesellschaft, in der bisher so wenig über die eigenen Verhältnisse und Verhaltensweisen geforscht werden konnte, birgt immer

noch viele Geheimnisse. Schon Andropow, der erste Generalsekretär der KPdSU nach Lenin, der zur intellektuellen Selbstkritik in der Lage war, wußte, daß die eigene Gesellschaft bis dahin in vielem einem unerforschten Kontinent glich. Und daß, obwohl sie gleichzeitig die am besten ausgespähte Gesellschaft darstellte!
Zum einen war es Anpassung an die geforderte Norm sozialen Verhaltens. Reale Herrschaft zeigt sich nicht zuletzt in der Fähigkeit einer Elite, die eigenen Werte als die herrschenden in der Gesellschaft durchzusetzen. Anpassung, weil man sich davon soziale Vorteile erhoffte oder weil man Nachteile von sich abwenden wollte. Anpassung auch deshalb, weil die eigene Persönlichkeitsstruktur eine ernsthafte Opposition gegenüber einer herrschenden öffentlichen Meinung – und die Öffentlichkeit wurde in den meisten ihrer Formen durch das Regime beherrscht – nicht zuließ. Wer genau hinsah, der konnte gerade unter Mitgliedern der SED noch im Herbst 1989 ausreichend viele entdecken, die zu einer von der Führung abweichenden Meinung keine Kraft fanden. Ihr Dissens war, wenn überhaupt einmal gegeben, nur von kurzer Dauer. Vielleicht läßt sich diese Erfahrung tatsächlich mit dem Bild von einem Typ der zum »Wir« aus der Verantwortung fliehenden totalitären Persönlichkeit darstellen.
Zum anderen war dieses Geflecht von Teilnahme an den Formen der politischen Öffentlichkeit, der »gesellschaftlichen Arbeit«, von dem Bedürfnis geleitet, Verantwortung zu tragen, zur politischen Elite dazuzugehören. Man gehörte zwar real nur dann dazu, wenn man die Spitzen des durch die Parteinomenklatur organisierten Systems erklommen hatte – das war nur der obere, kleine Teil des Massivs von Funktionären –, aber die politischen Verhältnisse erzeugten bei vielen ein Gefühl der Zugehörigkeit. Sie gehörten nicht wirklich zur Herrschaftselite, bildeten aber eine »Als-ob-Elite«. Hier wurde an einem wichtigen Bedürfnis der Individuen unter den Bedingungen moderner Gesellschaftsentwicklung schmarotzt, dem Bedürfnis nach Partizipation.
In den bürgerlichen Gesellschaften der Neuzeit wird diesem Bedürfnis dadurch entsprochen, daß der einzelne sich als Wahlbürger am Akt der Konstituierung des obersten Staatsorgans, des Parlaments, beteiligt und über die Öffentlichkeit die Möglichkeit hat, wenn er will, sich an einer kritischen Kontrolle über die laufende Führung der Staatsgeschäfte zu beteiligen. Wahlentscheidung und rege Anteilnahme an der öffentlichen Kontrolle waren dem partizipationswilligen Bürger in den »realsozialistischen Gesellschaften« verwehrt. Er suchte seinem Bedürfnis nach Demokratie auf anderen Wegen zu genügen. Er übernahm ein öffentliches Amt.
Mit diesen Funktionen allerdings ging es ihm wie dem Dürstenden in der Wüste angesichts einer Fata Morgana – wirkliche Befriedigung des Be-

dürfnisses konnte sich nicht einstellen. Aber, vorsichtig mit Bildern, wenn es um komplizierte soziale Sachverhalte geht. Eine gewisse, wenn auch deutlich nach oben begrenzte Gestaltungsmacht war mit der Übernahme von Funktionen natürlich verbunden. Das ist so in jeder bürokratischen Hierarchie. Dazu kommt noch die Elastizität der bürokratisierten Verhältnisse, Abweichungen vom Gründerwillen waren möglich, derjenige, der nach Gestaltung strebte, konnte, zusammen mit anderen, eine gewisse Autonomie von Teilbereichen herstellen. Und das nicht nur in einem bornierten Eigeninteresse, sondern auch als gewissen kollektiven Freiheitsgewinn. Ihn abzusichern, fiel freilich schwer und forderte Kompromisse gegenüber den treuen Vasallen der herrschenden Gruppe. Diejenigen, die sich dieser Aufgabe stellten, begaben sich auf schwieriges Gelände, und nicht immer wird sich feststellen lassen, ob sie mehr für den Erhalt der Herrschaft der Parteielite oder mehr für die Interessen der Bevölkerung geleistet haben.

Wer sich auf das Feld der politischen Arbeit begab, kam jedenfalls zu genaueren Einsichten in die Struktur der politischen Verhältnisse als vorher. Er konnte durch den Nebel von sozialistischen Losungen, von rituell beschworenen Traditionen des Kampfes für soziale Gerechtigkeit und Freiheit, wenn er sich nicht durch die Einladung zum Mitherrschen beeindrucken ließ, die häßlichen Seiten des Regimes entdecken. Das erforderte allerdings persönlichen Mut, besonders bei denen, die schon einen Teil des eigenen Lebens an diese Gesellschaftsform verschwendet hatten, die somit auch sich selbst kritisieren mußten.

Und doch, aus dem Konflikt zwischen den Partizipationsbedürfnissen und den gleichermaßen unbefriedigenden Alternativen des Systems, politisch aktiv zu werden, speiste sich ein fortlaufender Prozeß des sozialen Wandels. Die Beteiligten paßten sich in unterschiedlicher Weise an die Gegebenheiten an und modifizierten sie durch ihr Verhalten. Die einen lernten, sich auf die vom Herrschaftsinteresse gezogenen Grenzen zu beschränken, die anderen begriffen, daß zwischen der öffentlich verkündeten Einheit der Interessen aller Bürger und der tatsächlichen Interessenlage eine unüberbrückbare Kluft besteht, die sich nur durch die Beseitigung des Systems selbst überwinden läßt. Das politische Engagement für den Sozialismus war der Boden, auf dem immer wieder neu der Dissens, die aktive Opposition gegen das Regime entstand. Es ist nicht zufällig so, daß die oppositionellen Gruppierungen sich außer aus dem Bereich der Kirche – in dem von der Diktatur unabhängige Lebensformen existierten – aus der Gruppe der *politisch* aktivsten Bürger rekrutierten. Sie waren häufig »gebrannte Kinder«, ehemalige Mitglieder der SED. Zwischen der Tendenz zur Vergrößerung der durchschnittlichen Demokratiebedürfnisse der Bürger und der Tendenz zur Reproduktion der Herrschaftsverhältnisse entstand ein sich ab der zweiten Hälfte der siebziger

Jahre vergrößernder Gegensatz, wurde der Boden für die »friedliche Revolution« bereitet.

Symbole und Rituale haben ihren Einfluß auf das politische Handeln verloren, zurück bleibt vielleicht das leise Gefühl des Verlustes von Kindheitsmustern.

Rainer Erd

Die Verwaltung der Gerechtigkeit

Über Recht und Justiz in der DDR

28. Oktober 1989, Deutsches Theater, Ost-Berlin: Der Schauspieler Ulrich Mühe liest aus Walter Jankas Erinnerungen »Schwierigkeiten mit der Wahrheit«, die soeben in einem westdeutschen Verlag erschienen sind. Der erste große öffentliche Auftritt Jankas nach mehr als 30 Jahren ist eine moralische Rehabilitierung eines Mannes, der leidvoll erfahren mußte, was Recht und Justiz in der DDR bedeuten konnten. Als Leiter des Aufbau-Verlags hatte er in den fünfziger Jahren Kontakt zu allen relevanten kulturellen Persönlichkeiten der DDR. Der Schriftsteller und Kulturminister Johannes R. Becher zählte zu seinen engen Bekannten. Er war es, der Janka während des Ungarn-Aufstands darum bat, den gefährdeten Georg Lukács, einen der großen marxistischen Philosophen, in Budapest zu befreien und in die DDR zu bringen. Noch bevor Janka den Plan realisieren konnte, blies Walter Ulbricht die Aktion ab, weil er Lukács' unorthodoxer Position mißtraute. Wenig später wurde Janka vom Staatssicherheitsdienst verhaftet und in einem spektakulären Prozeß wegen versuchter »Veränderung gesetzlich geschützter gesellschaftlicher Verhältnisse« zu fünf Jahren Zuchthaus verurteilt. Das Gericht verhängte verschärfte Einzelhaft in Lichtenberg und im Staatssicherheits-Gefängnis in Bautzen. Die Besuchszeit für Jankas Frau betrug zwei Stunden im Jahr.

Der da im Juli 1957 hinter Zuchthausmauern gesperrt wurde, konnte auf einen nachgerade vorbildlichen sozialistischen Lebenslauf verweisen. Aus einer proletarischen, klassenbewußten Familie stammend, widersetzte er sich 1933 den Nazis und landete in Gefängnissen und im Konzentrationslager. Dort entlassen, beteiligte er sich am Spanischen Bürgerkrieg im »Thälmann-Bataillon«. Als treuer Kommunist engagierte er sich im mexikanischen Exil für die Gründung der Zeitschrift »Freies Deutschland« und eines Verlags, dessen Leiter er wurde. Anna Seghers, Heinrich Mann, Ernst Sommer und Egon Erwin Kisch gehörten zu Schriftstellern, die er dem spanisch-sprechenden Publikum bekannt machte. 1947 nach Berlin zurückgekehrt, war Walter Janka Mitarbeiter des Parteivorstands der SED. Anfang 1952 übernahm er die Leitung des bedeutendsten belletristischen Verlags der DDR, des Aufbau-Verlags, der Werkausgaben von Thomas und Heinrich Mann, Arnold Zweig, Leonhard Frank, Georg Lukács und Ernst Bloch herausbrachte.

Ist ein Mann mit einem so untadeligen Lebenslauf ein »konterrevolutionärer Verschwörer«? Einer, der »Anschläge gegen den Frieden« beging, weil er auf Anregung des damaligen Kulturministers Becher einen der renommiertesten Marxisten der Gegenwart aus Budapest befreien wollte? Aus heutiger Sicht erscheinen die Vorwürfe absurd. Denn Walter Janka erhielt am 1. Mai 1989, kurz nach seinem 75. Geburtstag, von der DDR-Regierung unter Erich Honecker den Vaterländischen Verdienstorden in Gold. Janka habe sich, so die Begründung, »hervorragende Verdienste beim Aufbau und bei der Entwicklung der sozialistischen Gesellschaftsordnung in der Deutschen Demokratischen Republik« erworben. Doch die Ordensverleihung rehabilitierte Janka nicht, war nicht mit einer Haftentschädigung wegen unzulässiger Verurteilung verbunden. So weit wollten Honeckers Ordensverleiher dann doch nicht gehen. War ihnen der argumentative Sprung vom »konterrevolutionären Verschwörer« zum verdienstvollen Sozialisten zu groß? Wie überhaupt kann es geschehen, daß eine Justiz Menschen hinter Zuchthausmauern verbannt, die später mit Orden bedacht werden?

Fehlurteile gibt es, seitdem Richter sich mit rechtlichem Fehlverhalten von Menschen beschäftigen. Der Justizirrtum gehört zur Geschichte der Rechtsprechung wie der Richter und das Gesetz. Doch haben wir es in einem Fall wie dem von Walter Janka mit einem Justizirrtum zu tun, der die Fehlbarkeit menschlichen Urteilsvermögens anzeigt? Oder ist der Fall Janka nur ein Exempel für einen Typus von Justiz, die anderen Regeln folgt, als sie zu Beginn der bürgerlichen Gesellschaft gefordert und eingeführt wurden?

Gewaltenteilung hieß eine der großen Forderungen, die das um politische Hegemonie kämpfende Bürgertum im Frankreich des späten 18. Jahrhunderts vortrug. Allzu lange hatte es die Erfahrung gemacht, daß die Entfaltung eines freien Gewerbes nicht möglich war, solange feudales staatliches Recht dieses behinderte. In einer Wirtschaft, in der Zulassung und Betrieb eines Gewerbes in hohem Maße vom Gesetzgeber und der Verwaltung kontrolliert wurden, konnte sich ein freier Warenverkehr nicht herausbilden. Das auf Privateigentum und Markt gegründete Unternehmertum war es deshalb, das die politische Forderung erhob, die Ökonomie von den Behinderungen staatlichen Eingriffs zu befreien. Allein die freie Entfaltung des Marktgeschehens, so die Annahme des aufsteigenden Bürgertums, gewährleiste den optimalen ökonomischen Nutzen für alle Mitglieder einer Gesellschaft.

Aus dieser anti-staatlichen Argumentation – nicht unähnlich übrigens der gegenwärtig häufig in der DDR zu hörenden – folgte, daß Eingriffe in das als autonom gedachte Wirtschaftsgeschehen nur unter bestimmten Regeln erfolgen durften. Das Gesetz sollte diese Regeln festlegen. In der entstehenden bürgerlichen Gesellschaft des 18./19. Jahrhunderts sollten keine Personen mehr herrschen, sondern das Gesetz. Die »Herrschaft des Gesetzes« galt als Bedingung für ökonomische Wohlfahrt und politische Freiheit. Um die »Herrschaft des Gesetzes« zu gewährleisten, war es erforderlich, daß eine unabhängige Instanz seine Befolgung überwacht. Die Idee der Unabhängigkeit von Gesetzgebung, Verwaltung und Justiz war geboren. Von Weisungen der Verwaltung frei, so die Konzeption, sollte die Justiz die Herrschaft des Gesetzes sicherstellen.

Das Modell der Herrschaft des Gesetzes, basierend auf der Teilung der Gewalten, blieb nicht ohne Widerspruch. Der Rechts- und Sozialwissenschaftler Franz Neumann wies in den dreißiger Jahren darauf hin, daß die Herrschaft des Gesetzes zwar zur Entfesselung ökonomischer Kräfte beigetragen habe, zugleich aber auch die sich herausbildenden sozialen Klassen befestige. Der Vertragsfreiheit korrespondiere soziale Ungleichheit. Als Garant der Unabhängigkeit der Justiz sei die Gewaltenteilung doch nur eine Institution zur Stabilisierung der neu etablierten Herrschaft des Bürgertums.

Es war dieses Argument gegen das bürgerliche Recht, das die konzeptionellen Denker für eine sozialistische Gesellschaft in der DDR anregte. Wenn bürgerliches Recht das Recht der herrschenden Klasse ist und in der Überwindung des Kapitalismus die Bedingung für Freiheit, Gleichheit und Brüderlichkeit gesehen wird, dann liegt es nahe, das Recht einer neuen Gesellschaft auch als Klassenrecht zu konzipieren. Denn wenn der Übergang von der kapitalistischen zur sozialistischen Gesellschaft für eine gewisse Zeit die »Diktatur des Proletariats« erfordert, dann muß Recht in dieser Phase auch als Klassenrecht entwickelt werden: als Recht der nun herrschenden Klasse des Proletariats. Einen Widerspruch sah die sozialistische Rechtstheorie, langfristig auf die Abschaffung von Recht und Staat zielend, deshalb nicht in ihrer Argumentation, weil die Stärkung des Staats nur erfolgen sollte, um ihn endgültig abzuschaffen.

So argumentierte freilich nur ein Teil der seit 1917 in Rußland an die Macht gelangten Kommunisten. Je offensichtlicher wurde, daß mit dem Absterben von Staat und Recht nur in einem langfristigen Prozeß zu rechnen war, desto stärker konzentrierte sich die Rechtstheorie auf die repressiven Momente des Rechts. Hatte Lenin trotz aller taktischen Finessen noch an der Idee vom Absterben des Rechts festgehalten, so trat diese bei Stalin vollständig in den Hintergrund. Recht wurde nun als ein Mittel der Parteiherrschaft gesehen, um das neu entstandene System nach innen und nach außen zu stabilisieren. Im Lehrbuch für marxistisch-leninistische Staats- und Rechtstheorie von 1975 hieß es noch immer: »Recht ist Staatswille der herrschenden Klasse, dessen Inhalt letztlich von deren materiellen Lebensbedingungen determiniert wird, in

einem System allgemeinverbindlicher Normen ausgedrückt ist, der Einwirkung auf gesellschaftliche Verhältnisse dient und dessen Verwirklichung vom Staat unter Anwendung von Zwang gewährleistet wird.«
Vom Absterben des Rechts ist nicht mehr die Rede. Die einstigen Kritiker der bürgerlichen Klassengesellschaft sind zu Verteidigern der neuen proletarischen Klassengesellschaft geworden. Im Gegensatz zum bürgerlichen Recht, das den Schein von Freiheit und Gleichheit erzeugte, tritt das sozialistische Recht offen als repressives auf. Es ist sich seiner guten Sache so sicher, daß es seine schlechte Praxis unverhüllt offenbaren kann.

Wie nun sah der sozialistische Rechtsalltag in der DDR aus? Er läßt sich nach zwei Epochen unterscheiden. Die erste dauerte von der unmittelbaren Nachkriegszeit bis zum Jahr 1963. Der unerschütterte Glaube in die Planbarkeit von Geschichte ließ den Omnipotenzphantasien der neuerrichteten Bürokratie freien Lauf. Sollte die Herrschaft des Gesetzes unter kapitalistischen Bedingungen der Verwaltung Schranken ihrer Handlungsmöglichkeiten ziehen, so sah man nun darin Hemmnisse für den Planungseifer der neuen sozialistischen Machthaber. Es war folgerichtig, daß gerade das Verwaltungsrecht der schärfsten Kritik unterworfen wurde. Das Rechtsgebiet, das einst in penibler Weise Regeln festlegte, die einzuhalten die Verwaltung gezwungen wurde, verfiel nun dem Verdikt des »leeren Formalismus« und des »Normenkultes«.

Die Rechte des einzelnen, in der bürgerlichen Gesellschaft Ausgangspunkt rechtstheoretischen Denkens, galten nurmehr wenig. Das Oberste Gericht der DDR erklärte 1951 in einem Grundsatzurteil, es sei unvermeidlich, daß bei der Durchführung von Verwaltungsmaßnahmen »in dem einen oder anderen Falle die Person, das Eigentum, das Vermögen oder sonstige Interessen des einzelnen in Mitleidenschaft gezogen würden«. Verwaltungsrechtsverfahren, die die Rechte des einzelnen Bürgers schützen, wurden »angesichts des unbedingten Vorrangs der großen Aufbauaufgaben vor allen individuellen Belangen« als Hindernis angesehen. Sie hemmen, so hieß es, »die Festigung der antifaschistischen demokratischen Ordnung«. Geriet der Bürger in Konflikt mit der Verwaltung, so konnte er allein auf deren guten Willen und Mäßigung vertrauen. Das dem Aufbaupathos der Nachkriegszeit geopferte Verwaltungsrecht bot keine Schutzmechanismen mehr.

Die gegen das bürgerliche Recht der Weimarer Republik gerichtete Bewegung erreichte ihren Höhepunkt im Jahre 1958, in dem die Parteiführung der SED an der Akademie für Staats- und Rechtswissenschaft in Potsdam-Babelsberg eine Konferenz veranstaltete. Das Verhältnis von altem und neuem Recht stand hier zur Debatte. Auf der Babelsberger Konferenz saßen die Parteidogmatiker unter der Führung von Walter Ulbricht über jene Rechtswissenschaftler zu Gericht, die auch unter so-

zialistischen Bedingungen dem Recht einen eigenständigen Wert erhalten wollten. Das Verwaltungsrecht wurde nun endgültig als »Relikt bürgerlichen Rechtsverständnisses« verurteilt. In der Denkwelt des liberalen Rechts lebende Wissenschaftler sahen sich mit dem Vorwurf des »Rechtsformalismus« konfrontiert. Allein das von der Parteiführung bestimmte politische Kalkül sollte den Maßstab für das Handeln staatlicher Institutionen bilden. Freiheitsrechte und Gewaltenteilung, die großen Errungenschaften der Moderne, waren dem Machtstreben der SED geopfert worden. »Von den Folgen der Babelsberger Konferenz«, schreibt Rechtsanwalt Rolf Henrich, »hat sich die Rechtskultur in der DDR bisher nicht erholt.« »Was wir erlebt haben«, so Henrich weiter, »war ein Wandel im Recht, in dessen Verlauf die Normierung einst errungener Freiheiten in Menschen- und Bürgerrechten wieder zurückgenommen wurde.« Es war diese Zeit, in der Walter Janka vor Gericht stand.
Mit umfangreichen ökonomischen und politischen Reformen im Jahr 1963 überwand die SED ihr ausschließlich instrumentelles Rechtsverständnis. Recht sollte nun nicht mehr allein am politischen Kalkül orientiert sein, sondern auch autonome zweckrationale Regeln enthalten, die gesellschaftliche Prozesse steuern. Vom liberalen Rechtsverständnis freilich, das seinen Schwerpunkt im Schutz des einzelnen vor staatlichen Übergriffen sieht, unterschied sich das reformierte sozialistische weiterhin fundamental. Besonders sichtbar wurde dies, neben der immer noch fehlenden Verwaltungsgerichtsbarkeit, im Verfassungsrecht. Stellt das Grundgesetz der Bundesrepublik einen Kompromiß zwischen verschiedenen politischen Gruppierungen dar und sieht es in der Garantie eines pluralen Systems eine seiner zentralen Aufgaben, so hieß es in der DDR-Verfassung von 1974: »Die Deutsche Demokratische Republik ist ein sozialistischer Staat der Arbeiter und Bauern. Sie ist die politische Organisation der Werktätigen in Stadt und Land unter Führung der Arbeiterklasse und ihrer marxistisch-leninistischen Partei.« Das Führungsmonopol einer politischen Partei als Verfassungssatz – das widerspricht fundamental dem Kompromißcharakter bürgerlicher Verfassungen. So verwundert es nicht, daß nach dem Umsturz in der DDR Ende 1989 der Führungsanspruch der SED als erstes aus der Verfassung gestrichen wurde.
Aber auch sonst unterscheidet sich die Verfassung der DDR fundamental vom Grundgesetz. Zunächst einmal darin, daß bestimmte Grundrechte nicht garantiert werden. So sieht die DDR-Verfassung weder ein Streikrecht noch ein Widerstandsrecht und auch kein Recht auf Freizügigkeit vor. Privateigentum kann nur unter bestimmten, eng umrissenen Bedingungen erworben werden. Garantiert die Verfassung Grundrechte, so werden sie stets an Grundpflichten gebunden. Die verfassungsrechtlich garantierten staatlichen Mitbestimmungsrechte enthalten als Pendant Pflichten zur Mitgestaltung.

Individuelle Grundrechte, deren Verletzung vor Verwaltungsgerichten oder einem Verfassungsgericht geltend gemacht werden können, kennt die DDR-Verfassung nicht. Individuelle Grundrechte sind vielmehr an die politischen Rahmenbedingungen der etablierten sozialistischen Ordnung gebunden, die ihre Grenze markiert. Wie sehr die DDR-Verfassung an der Aufrechterhaltung bestehender Machtverhältnisse orientiert ist, zeigt sich auch darin, daß die Beachtung der Grundrechte nicht von einer unabhängigen Institution, sondern von der Verwaltung selbst überprüft wird. Der sich vom Staat in seinen Grundrechten verletzt fühlende Bürger kann gegen die Verwaltung Einsprüche geltend machen und Beschwerden einlegen. Entschieden wird darüber aber von der Verwaltung selbst. Da es nach der parteioffiziellen marxistischen Lehrmeinung in der DDR keine gesellschaftlichen Widersprüche gab, konnte auch von der Verwaltung erwartet werden, daß sie sich selbst kontrolliert. Eine unabhängige Verfassungsgerichtsbarkeit wäre – aus der Sicht von DDR-Juristen – das Eingeständnis gewesen, daß zwischen Bürger und Verwaltung Interessengegensätze existieren. Der DDR-Forscher Gert-Joachim Glaeßner resümiert: »Es bleibt das Fazit, daß die juristische Garantie der Grundrechte in der DDR dem einzelnen Bürger keinen zuverlässigen Schutz seiner Grundrechte gewährt; der Grundrechtsschutz bleibt in der politischen Entscheidungskompetenz des Staates.«
Die Kehrseite des gering ausgebildeten Schutzes individueller Rechte von Bürgern bildete das politische Strafrecht, vermittels dessen der Staat seine Allmacht demonstrierte. Denn wenn in der DDR das Ziel der Errichtung einer kommunistischen Gesellschaft alles war und individuelle Freiheiten diesem untergeordnet waren, anders formuliert: Wenn der gute Zweck die schlechten Mittel heiligte, dann war ein machtvolles politisches Strafrecht überlebenswichtig. Denn die für eine befreite Gesellschaft kämpfenden Sozialisten der SED witterten überall Feinde, die den Weg zu einer neuen Gesellschaft verbauen wollten. Nur ein sich machtvoll präsentierender Staat konnte – so die Annahme – die inneren und äußeren Feinde des Sozialismus davon abhalten, ihre freiheitsfeindlichen Aktivitäten wirkungsvoll zu entfalten. Daß die Errichtung des Reichs der Freiheit mit einer Phase extremer Unfreiheit beginne, dieser Gedanke ist hier präsent.
Das politische Strafrecht begleitet die Geschichte der DDR. Es war das Mittel, das es der jeweils herrschenden Gruppe in der SED erlaubte, ihre politischen Gegner auszuschalten. Wo nicht der Streit unterschiedlicher politischer Parteien um die besseren Argumente zur politischen Kultur eines Landes gehört, sondern die Diktatur einer Partei verfassungsrechtlich festgeschrieben ist, da wird das Strafrecht zum Medium der Erhaltung »verfassungsgemäßer« Verhältnisse. Und die Formulierung des politischen Strafrechts erfolgt weitgehend unter Ausschluß der Gruppen, die

nicht unmittelbar im Machtzentrum der Partei angesiedelt sind. So wurde etwa das 3. Strafrechtsänderungsgesetz von 1979 ohne Beteiligung von Rechtswissenschaftlern von einer Kommission des Zentralkomitees der SED unter Beteiligung von Mitarbeitern des Ministeriums für Staatssicherheit vorbereitet. Verabschiedet wurde es sodann ohne öffentliche Ankündigung und Diskussion in der Volkskammer.

Das politische Strafrecht enthält Strafandrohungen für Tatbestände wie landesverräterische Nachrichtenübermittlung, Beeinträchtigung staatlicher und gesellschaftlicher Tätigkeit, Zusammenschluß zur Verfolgung gesetzwidriger Ziele, staatsfeindliche Hetze, öffentliche Herabwürdigung und ungesetzlicher Grenzübertritt. Besondere Bedeutung kam in den achtziger Jahren noch zwei Strafrechtsbestimmungen zu, die den allmählichen Zerfall staatlicher Autorität anzeigen: Unterlassung einer Anzeige sowie Beeinträchtigung der öffentlichen Ordnung und Sicherheit durch asoziales Verhalten. Daß das politische Strafrecht Grund- und Menschenrechte wie das auf Freizügigkeit und Meinungsfreiheit einschränkt, ist schon aufgrund der rechtlichen Formulierung offensichtlich.

Daß dies tatsächlich auch der Fall war, wird deutlich, wenn man sich die Verurteilungen aufgrund politischer Delikte anschaut. Im Jahr 1981 schätzte amnesty international die Zahl der wegen politischer Delikte Verurteilten auf 3000 bis 7000. Einer der renommiertesten Autoren zur politischen Justiz in der DDR, Karl Wilhelm Fricke, nimmt für die frühen achtziger Jahre durchschnittlich 4000 bis 5000 Gefangene an. Der Anteil junger Menschen ist auffallend hoch. 35 bis 40 Prozent der Gefangenen ist zwischen 14 und 25 Jahren alt. Es waren vor allem junge Menschen, die sich gegen die staatlich verordnete Lebensweise zur Wehr setzten bzw. versuchten, die DDR zu verlassen. Und es waren überproportional viele Akademiker, die sich mit den herrschenden Verhältnissen nicht einverstanden erklärten.

So erhielt etwa eine junge Frau ein Jahr und zwei Monate Gefängnis dafür, daß sie an der Heckscheibe ihres Autos ein Plakat mit der Aufschrift »Weltkirchentag – für Frieden und Freiheit« befestigt und zudem über dem Innenspiegel ein weißes Bändchen, Symbol für den Ausreisewunsch, angebracht hatte. »Beeinträchtigung staatlicher Tätigkeit« waren der Text »Anspruch und Realität« an der Scheibe eines Autos und der Satz »40 Jahre Uno-Menschenrechte« auf dem Kofferraum. Ein Jahr und vier Monate Gefängnis, Führerscheinentzug und Einziehung des Autos befanden die Richter. Auch wenn von den 220000 Urteilen im Jahr nur ein Prozent unter die Kategorie Politische Justiz fielen, verfehlte diese ihre einschüchternde Wirkung nicht. Jede Äußerung eines freiheitlichen Willens sah sich potentiell kriminalisiert.

In diesen Verfahren, die nicht der Wahrheitsfindung, sondern der Voll-

streckung des Willens der SED dienten, erwiesen sich nicht nur die Richter als willfährige Büttel der politischen Macht. Auch die Rechtsanwälte, Vertreter der Interessen der Angeklagten, wußten sich in das System der Willfährigkeit einzupassen. Schon von ihrer Zahl her stellten sie keine bedeutenden Widersacher dar. Im Gegensatz zu 55000 Anwälten in der Bundesrepublik waren es in der DDR nur 600, die sich um die vor Gericht Gestellten kümmerten. Gegenüber der Einheitsfront von Staatsanwalt und Richter vermochten die Anwälte, von wenigen Ausnahmen abgesehen, nichts durchzusetzen. In der regelmäßig angeordneten Untersuchungshaft hatten sie geringe Einflußmöglichkeiten. Die von der Staatssicherheit in Haft genommenen Personen erhielten meist erst kurz vor Beginn der Verhandlung die Möglichkeit, einen Anwalt zu konsultieren. Die Kontakte mit ihm unterlagen der Kontrolle der Untersuchungsorgane der Staatssicherheit. Fricke charakterisiert die Anwälte in der DDR so: Sie »scheuen ohnehin jedes Risiko und halten sich streng an die Vorschriften, zumal in politischen Ermittlungsverfahren. Zumeist Mitglieder der SED, sind sie im Regelfall unbedingt regimetreu. Da sie im politisch Beschuldigten oder Angeklagten den ›Klassenfeind‹ sehen, pflegen sie sich von ihm demonstrativ zu distanzieren.«
Im politischen Strafprozeß, an dessen Ausgestaltung sich die Liberalität eines politischen Systems zeigt, war der Staatsanwalt die beherrschende Person. Die Gerichte wichen nur selten von seinen Anträgen ab. Der Mangel an Unabhängigkeit der Richter war es, der die Angeklagten meist schon vor Prozeßbeginn erfahren ließ, mit welcher Strafe sie rechnen mußten. Die etwa 1000 Staatsanwälte in der DDR standen ihrerseits wieder hinter den 85000 hauptamtlichen Mitarbeitern des Staatssicherheitsdienstes zurück, der häufig die Ermittlungen führte. Der Staatssicherheitsdienst als beherrschende Instanz der Ermittlungen und des Gerichtsverfahrens – das war die logische Konsequenz, wenn man Recht, vornehmlich politisches Strafrecht, als Herrschaftsmittel einer politischen Partei ansieht.
Diese Instrumentalisierung von Recht für politische Herrschaft war auf die Spitze getrieben, wenn in Verfahren der politischen Justiz dem Verurteilten in der Regel das Urteil nicht zugestellt, sondern allein für kurze Zeit zum Lesen überlassen wurde. Es kam auch vor, daß ein Betroffener die Gründe für seine Verurteilung nur mündlich erfuhr. Auf diese Weise sollte verhindert werden, daß Urteile der politischen Justiz an die Öffentlichkeit gelangen und daß der Verurteilte ein Rechtsmittel einlegt.
Nun machten natürlich Verfahren wegen Verletzung politischer Strafrechtstatbestände nur einen geringen Teil aller Prozesse in der DDR aus. Daraus jedoch die Schlußfolgerung zu ziehen, in scheinbar so unpolitischen Bereichen wie denen des Zivil- oder Arbeitsrechts habe sich die Politik der SED nicht dokumentiert, ist falsch. Vermittelter als im politi-

schen Strafrecht setzte hier die Partei ihre Doktrin durch. In einem berühmt gewordenen Fall hatte das Oberste Gericht 1952 über die Unterhaltsklage gegen einen in der DDR lebenden Vater zu entscheiden. Mutter und Kind waren in den Westen geflüchtet. Das Gericht lehnte die Klage auf Erhöhung der Unterhaltsbeiträge ab, weil diese indirekt die Remilitarisierung Westdeutschlands unterstütze. – Auch in Kündigungsschutzverfahren hatte der kaum eine Chance, der wegen oppositionellen Verhaltens entlassen worden war. In einer Gesellschaft, in der der Wille einer Partei Recht ist, entscheiden Richter nicht gegen den demonstrierten Parteiwillen.
Indes würde man dem Justizsystem der DDR nicht gerecht werden, wenn man nicht auch unpolitische oder schwer politisierbare Bereiche, vorwiegend im Zivil- und Arbeitsrecht, feststellte. In der dreistufigen staatlichen Gerichtsbarkeit, mit Kreis- und Bezirksgerichten sowie dem Obersten Gericht als letzter Instanz, gab es Fälle, die jenseits der SED-Politik angesiedelt waren. Ein großer Teil von Streitigkeiten am Arbeitsplatz und andere alltägliche Rechtsprobleme wurden von »gesellschaftlichen Gerichten« bearbeitet. Gesellschaftliche Gerichte waren betriebliche Konflikt- und Schiedskommissionen, die auf örtlicher Ebene oder im Rahmen von Genossenschaften tätig wurden. Im Gegensatz zu den staatlichen Gerichten, die mit an der Ostberliner Humboldt-Universität ausgebildeten Richtern besetzt waren, arbeiteten in den gesellschaftlichen Gerichten Laien. Sie stammten aus dem sozialen Zusammenhang, über den sie zu entscheiden hatten und mit dem sie vertraut waren.
Wie die Strafgerichte sollten auch die gesellschaftlichen Gerichte nicht allein Strafen für begangenes Unrecht verhängen. Sie sind auch als Sozialisationsorgane tätig, indem sie den rechtsbrüchig Gewordenen mit einer sozialistischen Rechtserziehung bestrafen. Als solche sanktionierten sie begangenes Unrecht und sollten zugleich präventiv wirken. Die gesellschaftlichen Gerichte scheinen Konflikte endgültig geschlichtet zu haben, da nur zwei Prozent der von ihnen getroffenen Entscheidungen von Kreisgerichten wieder aufgehoben wurden. Der DDR-Forscher Gert-Joachim Glaeßner faßt zusammen: »Die über 25000 Konfliktkommissionen mit mehr als 220000 Mitgliedern und die über 5000 Schiedskommissionen mit etwa 55000 Mitgliedern leisten einen wichtigen Beitrag zur Regulierung alltäglicher Konflikte und Ahndung kleinerer Rechtsverletzungen.«
Während diese Zeilen geschrieben werden, im Juni 1990, ist die politische Öffentlichkeit mit dem Problem der Selbstkorrektur von Personalakten durch die Richter der DDR beschäftigt. Eine Anordnung von Justizminister Wünsche, der sich durch die Wirren der Revolution in einem hohen Amt halten konnte, hat die Möglichkeit geschaffen, daß jeder Richter seine Akte einsehen und Materialien entnehmen kann, die ihn bei den im Spätsommer anstehenden Neuwahlen belasten könnten. Große Teile der

DDR-Justiz scheinen die Bewältigung ihrer politischen Vergangenheit in der Weise betreiben zu wollen, wie sie aus der Nachkriegsgeschichte nur allzu bekannt ist. Damals waren es die ehemaligen Nazi-Richter, die Wege zur Aufdeckung des Unrechtsstaats verschütteten. Wie immer die Verarbeitung der Vergangenheit der DDR-Justiz erfolgen mag, vieles spricht dafür, daß bereits jetzt so viele Personalakten bereinigt worden sind, daß eine Rekonstruktion der Tätigkeit einzelner Richter schwerfallen dürfte.

Dennoch mußten einige hohe Richter ihr Amt aufgeben und wurden einzelne, wegen besonders drakonischer Urteile bekannte Richter in Verfahren abgelehnt. Eine Reihe von Rehabilitierungsverfahren sind eingeleitet und auch bereits beendet worden. Zu den Rehabilitierten gehört Walter Janka. Daneben ist die DDR durch ein hohes Maß an Rechtsunsicherheit charakterisiert. Vorgeladene erscheinen nicht zu Gerichtsterminen, Urteile werden nicht befolgt. Sukzessive freilich dringt das Recht der Bundesrepublik in die DDR. Mit Verabschiedung und Inkrafttreten des Staatsvertrags am 1.7.1990 sind die zentralen arbeitsrechtlichen Gesetze der Bundesrepublik (wie das Betriebsverfassungs- und das Kündigungsschutzgesetz) für das Rechtsgebiet der DDR übernommen worden. Andere Gesetze werden folgen. Das Bedürfnis nach einer Kopie der Bundesrepublik ist unter der Bevölkerung und den entscheidungsrelevanten Politikern so ausgeprägt, daß allein die Übernahme eines bundesrepublikanischen Gesetzes schon die Garantie für eine Verbesserung der Lebenssituation zu sein scheint. Der Aufbau bislang nicht bekannter Gerichtszweige (wie die Verwaltungs- und Arbeitsgerichtsbarkeit) dürfte noch eine Fülle von Problemen mit sich bringen, zu denen neben der politischen Vergangenheit die Rekrutierung neuer Richter gehört.

Wie die Justiz der DDR in Zukunft aussehen wird, kann man neben der Übernahme von Gesetzen der Bundesrepublik auch aus Äußerungen einflußreicher Rechtswissenschaftler entnehmen (vgl. dazu ausführlich: Kritische Justiz Heft 2/1990). Die das DDR-Recht am fundamentalsten ändern wollen, revidieren ihr bisheriges Verständnis von Gesellschaft. Sahen sie diese einst als eine widerspruchslose Institution, in der Recht und Justiz eine nachrangige Bedeutung zukommen sollte, so ist ihr Gesellschaftsbild nun von Konflikten und widerstreitenden Gruppen geprägt. Aus dem pluralen Charakter von Gesellschaft folgt die Notwendigkeit rechtlicher Normierung. Recht stellt Verfahren zur Verfügung, vermittels derer konkurrierende Gruppen Konflikte austragen können. Darüber hinaus hat Recht gegenüber Gesellschaft zurückhaltend zu sein. Die prinzipielle Autonomie einer Zivilgesellschaft ist das Modell, das die radikalen Reformer in der DDR anleitet.

Von diesem Ausgangspunkt her liegt es nahe, die rechtlichen Institutionen, die bislang als Ausdruck von bekämpfter Bürgerlichkeit galten, zur Grundlage rechtspolitischer Reformen zu machen. Menschenrechte und Gewaltenteilung, die im DDR-Denken keinen Platz hatten, sind nun an die Spitze des rechtspolitischen Himmels gerückt. »Recht muß grundsätzlich als Recht des Handelnden, dem alles erlaubt, was nicht gesetzlich verboten ist, gestaltet und begriffen werden. Die sich dem einzelnen gegenüber verselbständigende staatliche Macht muß demgegenüber an die Kette nicht nur der Gewaltenteilung, sondern auch der inhaltlichen rechtsstaatlichen Bindung gelegt werden. Dies setzt völlig neue juristische Lösungen für die Verhinderung von Ausbeutung voraus. Unter den Bedingungen der internationalen, vor allem europäischen Arbeitsteilung werden die juristischen Formen des Eigentums und Wirtschaftens in unserem Lande denen anderer Länder sich sehr ähnlich werden.« Eine junge Verfassungsrechtlerin von der Ostberliner Humboldt-Universität schrieb solche Worte. Rosemarie Will engagierte sich schon unter dem alten SED-Regime mit einigen Philosophen und Ökonomen für eine grundlegende Reform der DDR.

Während reformfreudige Verfassungsrechtler für Gewaltenteilung und Grundrechte argumentieren, plädieren Kriminologen und Strafrechtler für die Abschaffung der politischen Justiz und des »Erziehungswahns« im Strafrecht. Die Erziehung des Täters könne nicht Aufgabe des Strafrechts sein, sondern allein die Wiedergutmachung verursachten Schadens und die Hilfe zur gesellschaftlichen Integration des Verurteilten. Unter dem alten Strafrecht mögliche Sanktionen, wie die Verurteilung zur Beschäftigung an einem bestimmten Arbeitsplatz, müßten endgültig der Vergangenheit angehören. Das Strafrecht habe sich Funktionen angemaßt, denen es nicht entsprechen konnte.

Auch Arbeitsrechtler fühlen sich nun der Zivilgesellschaft verpflichtet, für dessen Arbeitsleben das Recht einen konstruktiven Beitrag leisten müsse. Die Stärkung der Rechte einzelner Beschäftigter und betrieblicher Interessenvertreter gehörten dazu ebenso wie die Anerkennung autonomer Gewerkschaften und des Streikrechts. Ausgangspunkt eines neuen Arbeitsrechts soll die Tarifautonomie sein. Auch ein Kündigungsschutzrecht, das Bedingungen der Entlassung von Arbeitnehmern vorsieht, wird zum zukünftigen Arbeitsrecht der DDR gehören.

So scheint das Recht der DDR wieder dort angelangt zu sein, wo es begonnen hatte. Lehnte es einst vehement die Grundelemente bürgerlichen Rechts ab, so wird eben dieses bürgerliche Recht nun als Inkarnation der Freiheitlichkeit gepriesen. Mehr noch: Die Forderung nach der Einführung des bürgerlichen Rechts hatte in der Zeit vor dem Fall der Mauer einen revolutionären Charakter angenommen. Wenn man dieser Entwicklung sympathisierend gegenübersteht, dann muß man gerade jetzt an die Defizite des bürgerlichen Rechts erinnern, die einmal der Ausgangspunkt der Rechtskritik waren, die zum sozialistischen Recht führten. Ein modernisiertes bürgerliches Recht – das könnte das Resultat eines erfolgreichen Reformprozesses sein.

Literatur

Fricke, Karl Wilhelm: Zur Menschen- und Grundrechtssituation politischer Gefangener in der DDR, Köln 1988
Glaeßner, Gert-Joachim: Die andere deutsche Republik, Opladen 1989
Henrich, Rolf: Der vormundschaftliche Staat. Vom Versagen des real existierenden Sozialismus, Reinbek bei Hamburg 1989
Janka, Walter: Schwierigkeiten mit der Wahrheit, Reinbek bei Hamburg 1989
Kritische Justiz Heft 2/1990, Schwerpunkt: DDR-Recht
Will, Rosemarie: Diskussionsbeitrag in Staat und Recht, Heft 1/1990, S. 30ff., Berlin (Ost).

Jürgen Seifert

»Kassandra« und »Marmor-Klippen«

Christa Wolfs übersehene Stasi-Kritik

Links und rechts wird in Deutschland immer noch mit unterschiedlichem Maß gemessen. Drei Jahre nach Kriegsende konnte Karl O. Paetel in seinem Buch über Ernst Jünger schreiben: »Die ›Marmor-Klippen‹ sind mit Recht als ein antifaschistisches Buch bezeichnet worden.« An dieser Feststellung haben auch diejenigen nicht gerüttelt, die Jünger aufgrund seiner früheren Texte kritisieren. Jeder war gezwungen, sich mit den »Marmor-Klippen« auseinanderzusetzen.

Christa Wolf hat 1983 mit der Erzählung »Kassandra« einen Text vorgelegt, der als antistalinistisches Buch und als scharfe Kritik am SED-Regime angesehen werden muß. Wer Christa Wolf und ihre Entscheidung, in der DDR zu bleiben, nicht gefährden wollte, konnte das damals nicht sagen. Es ist allerdings kein Zufall, daß »Kassandra« zuerst in der Bundesrepublik und erst 1984 mit Veränderungen in der DDR erschienen ist (FAZ v. 25. Februar 84, S. 23).

Was ist mit unserer Literaturkritik los, daß heute das Verhältnis von Christa Wolf zum DDR-Regime erörtert werden kann (Frank Schirrmacher in der FAZ v. 2. Juni 1990 und Ulrich Greiner in DIE ZEIT v. 1. Juni 1990), ohne so auf »Kassandra« einzugehen wie auf Jüngers »Marmor-Klippen«? Warum versäumt man, den neuen Text von Christa Wolf über das Sicherheitsnetz des Stasi-Apparates in »Was bleibt« in Zusammenhang zu sehen mit entsprechenden Passagen in »Kassandra«? Ist das pure Vergeßlichkeit? Es zeigt sich, so meine ich, daß unsere Literaturkritik nicht dagegen gefeit ist, aktuellen politischen Frontstellungen zu erliegen, die dazu führen, daß der spezifische politische Kontext eines verschlüsselten Textes übersehen wird.

Christa Wolf hat in »Kassandra« ihre Verstrickung in das SED-Regime und ihre Abkehr dargelegt. So wie Jünger seine Position im Umkreis der »Mauretanier« nicht verschweigt, behandelt sie ihren »Übertritt aus der Palastwelt«. Ihre »Marmor-Klippen« sind die Höhlen des Ida-Gebirges. Sie kehrt allerdings nicht – wie Jünger – heim in den »Hof im alten Hain« und den »Frieden des Vaterhauses«, sondern geht (nach ihrer Weigerung, zu schweigen) den Weg über das »Heldengrab«, über eine Gemeinsamkeit von Frauen in Felsenhöhlen bis in den gewaltsamen Tod, den sie weder vermeiden will noch kann. Jünger vertraut auf den »Geist« als

einer »Zauberklinge, vor deren Strahl die Tyrannenmacht verblaßt«; Christa Wolf sagt als Kassandra, daß sie ihre Waffen abgelegt habe, »das war's, was an Veränderung mir möglich war«.
Texte, die eine Zensur passieren müssen, haben ihre eigene Struktur. Karl Korn hat im Blick auf die »Marmor-Klippen« von einer »Stilgebärde« gesprochen. Das gilt auch für »Kassandra« und das, was man den »Christa-Wolf-Sound« genannt hat. Die vexierbildhaften Verschleierungen führen zu einer anderen Genauigkeit. Wer Sehen gelernt hat, erkennt, was »Oberförster« und »Klöppels Bleek« meint, und für was der Name »Eumelos« und das Wort »Sicherheitsnetz« stehen. Niemand hat Jünger vorgeworfen, daß er Hitler und die Konzentrationslager nicht beim Namen genannt hat. Der Leser der »Marmor-Klippen« wußte, wer gemeint war und was es hieß, von Kellern der Tyrannis zu sprechen, von »Stankhöhlen grauenhafter Sorte, darinnen auf alle Ewigkeit verworfenes Gelichter sich an der Schändung der Menschenwürde und Menschenfreiheit schauerlich ergötzte«.
Ist Christa Wolf nicht ebenso deutlich, wenn sie von der »neuen Zeit« spricht, die aus Troja eine »düstre Stadt« macht, eine »Festung«, die zur »Geisterstadt« wird? Die »neue Zeit« war »schon in der Festung, eh der Gegner kam. Sie drang, ich weiß nicht wie, durch jede Ritze. Bei uns trug sie den Namen Eumelos.«
Man konnte, als »Kassandra« publiziert wurde, hier und in der DDR erkennen, daß der Apparat der Staatssicherheit in der DDR gemeint war. Dazu folgende Belege:
Die »Leute des Eumelos« werfen ihr »Sicherheitsnetz« über die Stadt. Die Arbeit für Eumelos ist »unehrenhafter Dienst«. Es gibt »verkleidete Eumelos-Leute«. »Seine Leute, die hinter allem stecken«, organisieren die psychologische Verteidigung. Eumelos entscheidet über den »Gebrauch von Wörtern«, er trifft »Sprachregelungen« (»Auf einmal sah'n sich die, die an ›Gastfreund‹ festhielten, auch ich, beargwöhnt«). Eumelos hat »Anhänger unter den Palastschreibern und Tempeldienern«. Er will Menschen, »wie der Krieg uns braucht«. Er betreibt »geistige Rüstung« durch »Schmähung des Gegners«. Eumelos verfügt über Macht: »Er zog die Schrauben an.« Zu seiner »Machtvollkommenheit« gehören: »Sperrketten« und »Sicherheitskordon«, »strenge Kontrollen« und »Sonderbefugnisse für Kontrollorgane«. Eumelos »kommt ohne Gründe aus«. Seine Leute nehmen Kassandra fest und bringen sie ins »Heldengrab«.
Bei Jünger heißt es über die eigenen »Mauretanier-Zeiten«, »daß ein Irrtum erst dann zum Fehler würde, wenn man in ihm beharrt«. Bei Christa Wolf hat sich Kassandra (als Mitglied des Königshauses) auf Eumelos eingelassen und gemeint, ihn überzeugen zu können: »Eumelos, rief ich flehend, dessen schäm' ich mich noch immer: Aber glaub' mir doch! Ich will doch das gleiche wie ihr. Er zog die Lippen hart zusammen. Den

konnt ich nicht gewinnen. Er sagte förmlich: Ausgezeichnet. So wirst du unsre Maßnahmen unterstützen.«
Christa Wolf fragt: Also »hätte man früher dem Übel wehren müssen«, »hätte Eumelos nicht aufkommen lassen dürfen. Hätte – wer denn. Der König. Priamos, der Vater.« Und dann gibt es eine Stelle, die deutlich macht, daß die Stasi-Kritik zur SED-Kritik wird: »O wie ich mich sträubte, zuzugeben, daß Priamos und Eumelos ein Paar war'n, das einander brauchte.«
Kassandra gelingt es erst, ihren Anteil an Eumelos zu überwinden, als sie die Dialektik von Feindschaft erkennt. Eumelos braucht den Feind. Feind bedeutet Krieg (und Siegen). Nimmt man den Krieg als das Normale, »dann allerdings diktiert der Feind, was dir zu tun bleibt«. Christa Wolf geht es darum, den Zusammenhang von Feindschaft und Siegen aufzuheben. Sie hofft auf eine Zeit, die keine »Helden braucht«, darauf, daß es Menschen gelingt, die auf Heldentum und Sieg gegründete Polis zu überwinden: »Wenn ihr aufhör'n könnt zu siegen, wird diese eure Stadt bestehn.«
Christa Wolf macht die Figur »Eumelos« zu einem Typus. Sie braucht – wie Ernst Jünger in den »Marmor-Klippen« – solche Gestalten, um unterschiedliches Verhalten in einem »Festungs«-Regime zu erfassen und darzustellen. Das führt dazu, daß Eumelos als Person nicht greifbar wird. »Sah das Gesicht, welches man von Mal zu Mal vergißt und das daher von Dauer ist. Ausdruckslos. Ehern. Selbst wenn er mir glaubte – er würde sich den Troern nicht entgegenstellen. Sich vielleicht erschlagen lassen.« Zugleich wird Eumelos zu einer zeitlosen Figur: »Der überlebte nämlich. Und die Griechen würden ihn gebrauchen. Wohin wir immer kämen, dieser wär schon da. Und würde über uns hinweggehn.«
Die Figur Kassandra und die Form des inneren Monologs stehen dafür, daß Christa Wolf keinen Weg sieht, den Untergang ihrer Polis aufzuhalten: »Wer wen auf welche Weise umgebracht, wer in der Hierarchie am Steigen oder Sinken war, wer sich in wen verliebt, wer wem die Frau gestohlen hatte – das mußte ich bei anderen erfragen ... Doch ohne meinen Willen nahm mein Gedächtnis diese Tatsachen nicht ernst genug. Als seien sie nicht wirklich. Nicht wirklich genug. Als seien sie nur Schattentaten.«
Die Veränderung dessen, was Wirklichkeit ist, verändert auch die Sprache des Textes. Zu den »Schattentaten« gehört die politisch funktionalisierte »Gegenwartssprache«. Unvermittelt wird uns auf den ersten Seiten von »Kassandra« gesagt: »Für alles auf der Welt nur noch die Vergangenheitssprache. Die Gegenwartssprache ist auf Wörter für diese düstre Festung eingeschrumpft. Die Zukunftssprache hat für mich nur diesen einen Satz: Ich werde heute noch erschlagen werden.«
In Abgrenzung gegen die politisch in Besitz genommenen Wörter, gegen

»Schattentaten« und die dazugehörige Sprache entwickelt Christa Wolf einen spezifischen, mit der Figur Kassandra verbundenen Stil der »Vergangenheitssprache« und schafft damit nicht nur Distanz zur politischen »Realität«, sondern versucht eine andere Wirklichkeit zu begründen. In dieser Distanz und der damit verbundenen Fremdheit findet Christa Wolf ihre Sprache und ihre Position.
Wer sich heute zum Richter über Christa Wolf aufschwingt, muß sich mit dieser Position auseinandersetzen. Wer ihr – wie Ulrich Greiner (in DIE ZEIT v. 1. Juni 1990) mit der bei uns weitverbreiteten Arroganz vorwirft, nicht »Unterkunft im Westen« gesucht zu haben, muß sich fragen lassen, warum gegenüber dem Nationalsozialismus so etwas wie »innere Emigration« als legitim anerkannt wird, warum jedoch gegenüber dem SED-Regime die von Christa Wolf geäußerte Kritik und ihre »Position der Distanz« nicht gelten soll. Er sollte »Kassandra« noch einmal lesen und sich fragen, wieviel von dem Geiste des »Eumelos« und des »Kalten Krieges« (in den auch wir einbezogen wurden) in ihm steckt.

Susanne Binas / Peter Zocher

»Eigentlich habe ich Hunger, eigentlich hab ich's satt ...«

Rockkultur in den achtziger Jahren – Ein Ausschnitt

1. Opposition gegen die herrschenden Verhältnisse

Phänomene des Ausbrechens und der Opposition gegen das Vorgefundene bedürfen der Erklärung. Diese wurde von den Wissenschaften in der DDR entweder »unter Strafe ihres Untergangs« tunlichst umgangen oder in einer hochentwickelten »Sklavensprache« indirekt angedeutet. Von offiziellen Vorstellungen abweichende Kultur- und Lebenskonzepte waren so lange im öffentlichen Bewußtsein tabuisiert, bis z. B. die Schlacht von Skinheads gegen Punks 1988 in der Berliner Zionskirche eine Auseinandersetzung erforderlich machte.

Nun, die soziologische Lokalisation bestimmter Richtungen, Stile, zeitweilig sich zusammenfindender informeller Gruppen fällt schwer. Ein Beispiel: Bisher von politischen Organisationen abhängige soziologische Forschungseinrichtungen (Auftraggeber des Zentralinstituts für Jugendforschung waren vor allem das Zentralkomitee der SED und der Zentralrat der FDJ) mußten das Lied singen, dessen Brot sie aßen. Zum Thema »Das Verhältnis Jugendlicher zur populären Musik«[1] führte eben genanntes Institut in der zweiten Hälfte der 80er Jahre umfangreiche Massenbefragungen durch. Nach dem Modell der sozialdemographischen Schichtung der Bevölkerung (Schüler, Lehrlinge, Arbeiter, Studenten, junge Intelligenz) wurde Faktenmaterial gesammelt, um anschließend mittels statistischer Hochrechnungen Aussagen zum kulturellen Verhalten Jugendlicher zu treffen.

Ein solches Raster ist nicht völlig untauglich, aber dieses quantitative Verfahren vernachlässigt die Grenzfälle. Nun gehen kulturelle Prozesse ohnehin nicht in statistischen Mittelwerten auf, und gerade im »Grauzonenbereich« birgt Gesellschaft Keime des Neuen, weil Widersprüchliches aufeinandertrifft – statistisch insignifikant. So war zu Zeiten der Untersuchung die Gruppe der Punks (1987 längst in vielerlei stilistischen Abwandlungen verallgemeinert aufgesogen) nicht nachzuweisen und wurde unter dem Stichwort »Splittergruppe« aussortiert. Hier entsprach ein Stil nicht eindeutig einer sozialdemographischen Schicht. Hingegen konnte die Gruppe der »Metaller« mit einem Anteil von 5 Prozent unter »männlichen Lehrlingen ohne Abitur« wenigstens teilweise erfaßt werden.

Festzuhalten an der Klassenstruktur als Kernstruktur, klarzukommen mit der empirischen Vielfalt und Komplexität, der objektiv und subjektiv heterogenen Existenzweise der Klasse (soziale Schichten oder Gruppen) – das ist das Problem! Allein sozialstrukturell lassen sich kollektive Subjekte nicht bestimmen. Es bedarf qualitativer Methoden, denn die verschiedenen Subjektebenen – Gesellschaft, Klasse, Individuum – besitzen ihre eigene und nicht reduzierbare Spezifik.[2]

Leider wurden in der soziologischen Forschung bisher solche Methoden (interpretative Erhebungen, teilnehmende Beobachtung, narrative Interviews, Gruppendiskussionen etc.) hierzulande in unzureichendem Maße entwickelt. Damit ist der offene Zugang zur Realität, auch unter Verzicht auf vorab völlig entwickelte Forschungsinstrumente, kaum erprobt. Zu wenige Wissenschaftler haben sich bisher den realen Lebensbedingungen der Individuen zugewandt.[3]

Für unsere Untersuchungen von Rock-Kulturen hat sich der Weg über die interpretativen Erhebungsmethoden bisher als der günstigere erwiesen, zumal unser Augenmerk sich besonders auf »jene Beziehungen zwischen den Menschen richtet, die symbolisch zur Anschauung gebracht«[4] werden. »Die feinen Unterschiede« finden sich in Kleidung, Songs und gruppeninternen Verhaltens- wie Sprachstilen.

Von *der* Jugend konnte schon lange nicht mehr die Rede sein, wagte man nur einen Blick auf bevorzugte Musiken oder Räume des Zusammentreffens. Nicht heute im feuchten Kellerklub, morgen an der Bar im Neubaujugendwürfel oder übermorgen auf den Marmorfußböden chromgestylter Jugendpaläste wurde Identität gesucht; ausprobiert gewiß. Die Suche, begleitet von alltäglichen Frozzeleien und gebaut mit alltäglichen Gegenständen, ungeachtet scheinbar eingeschriebener Bedeutungen. Expressivität, Unduldsamkeit, selbst Provokantes erwiesen sich als Momente sozialer Kreativität. Es dürfte sich dabei um grundsätzliche Reproduktionserfordernisse von Gesellschaft überhaupt handeln.

Wie aber ging unsere Gesellschaft damit um? Massenhaft wurden Innovationen in allen gesellschaftlichen Bereichen behindert, als »destabilisierende« Momente gar unterdrückt; Veränderung erst dann akzeptiert, wenn sie von den politischen Leitungen sanktioniert waren. Auf subtile Weise vollzog sich trotzdem der soziale Reproduktionsprozeß, nicht nur im Aneignen von Fähigkeiten und Beziehungen, die jene Gemeinschaft, in die die Individuen hineingeboren waren, vorschrieb. Nein, zum anderen entwickeln Individuen immer auch Fähigkeiten, Einstellungen und Verhaltensweisen, mit denen sie ihre ganz eigenen Interessen und Ziele verfolgen. Reaktionen auf die zunehmende Stagnation der Gesellschaft ließen nicht auf sich warten. Ob dabei die Flucht bzw. die Alternative zur als trist, unglaubwürdig empfundenen Einheitswelt eine echte oder gebrochene Illusion war, soll hier nicht die Frage sein.

»Ick brauchte bloß zu meiner Mami zu jehn, weeßte: ›Fahrste mir da und da hin?‹ Wat meenste, wie schnell die dit machen würde. Die hat mir ja sojar jesacht, wenn ick ordentlich rumloofe und weeß ick wat: ›machste deine Fahrerlaubnis‹ und denn kriege ick'n Trabbi.«
»Und wieso machste dit nich?«
»Weil ick een dämlicher, dummer Scheißpunk bin, verstehste?! Und ick bin Olli, und ick habe keenen Bock dazu, wat mir irgendwelche Leute hinlegen. Ick mache dat, wat mir Spaß macht und wo ick selber denke, dit is nötig. Weil ick mein janzet Leben nur jehört habe: ›Du mußt! Mach mal bitte jetzt dit, sofort! Bitte!‹ Und so weiter und so weiter. Dit kennste ja. Und seitdem... Ick habe eine Allergie gegen dieset Wort *Du mußt!*«[5]
Erst einmal in den Haupt- und Nebenstraßen der großen Städte begannen sie zu kreisen, Monaden im sozialen Raum, wie sich herausstellte, ohne konkret klassenspezifische Bindungen. Wir müssen hier wohl kaum die Ausstattung, Interieur, Frisuren, Farben, Schuhformen, Behosung, Behausung oder Make-up dieser Gruppe beschreiben, sie ähneln weltweit, auch die Sprüche auf Jacken und Buttons.[6]
Aber der soziale Raum DDR war wohl trotzdem ein besonderer. Da die Lebensbedingungen in dieser Gesellschaft im Guten wie im Schlechten wesentliche Unterschiede zu denen der Gesinnungsgenossen in den Ursprungsregionen der jeweiligen Kultur aufwiesen, mußten die geborgten kulturellen Formen im anderen Kontext auch veränderte semiotische Aufladungen erhalten. Geborgte Identität ist eben doch gewandelte Identität. So konnte beispielsweise eine zeichenhafte Provokation gegen kirchliche Symbole hier nicht den Staat treffen, während jede Anspielung auf Grenzen, Mauern und Fernweh anderswo eine vergleichsweise harmlosere Bedeutung hatte als im Land der Eingeschlossenen.
Die »Masken« der Punks, Hardrocker, Metaller, Grufties, auch Skins machten Angst, vor allem den Erziehern. Outfit und Habitus brachen Anonymität und bauten sie gleichsam erneut auf. Vermutlich im Kampf um den Schutz personaler Identitäten scherten sie sich weniger um die Gesellschaft, als mancher Kulturverwalter und Ordnungshüter befürchtete. Deren Sorgen waren insofern verständlich, als ihnen etwas aus den Händen zu gleiten schien: Denn nicht wenige junge Leute bevorzugten selbstgeschaffene soziale Räume – Sozialisierung per Selbstorganisation[7] – und mieden die bereitgestellten (Jugendorganisation, Gesellschaft für Sport und Technik, Zirkelarbeit an Schulen usw.).[8]
Doch Eigenaktivität wurde mit Skepsis begegnet, kritische Selbstbestimmung den Akteuren nicht zugetraut. Dies betraf vor allem den Vorwurf, daß es sich bei alldem um »uns fremde Werte« und »billige Westimporte« handle. Entsetzen riefen besonders historisch und politisch absurd wirkende Symbolmontagen hervor, wenn z. B. sowjetische Armeekoppel Tarnhosen aus amerikanischen Beständen auf den Hüften hielten.

Über technische Medien waren vornehmlich angloamerikanische Standards und Klischees von Jugendkulturen allemal präsent. Der Zugriff war jedermann möglich, unbeschwerlich und lag nahe. Und so wurden sie in ihrem (auch) aufmüpfigen Gestaltpotential zum Vehikel lokal und historisch konkreter Selbstbestimmung. Jedenfalls rotzfrech angeeignet und häufig im postmodernen Gestus, wurden sie zur trotzig ausgestellten Attitüde. Doch auch hier setzte eine Abnutzung des Provokanten ein. War man früher wegen steil gestellter Haartracht der »Erweiterten Oberschule« verwiesen worden, schlichen zu den Hochzeiten lokaler *Post-Punk*-Musikfeten die Polizisten in gebührlichem Abstand ums Geschehen.
Die Freizeitgruppen dieser Couleur hatten es zu Anfang nicht leicht. Fand man sich in Kirchen zu entsprechenden Konzerten ein, war dies mit politischem Risiko verbunden. Bands spielten auf privaten Feten, auf Hoffesten oder bei Ausstellungseröffnungen, aber: Hierzulande bedurfte es einer staatlichen Zulassung, um vor Publikum von mehr als 30 Leuten – sprich »Öffentlichkeit« – aufzutreten. Doch jene Musik war für das Gros der Einstufungskommissionen eben keine. Schließlich mußten die Einstufer vor der Spielwut, einer gehörigen Portion entfesselter Naivität und geschickt gesetzten Worten der Bands kapitulieren. Scherten sich die einen erst gar nicht um den Besitz einer »Pappe« (Spielerlaubnis für nebenberuflich tätige Amateurtanzmusiker), bewarben sich die anderen (übrigens war das der Name einer der ersten und beliebten Szene-Bands, die diesen Weg gingen) darum und bekamen sie. Unter recht verschiedenen Vorzeichen entstanden zahllose Bands, manche touren mit dem Bonus des Publikums noch heute durch die Lande. Andere traf nach kometenhaftem Aufstieg das Aus.
Nachdem sich örtliche Veranstalter endlich auf diese Bewegung eingestellt hatten, berücksichtigten zunehmend auch die »Großen Medien« unserer zentralisierten Musikproduktion und -verbreitung verschiedene Freizeit- und Musikbedürfnisse. Initiator war vor allem das Jugendradio DT 64 mit seiner auf Flexibilität und Differenziertheit bauenden Programmstruktur. Das »Journal für Unterhaltungskunst« bietet in jedem Heft eine Doppelseite »Neue Bands«. Seit kurzem stehen diese auch auf den Produktionsplänen der einzigen Schallplattenfirma der DDR. Dabei sind in musikalischer und textlicher Hinsicht unwiederbringliche Dokumente von DDR-Realität entstanden.
Ein Großteil dieser Bands konnte sich seines sozialen Umfeldes recht sicher sein. Sie hatten die Gestehungskosten ihrer Musikkultur mitgetragen: vom Leben auf den schlaglochharten Autobahnen, ungeheizten Proberäumen, nörgelnden Einlassern, überteuerter Technik und Fahrzeuganmietung, Textverboten, administrativen Vorladungen und Unterstellungen. Bands und Publikum teilten ihre Befindlichkeit, Ansprüche, Sor-

gen und Schmerz. Der Lächerlichkeit preisgegeben wären jene gewesen, die ihren Zuhörern hätten weismachen wollen, daß sie ein »Fixstern« oder »Der Mann im Mond« seien, »Was Prinzessinnen brauchen« oder daß man sich getrost »in den Schaukelstuhl« lehnen könne.[9]

In eigenen Texten/Musik standen für viele Gruppen Probleme des Alltags im Mittelpunkt: Gedankenlosigkeit, Mitläufermentalität, Karrierismus, Autoritätsglaube, Bürokratie und die Moral der Mitte. Nicht zuletzt zeugen viele Songs vom wachsenden Bewußtsein drohender Kriegsgefahr, ökologischem Tod und Neofaschismus. Reflektiert wurden die Folgen von Urbanisierung, gewarnt wurde vor Isolation und Kälte in den zwischenmenschlichen Beziehungen, wurden Entfaltungsmöglichkeiten für »ungewöhnliche« Interessen und Solidarität aufgezeigt. Daß selbst allgemeine oder verschlüsselte Sequenzen auf die DDR bezogen wurden, war bei dem in Gleichnissen und Nuancen geschulten Publikum vorauszusetzen.

Zu den drei wohl dominanten *musikalischen* Tendenzen innerhalb dieses Ausschnitts von Jugend-Rock-Kultur (wobei die Grenzen fließend sind) nun ein wenig mehr.

2. Musikalische Tendenzen der Jugend-Rock-Kultur

a. Obwohl bereits um 1980 die ersten *Punk*-Bands in Berlin und Leipzig ihre Verstärker auf *full power* schalteten, sind die aktuellen Nachwehen dieser zu den Wurzeln des Rock zurückkehrenden Musik heute noch von Bedeutung. Im Zentrum stehen nach wie vor die textlichen Mitteilungen, die an drastischer Eindeutigkeit selbst manchen Liedermacher in den Schatten zu stellen vermögen. Anfangs in kulturellen Nischen, ab Mitte der 80er Jahre in der Öffentlichkeit, konzentrierten sich die Appelle derartiger Bands auf bestimmte politische Kernthemen der jeweiligen Zeit: um 1980 etwa der Kampf gegen Raketenrüstung und Umweltkatastrophe, ab Mitte der 80er die Einforderung von Perestroika und Glasnost.

Zu den Klassikern der Richtung sind neben manchem Geheimtip der Vergangenheit wie »Klick & Aus«, »Rosa Extra«, »Fabrik«, »Aufruhr zur Liebe«, »Paranoia«, »KG Rest«, »Hard Pop«, »Feeling B« die später entstandenen »Skeptiker«, »Naiv«, »Zorn«, »Rosengarten«, »Papierkrieg«, »Tausend Tonnen Obst« und »Down At Heel« zu zählen. Hauptmerkmal ihrer Musik war die Wiederbelebung der spontanen Kraft von Livemusik, absichtlich »gegen den Strich«, dilettantisch, dreckig, nervend und eindringlich. Aus der Not eine Tugend machend, wurde die schlechteste technische Soundqualität zum Klangideal erklärt, so daß verstimmte Gitarren, jaulender und kreischender Gesang, Marmeladeneimer-Schlagzeug, Rückkopplungen usw. die Livekonzerte bzw. die noch erhaltenen Mitschnitte zieren.

Antiperfektionismus wurde in den Selbstreflexionen der Musiker oft gegen die hergebrachten Kriterien sowohl der Kunst- als auch der glitzernden Plastic-Pop-Ästhetik gestellt. Auf diese Weise kam die musikalische Aktivität von den großen Bühnen aus den Händen der professionellen Stars zurück zu den »genialen Dilettanten«; jeder wurde nun wieder in die Lage versetzt bzw. nahm sich das Recht heraus, musikalisch zu Wort zu kommen nach seiner Fasson. Zugleich ging es den Musikern um Professionalität, freilich im Rahmen der spezifischen Kultur.
b. In den »schwarzen« und bunten Szenen fand jeder einzelne in der Ablehnung von Mainstream-Pop seine Identität in der Gruppe. Die Abgrenzung gegen die »spießigen Popper« ging einher mit der Zuwendung zum sogenannten *Independent-Pop*, den nervösen Gitarrenkaskaden irisch/schottischer Prägung, verbunden mit stimmungsvollen Keyboardteppichen und dem eigentümlich schwermütigen Gesang der englischen *New Wave*. Bands wie »Die Vision«, »Die Art«, »Retour«, »Wartburgs für Walter«, »Kaschmir«, »Tina has never had a teddybear« und »Inflagranti« boten eine eigene Version von Tanzmusik, die für Oberschüler und junge Intellektuelle (bzw. solche, die es gern gewesen wären) annehmbarer war als der gewöhnliche Disco-Pop.
Dieses Abgrenzungsverhalten trifft auch für andere Szenen zu, wie wir es bei den »Metallern«, wo das »proletarische« Element dominierte, beobachtet haben. Ähnliches gilt für Funkbands wie »Funkreich«, »Cold Step« und »Pommes Fritz« mit einer entwickelten, mitreißenden Rhythmik oder die Hip-Hop-Gruppen »T.J. Big Blaster Electric Boogie«, »DJ Jimmy X and M.C.T.«, »MC P.A.D. & Mister X«, »Beat Master Ice & Cool Jay Pee« bzw. das Übergangsfeld zwischen Hip-Hop und Punk: »B.R.O.N.X.«, »Three-M-Men«, jeweils mit einem eigenen kulturellen Umfeld.
Standen Ska und Reggae schon an der Wiege des Punk, so ist es auch kein Wunder, wenn die neueren Popstile in seiner Nachfolge diese karibischen Rhythmen für ihre »frohen Botschaften« verwendeten (»Michele Baresi«, »Torpedo Mahlsdorf«, in gewissem Sinn auch Gruppen wie »die anderen« und »Die Drei von der Tankstelle«). Bei den Konzerten solcher Bands wie »Die Art«, »Hertz«, »Cadavre Exquis« und »Mad Affaire« mischte sich die Heiterkeit mit beklemmenden Visionen und starken Emotionen der Desillusionierung, Trauer und Einsamkeit. Ganz zu Unrecht mögen gerade diese Elemente unserer »New Wave« zu dem Vorurteil geführt haben, die gesamte Kultur als »Frustbands« abzustempeln. Ernst und Spaß liegen auch hier nahe beieinander wie Kämpfen und Aufgeben. In ihren Konzepten erhalten die akustischen und visuellen Erfahrungen von Industrie und Stadt Gestalt.
Die meist englischsprachigen Texte sind dem perkussiven und emotionalen Charakter der Titel untergeordnet, jedoch nicht ohne inhaltliche Ab-

sicht; allein der Anspruch auf eine andersartige Musik stellte einen kulturellen Appell dar, der sehr wohl verstanden wurde. Andere Bands wie »Sandow«, »WK 13«, »Mandata«, »Herbst in Peking« oder »Kaltfront« betonten gerade die Rolle wortsprachlicher Kommunikation. Sie konzipierten ihre Musik als Transportmittel für eindringliche textliche Appelle auf Deutsch.

c. Eine weitere Tendenz wäre vielleicht mit dem Hinweis auf bandspezifische Produktionskonzepte umschrieben: *Montagen und Experimente.* Dabei spielte das Ausprobieren von ungewöhnlichen Klängen, von Instrumentarien, stehenden und bewegten Bildern, die Theatralisierung eine hervorragende Rolle. »Multimedia« war die Etikettierung, die dies zunächst bekam. Vor allem, da es anfangs bildende Künstler waren, die die engen Fesseln des Tafelbildes durch die raum-zeitliche Dimension zu sprengen versuchten.[10] Inzwischen hat sich die Szene erweitert, viele Projekte existieren nicht mehr (sie waren auch meist als zeitlich begrenzte gedacht – »New Affaire«), neue sind hinzugekommen. Aus einigen losen Vereinigungen gingen Gruppen hervor, die – seit längerem stabil – ihr eigenes Konzept stärker ausbauten und sich bald auch dem »normalen« Publikum in den Klubs präsentieren konnten (z. B. »AG Geige«, »Tom Terror & das Beil«).

Andere Projekte verstanden sich von vornherein als »musikalische«, versuchten, die relative Enge rockmusikalischen Ausdrucks sowohl in der Besetzung als auch in der Verwendung des klanglichen Materials zu durchbrechen. Dabei nahmen sie Anleihen aus der New Wave, dem Jazz, auch Erfahrungen der sogenannten »Ernsten Musik«. Hier ist besonders wichtig zu erwähnen, daß die Medienrevolution selbst in der DDR langsam Einzug hielt. Auf welchen dubiosen Kanälen auch immer, verlagerte sich elektronisches Musizieren aus esoterischen Palästen in Hütten und Jugendzimmer. Und so verlor das Produzieren z. B. mittels Sampling die Aura des mühselig Erlernten. Die dadurch entstandenen Klangbilder sind im einzelnen so unterschiedlich, daß sich jede Zusammenfassung eigentlich verbietet. Genannt seien »Teurer denn je«, »Der Expander des Fortschritts«, »Herr Blum«, »Brut«, »Die schönste Muziek«, »Deka-Dance«, »New Phantastic Art Orchestre of North«, »Das Freie Orchester«, »Das Bolschewistische Kurorchester«.

Die für das Publikum zugänglichen Projekte stellen nur die Spitze eines Eisberges dar, unter der sich ein nicht unwichtiges Feld von Klangschöpfertum verbirgt: »Home recording«, die Bastelei mit allen dem jeweiligen Produzenten zur Verfügung stehenden Klangquellen (vom Ofenblech bis zum Sampler, vom Teekessel zum Radio). Von wenigen Spezialisten und ihren Produkten abgesehen, trafen diese musikalischen Studien fast nie das Ohr einer größeren Öffentlichkeit. Wenden wir dies ins Positive, ergibt sich eine durch keine Aufführungszwänge geminderte Naivität des

Zugriffs und der Bearbeitung des klanglichen Materials, die das Unerhörte folgerichtig beinhaltet. Die meisten Produzenten von Tapemusik sind extreme Individualisten. Sie wollen das, was als Ergebnis erscheint, bis ins letzte kontrollieren. So gesehen sind die zugänglichen Aufnahmen technische Psychogramme, aus denen sich sowohl der Technikstand bei der Aufnahme ablesen läßt als auch – individuell unterschiedlich – Witz, Sentimentalität, Angst, Verspieltheit, Ironie oder Sarkasmus in der Behandlung des Materials (Thomas Wagner, Trötsch, Dirk Pflughaupt, Daniel Rund).

Unter der mit wenigen Ausnahmen gleichförmigen und verstaubten Oberfläche offizieller Rock/Popkultur der DDR entdecken wir eine lebendige Mannigfaltigkeit kultureller Identifikationsangebote, die im Live-Alltag regional begrenzt funktioniert haben. Staatliche Borniertheit hat nur wenigen Ausnahmen die Chance eingeräumt, gruppenspezifische Kommunikation in die Medien hereinzulassen. Ein junger AMIGA-Produzent äußerte Anfang 1990: »... die neuen Bands sind doch irgendwo als eine Art Gegenpol zum Etablierten entstanden, das muß man deutlich sagen. Man hätte das als kreativen Prozeß längst entwickeln müssen, aber vielleicht ist es ja jetzt in dieser politischen Situation erst möglich.«[11]
Doch seit die Mauer um Berlin und anderswo eingerannt ist, sieht einiges anders aus. Waren viele der genannten Bands aus Gründen des Personalmangels bereits im Spätsommer 1989 spielunfähig, setzt nun gleichsam unter manch Verbliebenen der Run aufs kleine und große Geld ein, oder anders formuliert, wird internationaler Vergleich möglich. Damit ist zugleich eine enorme Verunsicherung der eigenen Identität verbunden. In einschlägigen Klubs, sofern sie überhaupt noch existieren[12], fällt auf, daß ein Großteil des »alten« Publikums nicht mehr kommt. Oder hat man nur das Outfit gewechselt? Fällt der Zwang weg, sich über eindeutige Gruppenidentitäten zu finden? Wir sind gespannt, wie sich das zukünftig entwickelt.

Anmerkungen

1 Zentralinstitut für Jugendforschung der DDR, Das Verhältnis Jugendlicher zur populären Musik, Studie, Leipzig 1987

2 vgl. dazu Michael Thomas, Soziale Struktur – soziale Subjekte: Marxistische Sozialstrukturtheorie in der aktuellen Diskussion, in: Deutsche Zeitschrift für Philosophie 8/1988, S. 689–699

3 vgl. Irene Dölling, Individuum und Kultur. Ein Beitrag zur Diskussion, Berlin 1986

4 ebenda
5 Aus einem uns vorliegenden Interview mit drei Berliner Lehrlingen
6 In diesem Zusammenhang empfehlen wir die DEFA-Dokumentarfilme »Flüstern und Schreien« von 1988, Regie Dieter Schumann, und »Unsere Kinder« von 1989, Regie: Roland Schneider.
7 Volker Saupe, Kulturarbeit im Jugendklub – Untersuchungen zum Freizeitverhalten Jugendlicher. In: Freizeitpädagogik, 10. Jahrgang, Heft 1–2/1988, S. 46
8 Wir sind uns der Einschränkung bewußt: »Durch ihre jeweils besondere Artikulationsform und Auftretensweise in der Öffentlichkeit, ihre spezifische Sprache und Musik, und nicht zuletzt auch durch ihre bewußt als Ausdrucksform eingesetzte äußere Erscheinung... fanden diese Gruppenstile eine Aufmerksamkeit, die weit über ihre tatsächliche Verbreitung unter der Jugend hinausging.« Bernd Lindner/Hans-Jörg Stiehler, Jugend = Kultur? Zum Stellenwert kultureller Verhaltensweisen in neueren jugendsoziologischen Publikationen in der BRD, in: Weimarer Beiträge 4/1988, S. 666
9 Gängige Titel bzw. Textpassagen der DDR-Hitparadenmusik
10 Christoph Tannert, Intermedia. Versuche kollektiver Produktion, in: Musik und Gesellschaft, 7/1984, S. 349ff.
11 Wolfgang Martin, DDR-Rock am Beginn der 90er Jahre. Ausschnitte einer Live-Diskussion vom 8. 1. 1990, in: Journal Art & Action 3/1990, S. 3
12 Nun, da sich das Land seiner ökonomischen Mangelsituation bewußt werden darf, geht die Sucht, kurzfristig zu Wohlstand zu gelangen, in großem Umfang gerade auf Kosten der sogenannten kulturellen Infrastruktur. Kulturhäusern und Klubs werden in absehbarer Zeit die finanziellen Mittel aus staatlichen und betrieblichen Fonds gestrichen. Das Prinzip der formalen Subventionen wird lediglich einfach negiert. Davon sind zwangsläufig in erster Linie experimentelle und innovative Angebote betroffen.

Reinhard Bernhof
metamorphose

überflüssige ideen gibt es gar viele dachte k. ehrlich gesagt hatte k. niemals jene beneidet die derlei überflüssiges besaßen aus einfachen verhältnissen kommend war er durch die gerade erziehung gegangen wurde geschult und kümmerte sich kaum um anderer leute angelegenheit trachtete nicht nach überflüssigem und mied jeden zweifelhaften verkehr hörte er zum beispiel jemand von verfassung reden kehrte er ihm sofort den rücken zu und rief bestimmte leute an wie froh er also war keinerlei überflüssige ideen und empfindungen zu besitzen so konnte er auf wunderbare weise funktionieren früher hätte er die freiheit (was auch immer man darunter verstand) als beschwernis und anhängsel verspürt nach und nach aber als man k. in der sonne der schulung gehörig ausdörrte und gut durchlüftete daß nichts mehr in ihm verblieben war da erst wurde er sorglos hatte keine angstgefühle mehr und sagte sich: jetzt bin ich gegen alles gefeit wahrhaftig er war ein solider angestellter fühlte sich ausgeglichen und sein gewissen belästigte ihn so gut wie gar nicht mehr er saß hübsch abseits in seinem vereinsbüro und wenn er manchmal publikumsverkehr hatte da redete er wie gedruckt traf er jemanden seines abzeichens auf der straße in seinem urlaubsort oder sonstwo so sagte er frank und frei seine meinung und rief durch die solidarität der allgemeinen und vorgeschriebenen ansicht allgemeines entzücken hervor k. vermaß sich nie blieb cool und fand sich wieder zu dem alten und oft bewährten deutschen sprichwort zurück: gut ding braucht weile er fühlte sich geborgen in seiner hermetischen lebensweise wie in abrahams schoß der staat der neue war für ihn der gipfel der menschlichen vernunft wie fein ihn diese menschliche vernunft polieren durfte seht keine überflüssigen kräfte mehr keine überflüssigen empfindungen kein unnützes gewissen die reine lehre in ihm – eins mit macht und letterngeist so kletterte k. von stufe zu stufe hinauf bis daß er zu den knapp über hundert wichtigsten leuten zählte im verein bis daß er sich nur noch bei den unter zwanzig auserwählten befand (mit eigenem jagdrevier) und in dem verbotenen dorf lebte radarüberwacht jetzt trifft er sich jeden dienstag in der woche (seit lenins berühmter sitzung) um für das große gute gegen das schlechte kleine auf der stelle festzuwachsen.

II. Berichte vom Umbruch

Michael Czollek
Entlarvt

Wir standen an der Anlegestelle. Es war Ende September, frisch und sonnig. Vera stand in der einen Schlange, ich in der anderen – es sollten planmäßig zwei Fähren ankommen –, und Max saß im Kinderwagen. Die Zeit zog sich hin. Dann kam die erste Fähre in Sichtweite. Aber sie bog nicht ab. Und auch die zweite nicht. Wir standen am Rand der Insel Hiddensee und wußten nicht, wie nach Hause zu kommen. Schließlich näherte sich ein Boot mit Radarantennen. Küstenwacht, zwei Soldaten nahm es auf, drei ältere Pärchen, die sich untereinander kannten.
Schließlich hörten wir von einem möglichen Lichtblick. Zwei andere Fähren sollten zu uns nach Vitte umgelenkt werden, die Wartenden nach Rügen übersetzen, wo dann Busse nach Stralsund bereitstehen würden. Die Fähren kamen. Sie waren bereits halbvoll. Wenn Sie hier nicht ordentlich anstehen, kommt überhaupt keiner mit, schrie ein Packer von der einen Fähre. Alles drängelte. Ich hielt meinen Schwerstbeschädigtenausweis in die Höhe und bekam drei Fahrscheine. Kaum war ich über die Bohlen geschoben, hieß es: Weiter, weiter. Meine Frau ist aber noch unten. Na, das is nu dein Pech, grinste mich ein Bootsmann an. Ich wollte zurück. Frauen und Kinder haben Vortritt, brüllte wieder jemand anders, und dann hörte ich Vera, sie sei oben.
Der Pulk schob sich ins Innere. Dafür lohnt es sich, hörte ich eine Frau, 40 Jahre DDR. Kaum hatte sie das gesagt, grölte ein älterer Mann: Noch einmal diesen Namen, und er vergäße sich. Langsam bewegte sich die Fähre von der Mole. Das Wasser stand an den Fenstern. Der Motor tukkerte, die Menschen schwiegen. Die Luft war stickig. Mir wurde schlecht, ich konnte nicht mehr stehen. Ob nicht jemand aufstehen könnte, fragte die eng an mich geschmiegte Frau, der junge Mann hier sei schwerstbeschädigt. Wir sind alle schwerbeschädigt, hallte eine ältere Stimme zurück. Aber Sie sehen doch, daß es ihm nicht gut geht. Ja, ja, das sind unsre Schwerbeschädigten auf Urlaub... Machen Sie erst mal einen Krieg mit, wie wir!
Danke, sagte jetzt die Frau neben mir, das ist es ja, daß Sie mitgemacht haben. Die schrille Antwort verstand ich nicht mehr, aber mich hob jemand aus der Hocke, in die ich gegangen war, auf ein Stück Bank. Fenster auf, befahl er. Ich spürte frische Luft. Da erkälte ich mich aber, das geht

nicht, kam der Protest. Fenster zu! Fenster auf! Vera, Max und ich sind in jener Nacht tatsächlich bis Berlin, bis in unsere Wohnung gekommen.

Ich wunderte mich nicht mehr. Ich, der ich ob meiner chronischen Erkrankung und somit offensichtlichen Belastung für den Staat nach dem Westen reisen durfte, hatte sechs Jahre zuvor noch den Eindruck gewonnen, das Leben drüben sei rauher, rücksichtsloser, vereinzelter. Mit den Jahren spürte ich eine Verschiebung. Sie war überall in der DDR zu bemerken, und so lag es nicht daran, daß ich in den anderen deutschen Staat tiefer hineinblickte. Die Menschen änderten sich.
Ich wunderte mich nicht mehr in diesem Jahr, da ich aus der führenden Staatspartei ausgetreten war, weil ich Lügen, Verhöhnung, Nationalismus und Antisemitismus in ihr nicht länger tragen und ertragen konnte. Daß es dies gab, wußte ich nicht, als ich eintrat in die SED, aber ich hatte es auch nicht gerade erst erfahren. In der Hoffnung, doch etwas ausrichten zu können, mich nicht so tief geirrt zu haben, bog ich mir die Welt zurecht. Was ich mit meiner Vorstellung nicht übereinbrachte, erklärte ich zu Einzelfällen. Ausnahmen bestätigen schließlich die Regel. Ich war ja eingetreten, nachdem ich von der Uni geflogen war: Ich glaubte an ein Mißverständnis, einen Irrtum, an persönlichen Machtmißbrauch. Wenn es aber in meinem Fall ein Irrtum war, mochte es auch in anderen Fällen so sein. Dagegen trat ich in ein.
Ich war benutzbar. Was ich tun sollte, mußte mir jedoch gerecht erscheinen, gut. Und wieviel tat ich: Welcher ewig Belogene traut schon der Wahrheit. Aber als Kind war ich dem kleinen Prinzen begegnet. »Man sieht nur mit dem Herzen gut«, hatte der gesagt, und so sah ich um so mehr, da ich von Lügen geblendet ward. Und also stand ich auf und hob an zu sprechen: »Wo bleibt das Recht?« Der Engel aber entgegnete: »Du mußt auf den Herrn vertraun, er hat immer recht.« Und also erhob ich mich, den Herrn zu suchen, seine Allwissenheit, seine Allmacht, seine Güte, an die ich glaubte. Eine Freundin war von der Uni gefeuert, weil ihre Seminargruppe ob einer Vier in Politischer Ökonomie die weitere Ausbildung zur Journalistin unterbinden zu müssen meinte. Aus Verantwortung. Ich klinkte mich ein. Ich schrieb Eingaben an die Sektion, die Universität, die Kreisleitung *der*, meiner Partei, ans Zentralkomitee. Es blieb dabei, daß jene Freundin ihr Studium nicht fortsetzen konnte; doch war ich nicht mehr bereit, diese Entscheidung als letztinstanzlich und damit wahr, gütig und weise anzusehen.

In den von meinem Vater hinterlassenen Briefen hatte ich gelesen: »Der Sozialismus – das werden unsere Kinder zu Recht gelehrt – ist für die Menschen da. Daß aber die Wurzeln des Alten, Überlebten noch nicht beseitigt sind, daß sie weiterwuchern und daß man auch bei uns sich mit

viel Kraft und Stärke durchsetzen muß, im Interesse dieser Gesellschaft und ihrer Weiterführung – das wird unseren Kindern eine mühselige Erfahrung sein. Da waren wir besser dran: Gehaune und Gestochene wußten, wie zu hauen und zu stechen.«
Es war viel schlimmer. In einer Scheinwelt aufgewachsen, abgeschirmt nach außen, von dem großen Irrtum meines Vaters zehrend, ging ich. Und ich war wehrlos gegen einstürzende Kulissen, und wenn sie einstürzten, versuchte ich verzweifelt – mal allein, mal mit andern –, sie wieder aufzurichten. In diesem Winter aber, im Januar 1989, hatte ich Wassili Grosman gelesen, »Leben und Schicksal«. Den Roman jenes Schriftstellers, dessen verfilmte Erzählung »Die Kommissarin« in der DDR verboten worden war. Von da an war alles möglich. Keinen Vorwurf gegen diese Gesellschaft, die sich sozialistisch nannte, konnte ich mehr zurückweisen. Es war alles möglich. Und es war alles offen.
Mit dieser Erkenntnis setzten die entsetzlichsten und angstvollsten Monate meines Lebens ein. Weil alles möglich war und von dem Möglichen vieles schon gewiß, ahnte ich, daß die Urheber, die Täter, die Gewissenlosen auch alles wiederholen und einige Schritte weitergehen konnten. Und gleichzeitig spürte ich den Haß um mich ansteigen, Haß gegen alles und jeden, der auch nur in den Verdacht geriet, sich weiter mit einer von den Mächtigen diskreditierten und vergewaltigten Idee zu beschäftigen – die Verhältnisse drängten zur Gewalt. Mir war klar, daß ich zwischen solchen Gewalten untergehen würde.
Dennoch habe ich die Momente, in denen hätte die Explosion geschehen können, erst rückblickend begriffen. Gewiß verfolgte ich mit wachsender Spannung den Verlauf der Montagsdemonstrationen in Leipzig. Freilich war mir klar, daß hier die Konfrontation stattfand. Aber erst am 9. Oktober nachts, als die Demonstration in Leipzig friedlich verlaufen war, jedoch im Berliner Polizeigewahrsam unschuldige Menschen mißhandelt wurden, schreckte ich auf und erinnerte mich: Mitgliedern der SED in Leipzig war zuvor übermittelt worden, sie sollten sich zum Zeitpunkt der Montagsdemonstration nicht im Zentrum blicken lassen, dort marschiere die Konterrevolution, und jeder, der dort angetroffen werde, gelte als zugehörig. Der Begriff Konterrevolution hätte mir zu denken geben müssen. Das führte zum Platz des Himmlischen Friedens.
Einmal, noch Kind, ordnete ich die Finger meiner rechten Hand: Von meiner Faust streckte ich den Zeigefinger aus, reckte den Daumen im rechten Winkel hoch, zielte auf meinen Vater und meinte: »Puh, du bist tot!« Da kam mein Vater auf mich zu, drückte meinen ausgestreckten Arm nieder und sagte: »Auf Menschen schießt man nicht. Auch nicht aus Spaß.« Drehte sich um und setzte sich wieder.
Dieser Satz im Kategorischen Imperativ hat sich immer wieder festgehakt. Einmal, als ich mit meinem Vater duschte, fragte ich nach der lan-

gen Narbe an seinem Po und der Einbuchtung an seinem Oberkörper. Da bin ich geschlagen worden, sagte mein Vater leichthin, aber ich ersparte es ihm und mir nicht zu beschreiben. Ungläubig erfuhr ich vom Hängen: Die Hände werden auf dem Rücken zusammengebunden, an den Händen ein Strick befestigt und der wird über einen Ast gelegt... Gezogen, bis mein Vater etwa einen Meter Abstand von seinen Füßen zum Erdboden hatte. Nach zwei Stunden kam ein SS-Mensch und hing sich an die Beine meines Vaters.

Nein, das ertrage ich nicht. Wem dies auch geschieht. Und so bin ich bereit, solcher Gewalt, dem Antihumanismus in Aktion, Gewalt entgegenzusetzen. Jedoch die entgegengesetzte Gewalt ist immer auch Zeichen der Ohnmacht, die Ursachen nicht angehen zu können. Und weil man auf Menschen nicht schießt, konnten mir die Schüsse an den Grenzen meines Landes nur erklärt werden mit der Bedrohung von jenseits, mit einer lebensgefährlichen Bedrohung. Ich fürchtete, was meinem Vater widerfahren, würde sofort im Land Einzug halten, ständen nicht bewaffnete Männer, bereit, Gewalt einzusetzen, an den Grenzen. Solange sie dort standen, fühlte ich kindlich, hatte es hier, um mich, so etwas nicht gegeben, konnte es dies nicht geben.

Diese Sicht zerbrach erstmals, als ich feststellte, daß ja diejenigen, vor denen ich beschützt sein sollte, weitaus unkomplizierter das Land bereisten, als die Menschen des Landes die Welt bereisen konnten. Mit der Zeit begann ich, die emotionale Übereinkunft verlassend, Gründe zu suchen für diese Grenze, für die latente Gewalt. Bis zum Schluß, bis zum 9. November 1989, habe ich versucht, Gründe zu finden, vor mir selbst zu erklären, warum diese Grenze, überholt, inhuman, sinnlos, dennoch nicht so leicht beseitigt werden könne. Und dann sah ich, wie leicht es ging: Man nimmt einen fahrbaren Kran, hebt zwei Teile aus der Mauer heraus und baut zwei Kontrollhäuschen, während die Leute schon in beide Richtungen strömen. Ich konnte mich nicht freuen. Während ich die Bilder sah, würgte es mir in der Kehle. Dafür also, dachte ich, die vielen Opfer. Auf der Seite derer, die gegen die Mauer und den Stacheldraht verzweifelt und vergeblich anrannten, und auf der Seite jener, die unter dem Befehl standen, Mauer und Stacheldraht aufrechtzuerhalten. Und es in irrem Glauben taten. Dafür also die Toten, daß die gleichen, die die Schüsse befahlen, sanktionierten und für notwendig erklärten, nun den vormaligen Zustand wiederherstellten.

Die Offenbarung, daß dieser Antihumanismus in Aktion, wie ihn mir Grosman vor Augen geführt, dicht um mich war, mein Leben begleitend, unter Täuschung mich benutzend, ließ den letzten Faden zerreißen, der noch irgendeine Verbindung zwischen mir und diesem Staat hätte herstellen können. Dieser Staat hatte mich gegen mich selber gerichtet.

Nun, vom Ideologiepanzer befreit, fielen alle Umhüllungen. Während am 4. November noch Schabowski auf dem Alexanderplatz stand, ihm der Wind in den Mantel blies und die Pfiffe zutrug, während er verzweifelt versuchte, die Rufe mittels Mikrophon zu übertönen und auch nur drei Sekunden Gehör zu erhalten, fand sich im Januar niemand in der unveränderten Volkskammer, der beantragt hätte, zur Verfassungsänderung hinsichtlich der Eigentumsverhältnisse einen Volksentscheid zu beschließen. In trauter Gemeinschaft wie seit vierzig Jahren gingen Parteien und Abgeordnete über das Volk hinweg – nur eine »immer enger werdende Einheit von Partei, Staat und Volk« wurde nicht mehr beschworen. Immer enger freilich wurden die Möglichkeiten, die Werte der Revolution durchzusetzen, Machtstrukturen aufzubrechen. Scharenweise liefen die Diener der bisherigen Macht zu den Parteien der künftigen über; wohl wissend, daß neue Strukturen zwar kommen, jedoch die alten kaum antasten würden. Die von bisherigen Staatsparteien getragene Forderung nach der Zerstörung des SED-Machtapparates war genauso gemeint und nicht auf die Zerstörung des Staatsapparates gerichtet, um etwa einen neuen Ausgangspunkt zu finden. Die Revolution war beendet. Sie hatte ihr bürgerliches Maß erreicht.

Dem setzte der Runde Tisch, setzten die Bürgerbewegungen wenig entgegen. Dem Irrtum verfallen, die Macht im Land zu erhalten, wenn man nur die Stasi auflöse, fehlte der Blick für die an ihnen vorbeiziehenden Entwicklungen. (Abgesehen davon, daß sich ein Geheimdienst nicht auflösen läßt, solange er seine Adressaten findet.) Mit der Wahl am 18. März mußte das Stück Macht, das der Runde Tisch für sich in Anspruch nehmen konnte, aufhören zu existieren – es sei denn, seine Rechte wären zuvor in einer Verfassung festgeschrieben worden, die – vom Volk gewählt – das zukünftige politische System bestimmt hätte. Der Versuch, nach der Wahl gegen die politischen Mehrheiten von Strukturen konservierenden Parteien eine Verfassung durchzusetzen, mußte scheitern. Wie lautete der seit dem 6. Oktober wohl am meisten zitierte Spruch Gorbatschows? Wer zu spät kommt, den bestraft das Leben... Das im Dezember schon dringend notwendige Mediengesetz blieb kühner Traum. So vermochte der Medienkontrollrat auch nicht viel mehr, als über mangelnde Ausgewogenheit, Schwemme von BRD-Medien und selbstherrliche Ministerentscheidungen zu lamentieren. Die bereits im Oktober und gar von Krenz in Aussicht gestellte Einrichtung einer Verwaltungsgerichtsbarkeit samt Staatsgerichtshof wurde nicht einmal in Ansätzen betrieben. Schließlich beschnitt sich der Runde Tisch auch noch selbst die Zeit, indem er der Forderung nach Vorverlegung des Wahltermins zustimmte. Verfangen in vierzigjähriger Tradition, veränderten die Teilnehmer des Runden Tisches willkürlich das selbst erarbeitete Wahlgesetz, beraubten es wesentlicher demokratischer Elemente, um es den vermeintlichen Notwendigkeiten – bei Vermutung eines Vorteils für die je-

weils eigene Partei – anzupassen. So ereilte den Runden Tisch das Schicksal der Frankfurter Nationalversammlung.
Die »Regierung der Nationalen Verantwortung« unter Modrow – in die alle am Runden Tisch vertretenen Parteien und Organisationen bis auf die »Vereinigte Linke« eintraten – betrieb die weitere Staatsübergabe, unter Aufgabe der demokratischen Funktion einer Opposition. Der Charakter der nun an der Regierung beteiligten ehemaligen Opposition zeigte sich in der ersten Sitzung des neuen Ministerrates: Er beschloß, die Diäten zu erhöhen, und sprach allen eingetretenen Mitgliedern den Anspruch auf Staatsrenten zu. Das freilich war eine der drängendsten Entscheidungen zu diesem Zeitpunkt.

Das Ergebnis ist bekannt. Ich traure nicht um ein System, das vierzig Jahre dieses Land beherrschte. Die Revolution vom Oktober hat mich befreit, uns alle. Wir haben uns befreit von einer Zwangsherrschaft, aber wir sind nur bis zur Herrschaft des Geldes vorgedrungen. Wir haben Weihrauchfässer gegen Deospray getauscht. Sie bedrücken mich, die nicht genutzten Chancen. Aber vielleicht ist so der Gang der Dinge.
Die Revolution ist beendet, der Weg ist frei. Wir müssen von vorn anfangen, ganz von vorn, schrieb Tucholsky 1935. Wir haben angefangen. Der Drang nach Freiheit, Gleichheit, Brüderlichkeit ist nicht zu bezwingen.

Christoph Wielepp
Montags abends in Leipzig

Mit dem Zusammenbrechen des Staates DDR gelangte Leipzig zu einer Popularität, die – zu Messezeiten in den letzten vierzig Jahren oft herbeigeredet und nie erreicht – dem tiefsitzenden Unterlegenheitsgefühl der Leipziger gegenüber Berlin, doch nur Provinz zu sein, vorübergehend Linderung verschafft. Leipzig, immer wieder als heimliche Hauptstadt der DDR tituliert, galt für einige Wochen im Herbst '89 als die wahre »Hauptstadt der Revolution«, von einem Berliner sogar als »Heldenstadt« bezeichnet, und die Leipziger glaubten das am Ende auch selbst. Der Boom setzte ein, jeder wollte in Leipzig präsent sein, die erste Messe nach dem Herbst '89 war für Leipzig eine Messe der Superlative. Die Stadt kann's gebrauchen, wie alle anderen Städte der DDR auch. Der Ruhm wird noch einige Zeit anhalten und dann Geschichte sein, Leipzig wird ins zweite Glied der deutschen Großstädte zurücktreten, nicht einmal Hauptstadt eines der neu zu bildenden Länder auf dem Gebiet der DDR sein. Dresden wird kulturell dominieren wie auch politisch, und die wirtschaftlichen Strukturprobleme der umweltzerstörenden Braunkohle-Industrie werden auf längere Sicht eher für Negativschlagzeilen sorgen als den Ruhm erhalten.

Und doch – das Ende der Nachkriegsgeschichte, das gemeinhin mit dem Zusammenbrechen der sich realsozialistisch nennenden Machtstrukturen in Mittel- und Osteuropa gleichgesetzt wird, dürfte für Deutschland im wesentlichen mit Leipzig und den Montagsdemonstrationen verbunden bleiben. Es ist gerade auch in Leipzig viel darüber nachgedacht worden, warum ausgerechnet hier eine Entwicklung kulminierte, die Jahre vorher begann und letztlich unerwartet in der völligen Auflösung des Staatsgebildes DDR endet. Daran war von seiten der Oppositionellen in keiner Weise gedacht, als die Massendemonstrationen begannen.

Neben der überraschenden Grenzöffnung liegt die Ursache vor allem in der Eigendynamik der Proteste, die ironischerweise an den Wortführern vorbei und zu ihren Ursprüngen zurückgingen: zur Ausreise aus der DDR. Als aus den Rufen »Wir sind das Volk!« Anfang November der Schlachtruf »Wir sind *ein* Volk!« wurde, war es um die Existenz der DDR geschehen. Die seit dem 9. Oktober im gesamten Land angeschwollene Protestbewegung war nun nicht mehr unter Kontrolle zu bringen. Das

Zurückweichen der massiven Armee- und Polizeiverbände einschließlich der Betriebskampfgruppen am 9. Oktober in Leipzig vor den siebzig- oder achtzigtausend Demonstranten, ohne daß es zu Verhandlungen zwischen legitimierten Vertretern von Partei und Staat und den Demonstranten wie in Dresden gekommen war, signalisierte den Demonstranten einen Sieg des Protests, nicht der Verhandlungen.
Der am 9. Oktober ab 18 Uhr in Leipzig über Stadtfunk verbreitete Aufruf von sechs Leipziger Persönlichkeiten zur Gewaltfreiheit konnte von den Demonstranten gar nicht gehört werden. Es war ein Sieg der großen Menge unbewaffneter, ängstlicher, aber bis zum äußersten disziplinierter Menschen über den Machtapparat. Das hatte Signalwirkung. Während in Dresden durch die Verhandlungen Modrows und Berghofers mit den Vertretern der evangelischen und katholischen Kirche und der Gruppe der Zwanzig ein entscheidendes Stück staatlichen Prestiges erhalten werden konnte, war die DDR am späten Abend des 9. Oktober nach den Leipziger Ereignissen eine andere geworden. Das war allen Beteiligten klar.
Was hatte nun zu dem für die DDR bis dahin unbekannten Ausmaß an entschlossenen Demonstranten geführt, was aber auch zu dem völligen Versagen der scheinbar so zuverlässig funktionierenden Partei- und Staatsmacht? Nach Einsicht in die bisher noch verschlossenen Unterlagen mögen Details klarer werden, die entscheidenden Ursachen jedoch stehen fest.

Das innenpolitische Klima in der DDR verschlechterte sich seit dem Honecker-Besuch in Bonn 1985 rapide. Die mit diesem Besuch verbundenen Hoffnungen auf Liberalisierung innerhalb der DDR und eine Annäherung der beiden deutschen Staaten wichen mehr und mehr einer breiten Resignation. Die unverhohlene Ablehnung der Reformen Gorbatschows, dessen Einleitung von Perestroika und Glasnost offene Sympathien genoß, die an allen Arbeitsplätzen spürbare wirtschaftliche Verschärfung der Lage und die gleichzeitige Konjunktur der bundesdeutschen Wirtschaft ließen die Resignation zu einer stetigen Erhöhung der Zahl der Ausreisewilligen umschlagen. Die Perspektivlosigkeit wuchs in den Jahren zwischen 1985 und 1989 so dramatisch, daß die Entwicklungen des Sommers '89 in Ungarn nicht überraschen konnten.
Oppositionelle Gruppen konnten sich seit jeher in der DDR nur unter dem Dach der Kirche zusammenfinden, beargwöhnt und unter dem Druck staatlicher Stellen. Auch die Kirche, vor allem die evangelische, sah sich mitunter überfordert, die Spannung zwischen den oppositionellen Gruppen, die zum Teil nur sehr wenig mit dem christlichen Glauben verbunden waren, und den staatlichen Stellen zu ertragen. Allgemeine Richtlinien der evangelischen Kirche im Verhältnis zu solchen Gruppen gab es nicht, das blieb weitgehend der Entscheidung und dem Engage-

ment des einzelnen Pfarrers oder Gemeindekirchenrats überlassen. Tendenziell waren die Pfarrer in den Gemeinden diesen Gruppen gegenüber aufgeschlossener als die Kirchenleitungen.
Ein Zeichen gegen den Rüstungswahnsinn wollte eine Gruppe junger Christen mit der Friedensandacht in der Leipziger Nikolaikirche setzen. Seit Mitte der achtziger Jahre jeden Montag um 17 Uhr blieben die Andachten weitgehend unbeachtet von der Öffentlichkeit. Selten versammelten sich mehr als dreißig meist junge Leute, nicht anders als in anderen Städten. Als am Montag der Leipziger Frühjahrsmesse im März etwa hundert Ausreisewillige in der Leipziger Innenstadt mit Plakaten auf ihre abgelehnten oder nichtbearbeiteten Ausreiseanträge aufmerksam machen wollten, gingen Polizei und Sicherheitskräfte sofort und brutal gegen sie vor und verhafteten einen Teil wegen Staatsverleumdung und Störung des sozialistischen Zusammenlebens; der Rest konnte sich in der Nikolaikirche in Sicherheit bringen. Das geschah vor den Augen der zur Messe anwesenden Medienvertreter – ähnliche Versuche früher in Jena oder Erfurt blieben ohne Folgen –, und am Abend wußte jeder über das Fernsehen von den Ereignissen. Die Sicherheitskräfte in der Stadt wurden verschärft, an öffentliches Auftreten war nicht mehr zu denken. Am Montag darauf war die Andacht um 17 Uhr Treffpunkt des Protestes; den Versuch, in die Innenstadt zu ziehen, verhinderten die Behörden.
Das Friedensgebet in der Nikolaikirche wurde unter den Ausreisewilligen bekannt als eine Form der Demonstration, gegen die staatlicherseits nichts unternommen werden konnte. Es wurde argwöhnisch beobachtet, die Sicherheitskräfte erstickten durch ihr sichtbares massives Auftreten jeden Versuch einer anschließenden Demonstration, der Druck auf Pfarrerschaft und Kirchenvorstand von St. Nikolai wuchs, das Friedensgebet zu unterbinden. Doch diese gaben dem Druck nicht nach und hielten an der Andacht fest, auch als sie sich im Laufe des Frühjahrs immer mehr zu einer Institution des Protestes der Ausreisewilligen entwickelte. Mit dem Anwachsen der Zahl der Teilnehmer verschärfte sich die montägliche Konfrontation auf dem Nikolaikirchhof; die Andachtsbesucher blieben stehen und leisteten der Polizeiaufforderung nach Verlassen des Platzes keine Folge, was seine Räumung durch Polizei zur Folge hatte. Auch der Kirchenvorstand der Nikolaigemeinde sah die Entwicklung mit Sorge. Eine Entspannung war nicht in Sicht. Im Gegenteil. Der offenkundige Wahlbetrug bei den Kommunalwahlen in der DDR am 7. Mai, der Beschluß der ungarischen Regierung, den Grenzzaun zu Österreich abzubauen und den Schießbefehl aufzuheben (was eine Verschärfung der DDR-Genehmigungspraxis für Ungarn-Reisen im Sommer befürchten ließ) und die Niederschlagung der Demokratiebewegung in Peking, befürwortet vom DDR-Politbüro als oberster Machtinstanz, verstärkten

das Gefühl der Macht- und Perspektivlosigkeit, der Resignation und des Scheiterns auch der letzten Hoffnungen auf Änderungen in der DDR.
Das konnte für die Montage auf dem Nikolaikirchhof nicht ohne Auswirkungen bleiben. Hinzu kam eine Pressekampagne der Leipziger Zeitungen, die die Ausreisewilligen zu Nestbeschmutzern, Arbeitsscheuen und Ruhestörern kriminalisierte und bis zu Verleumdungen und Drohungen gegenüber dem zuständigen Superintendenten Magirius führte. Hier setzte – zögernd – das Solidaritätsempfinden anderer Leipziger ein, die keinen Ausreiseantrag gestellt hatten, die mit dem Sprechchor auf dem Nikolaikirchhof »Wir wollen raus!« wenig anfangen konnten, denen aber der Polizeieinsatz und die Pressekampagne unerträglich waren. Sicher waren das in der Hauptsache Intellektuelle und potentielle Ausreisewillige, sicher waren die Zahlen im Juni im Vergleich zum Herbst harmlos, wenige hundert, aber dieser nicht zu unterdrückende Montagabend nach dem Friedensgebet war für die DDR ein Novum, für das Artikulieren des Protestes ein Wert an sich.
Als Ende Juni die Sommerpause begann, rechnete keiner mit einem Wiederaufleben im September. Die Entwicklung in Ungarn veränderte das. Der monolithische Staat zeigte Risse. Als am ersten Septembermontag die Friedensgebete wieder begannen – in Leipzig hielten sich viele Journalisten wegen der Herbstmesse auf –, war die Zahl der Teilnehmer erheblich höher als Ende Juni. Die Unfähigkeit der DDR-Regierung, das Problem der Ausreisewilligen in Ungarn zu lösen, hatte den in der DDR Gebliebenen Hoffnung gemacht, gleichzeitig aber auch denen, die in der DDR bleiben wollten, den Mut der Verzweiflung gegeben. Wie sollte es für sie hier weitergehen, wenn eine ganze Generation das Land verläßt?
Am 11. September, dem zweiten Montag nach der Sommerpause, ertönten abends die ersten Rufe: »Wir bleiben hier!« und übertönten die Ausreiserufe. Diesem Umschlag hatte der Sicherheitsapparat nichts anderes entgegenzusetzen als den Protesten vorher. Die Institution des Montagabends war geblieben, nur die Motivation der Protestierenden war eine andere. Von nun an ging es um die Veränderung der DDR.
Inzwischen hatten sich verschiedene oppositionelle Gruppierungen gebildet: das Neue Forum, die Sozialdemokratische Partei (SDP), Demokratischer Aufbruch, Demokratie jetzt und viele andere, die nicht auf die Abschaffung der DDR, sondern auf ihre Reformierung zielten, linksorientiert waren und mit einem wesentlich längeren Prozeß der Umgestaltung rechneten, als er dann ablief. Auffällig ist, daß Leipzig bei der Gründung dieser Gruppen so gut wie keine Rolle spielte. Diese konzentrierte sich in der Hauptsache auf Berlin, in Leipzig wurde demonstriert. Bis zum Ende der Demonstrationen am Montagabend im März 1990 blieben sie »unorganisiert«, keine der Gruppen war je der Veranstalter; sie blieben der »spontane« Protest der Bürger.

Die Zahl der Teilnehmer an den Protesten stieg im Laufe des September an. Die Reformierte und die Michaeliskirche beteiligten sich an den Friedensgebeten, die Nikolaikirche konnte so viele Menschen nicht mehr aufnehmen. Das Ritual der Sicherheitskräfte, ständig verstärkt, blieb unverändert: Einzelne Verhaftungen mit Aburteilung im Schnellverfahren, Räumung des Nikolaikirchhofes. Eine weitere Verschärfung brachte die Belagerung der bundesdeutschen Botschaft in Prag durch Ausreisewillige und die Abschiebung mitsamt den Zusammenstößen zwischen Demonstranten und Polizei in Dresden. Die CSSR wurde für DDR-Bürger *de facto* geschlossen, das letzte Land, in das man bis dahin noch reisen konnte. Die Atmosphäre war bis zum Zerreißen gespannt, zumal Fernsehen, Rundfunk und Zeitungen das Bild einer glücklichen DDR malten, die sich stolz auf ihren 40. Gründungstag am 7. Oktober vorbereitet. Diese Ignoranz und Schamlosigkeit erbitterten vollends. Folgerichtig kam es am Abend des 7. Oktober zu Zusammenstößen zwischen Demonstranten und Polizei, die von seiten der Sicherheitskräfte mit einer in der DDR unbekannten Härte geführt wurden. In Leipzig erwartete man gespannt den kommenden Montag. Im Vorfeld, am 6. Oktober, ließ die SED-Führung in der auflagenstärksten Leipziger Zeitung, der »Leipziger Volkszeitung«, die Bürger durch einen Bataillonskommandanten der Betriebskampfgruppen warnen, man werde »ein für allemal Ruhe und Ordnung wiederherstellen, wenn es sein muß, mit der Waffe in der Hand«. Das erinnerte an den »Platz des Himmlischen Friedens«.
Diese Warnung wirkte aus der Sicht der SED-Funktionäre kontraproduktiv, denn sie mobilisierte. So wollte man nicht mit sich umgehen lassen. Im nachhinein wird wohl manchem angst geworden sein, als er hörte, wie weit die Vorbereitungen schon gegangen waren, daß Krankenhäuser Stationen freigemacht hatten für Schußverletzte, daß Listen angelegt waren für Internierungslager. Es war die Empörung, die die Leute am 9. Oktober auf die Straße getrieben hat, und das Wissen, daß es so nicht weitergehen konnte. Die Stadt war vollgestellt mit Einsatztruppen von Armee und Polizei, mit Polizeihundestaffeln, mit Kampfgruppenbataillonen; und um die Innenstadt zog sich ein weiterer Sicherheitsring.
Die Kirchen waren übervoll. Nach langem Drängen der Leipziger Pfarrerschaft hatte sich nun auch die Thomaskirche angeschlossen, aber die meisten blieben außerhalb und warteten. Der sächsische Landesbischof fuhr von Kirche zu Kirche und mahnte zu Geduld, man möge nach Hause gehen; das Militäraufgebot und die internen Informationen ließen das Schlimmste befürchten. Seinen Appell hörten die Draußenstehenden nicht, und die meisten der Kirchenbesucher haben ihn nicht befolgt. Nach den Friedensgebeten und einer Pause des ratlosen Wartens, in der siebzig- oder achtzigtausend Demonstranten in der Innenstadt fast schweigend neben einigen Tausend Uniformierten standen, setzte sich langsam der

Demonstrationszug in Bewegung mit Rufen wie »Keine Gewalt« und »Wir sind keine Rowdys«. Es waren nicht nur junge Leute und Intellektuelle, die hier auf die Straße gingen, es war ein repräsentativer Querschnitt der gesamten Bevölkerung aller Altersstufen und Berufsgruppen.
Die Solidarität der Demonstrierenden untereinander war beeindrukkend; jeder hatte die Entscheidung trotz Drohung in der Presse für sich allein gefällt, und der einzige Schutz, den er hatte, waren die anderen. Als die Polizei die Sperrketten auf dem Ring, der die Innenstadt umzieht, öffnete, und der Demonstrationszug unbehindert den Ring passierte, mit einer verblüffenden und fast schon erschreckenden Disziplin, selbst den eingeschleusten *Agent provocateurs* keine Chance bietend, war klar, daß es kein Zurück in die alte DDR gab, so oder so. Entweder Bürgerkrieg in Mitteleuropa oder eine Entwicklung, von der keiner wußte, wohin sie führen wird. Wir erleben sie: das Ende der DDR.

Warum nun wurde gerade Leipzig zum entscheidenden Punkt in der Geschichte des Herbstes '89? Es gibt viele Gründe, die im Zusammenwirken dazu führten und im Ansatz kaum die enthaltene Sprengkraft vermuten ließen. Die Vernachlässigung Leipzigs durch die Berliner Zentralgewalt schuf mit den Jahren nicht nur bei den Bürgern eine tiefsitzende Abneigung gegen die Herrschenden in Berlin, sondern auch in der Partei selber. Die Gegnerschaft zwischen Erich Honecker und dem Leipziger SED-Bezirkschef Horst Schumann war bekannt. In Verkennung des möglichen Protestpotentials ging man in Leipzig gegen die immer wieder für Schlagzeilen sorgenden Montagsdemonstrationen im Frühjahr nur halbherzig vor. Selbst im September wäre die Entwicklung möglicherweise noch in den Griff zu bekommen gewesen, wenn auch mit einem höheren Gesichtsverlust verbunden, aber die Unruhe in der »Provinz« widersprach zu sehr den pompösen Vorbereitungen in Berlin auf den vierzigsten Jahrestag. Die Bemühungen in Leipzig blieben immer darauf gerichtet, die Proteste einzudämmen, nicht völlig zu unterdrücken. Daß die Entwicklung so kulminierte, war nicht vorauszusehen.
Das Protestpotential in Leipzig ist schon durch die extreme Umweltsituation der Region größer als andernorts. Die Zusammenballung von Industrie und Einwohnern in der zweitgrößten Stadt der DDR nach Berlin bei gleichzeitig wesentlich schlechterer Versorgung schafft Unzufriedenheit. Die zweimal jährliche Demonstration von Wohlstand, begleitet von einer kurzzeitigen Verbesserung des Angebots in den Geschäften während der Messe, und die Anwesenheit einer Vielzahl von Journalisten weiteten den Horizont für Konsum und Informationen, führten aber gleichzeitig die Begrenztheit vor Augen.
Dem Leipziger staatlichen Verwaltungs- und Parteiapparat fehlten im entscheidenden Moment die politikfähigen Persönlichkeiten. Was in

Dresden Modrow und Berghofer zustande brachten, das Verhandeln mit den Demonstranten, wurde in Leipzig am 9. Oktober nicht einmal versucht. Der Oberbürgermeister wich bis zu seinem Rücktritt jeder Diskussion aus. Der leitende SED-Bezirkssekretär Schumann war krank und hätte sicher auch nicht das Format für Verhandlungen gehabt; anderen fehlte die Kompetenz.
Der gutgemeinte Versuch von sechs Leipziger Persönlichkeiten mit der sogenannten »Leipziger Erklärung«, dem Aufruf zur Gewaltlosigkeit an *beide* Seiten, ersetzt nicht die Verhandlungen. Vielleicht hat er wirklich einiges bewirkt und zur Besonnenheit vor allem unter den Einsatzkräften beigetragen, aber es ist ein Irrtum anzunehmen, das von höchster Stelle angeordnete Vorgehen ließe sich von drei untergeordneten SED-Sekretären, einem Gewandhauskapellmeister, einem Kabarettisten und einem Theologiedozenten korrigieren. Die Befehlsstruktur und die Zentralgewalt funktionieren anders. Zu klären wird noch sein, welche Rolle die sowjetische Militäradministration am 9. Oktober in Leipzig gespielt hat. Daß an einen Einsatz der Roten Armee nicht gedacht wurde, war bekannt. Man kann davon ausgehen, daß von ihrer Seite gegen den Waffeneinsatz interveniert wurde. Warum Leipzig? Es hätte jede andere Stadt sein können, in der sich vor den Augen der Öffentlichkeit eine Protestinstitution etabliert hätte wie die Friedensgebete am Montag mit den anschließenden Demonstrationen. Aber Leipzig bot dafür den geeignetsten Nährboden.

Nach dem 9. Oktober weiteten sich die Demonstrationen aus, die Gefahr einer »chinesischen Lösung« schwand immer mehr. Ende Oktober war der Höhepunkt mit dreihunderttausend Menschen erreicht; mehr Demonstranten schien der Ring auch nicht zu fassen. Nun kamen immer mehr Plakate, die Sprechchöre wurden zu Gesängen, alles glich bald mehr der Atmosphäre auf einem Fußballplatz als den Anfängen. Erste schwarz-rot-goldene Fahnen wurden geschwenkt, ohne DDR-Emblem, und aus dem »Wir sind das Volk!« wurde »Wir sind *ein* Volk!« Die überraschende Grenzöffnung verlieh dem nationalen Aspekt den entscheidenden Schub. Auf den nun organisierten Kundgebungen vor den Demonstrationen machte sich eine zunehmende Intoleranz breit, die zuerst moderaten SED-Mitgliedern, später sogar Sprechern des Neuen Forum, der SDP und den anderen frühen Gruppierungen durch Pfeifkonzerte das Wort abschnitt. Dem mit dem neuen Jahr einsetzenden Wahlkampf diente die Montagsdemonstration, für die Leipziger zur festen Einrichtung geworden, zum Verteilen ihrer Werbung; trotz Absprachen am Runden Tisch der Stadt Leipzig, gerade dieses Symbol der friedlichen Veränderung in der DDR nicht in die Wahlauseinandersetzungen ziehen zu lassen, blieben Entgleisungen nicht aus.

Die Enttäuschung derjenigen, die in entscheidenden Phasen die Demonstrationen mitgetragen haben, über den Wahlausgang der ersten freien Wahl, für die sie auf die Straße gegangen waren, als noch dafür Mut notwendig war, ist verständlich. Trugen doch Kräfte den Sieg davon, gegen die sie auch angetreten waren, die Blockparteien vor allem. Eine geänderte, eine demokratische DDR war das Ziel, das sie erreichen wollten, nicht die Auflösung. Vielleicht eine Illusion von Anfang an! So ist es die zweitbeste Lösung geworden. Aber, und das ist allen Beteiligten des Anfangs klar, es hätte auch andere, schlimmere Lösungen geben können.

Sylvia Kabus

Brief und Siegel

Die Besetzung des Stasi-Gebäudes

Wen hätte es wirklich gewundert, wenn an einem dieser Montage die Leipziger »Runde Ecke« in sich zusammengestürzt wäre? Die Mauern von Jericho einst taten es ja auch, und hier hätte es nicht einmal Posaunen gebraucht. Die Pfiffe hätten gereicht, das Schweigen und Schreien derer, die um die Stadt zogen bei schmierigem Regen und Smog und Kerzenwärme und die Arbeit vollbrachten, die mit einem Mal Revolution heißt.

Das Haus stürzte nicht ein, aber ein Beben gab es, dort, wo es steht. Ausgelöst von den Rauchsäulen verbrannten Papiers. Wieder einmal sind wir noch dabei, das Geschehen um uns zu buchstabieren, da ist es schon festgehalten auf Filmen, da verlangt es uns nach den Bildern der Bilder als stärkerem und noch stärkerem Ausdruck. Der Sprecher auf dem Balkon des Hauses hat noch nicht geendet, da wiederholt die eigene Stimme die Worte. Dieses Gebäude ist unter Kontrolle der Bürger, besetzt, genommen. Im Chor ruft die Stimme. In der ersehnten Vielzahl. Jetzt reicht sie aus, jetzt wirkt sie, und keiner kann es hindern?

Das Gesicht meines Nachbarn ist fassungslos und konzentriert. Wie das des nächsten. Und nächsten. Haben wir alle dieses erleuchtete Gesicht?

»Bitte gehen Sie weiter und geben Sie dem nachfolgenden Demonstrationszug Raum.« Wer kann das, wo alle sich stauen, sammeln, umarmen oder in die Fleischergasse stürzen, um Einlaß zu finden. Dort wäre es ein leichtes, übers Tor zu klettern ins *Innere*. Aber niemand, der es tut. Wie ein Gesetz ist das. Diese Menschen widersetzen sich der Verstümmelung wie der Selbstverstümmelung. Keine Gewalt! Hochgestemmte Kameras. Überall. Ein jüngerer Mann zwängt seine Schulter an der eines westlichen Fotografen vorbei. Hier sind wir vorn, Bruder, und nicht ihr, diesmal nicht.

Kaum spüre ich, wie ich durch die Pforte gestoßen werde. Ich fange mich ab im Sturz, ich halte die Hand vor die blitzenden Lichter. Langsam nur entwickelt sich eine Empfindung. Des nicht Wirklichen. Des anders Wirklichen. Durch Entmachtung der Staatssicherheit zur Volkssicherheit. Die Rückerstattung der Integrität jedes einzelnen. So einfach und klar. Aber schwindlig macht sie doch, diese Aussicht.

Neonfahle Gänge. Ein Speisesaal, fensterlos. Kippende Winkel, Treppen, nach oben, hinab; jemand lacht vor sich hin, weiter, nicht diese hastende Gruppe verlieren. Gänge, Gänge, Gänge.
Am Ende ein kreisrunder Raum. Jetzt ist das Schreien draußen, unter dem Balkon. Innen stehen vier Männer in hellen Anzügen, unbeweglich gegen die Wand gelehnt. Kommt es mir nur so vor oder halten sie ein Lächeln zurück? Ein insgeheim belustigtes und sicheres Lächeln, ein sehr sicheres.
Sitzend in Mänteln und Jacken die zweiunddreißig, die um siebzehn Uhr dreißig Einlaß verlangt haben und verhandeln, bis eine Stunde später ein Staatsanwalt zur gemeinsamen Versiegelung verbliebener Akten gerufen wird. Michael Arnold vom Neuen Forum, vollkommen ruhig wie stets und nur noch gelassener wirkend, als die Forderungen auf der einen, die spöttische Verweigerung auf der anderen Seite hartnäckiger werden. Wie? Es gibt keine Etagenpläne? Nein. Das heißt doch. Es gibt welche. Allerdings in Leutzsch. Von dort müssen sie geholt werden. Wie lange wird das dauern? Schwer zu sagen. Eine Stunde oder zwei. Wieviel? Spielfreude. Es hat etwas von Spielfreude, wie die Offiziere in Zivil ihre Antworten dehnen. Wirkung beobachten. Reaktionen. Während unten Tausende schreien, vor Ungeduld. Und wie wir schließlich in einem kahlen Gang stehen im Altbau und unser Begleiter uns untätig mustert. Die Schlüssel für die Räume? Die muß er holen. Jeden einzeln? Anders geht es leider nicht. Nein, eine Schlüsselordnung gibt es nicht. Er kann es nicht unterlassen zu lächeln. Es erscheint ihm wohl angebracht angesichts des beharrenden Ernstes der sechs Männer und zwei Frauen, die so entschlossen sind wie orientierungslos. Das ist dumm, jetzt hat er den falschen Schlüssel erwischt und muß noch mal gehen, tut ihm leid, aber...
Da sind andere schneller. Ein Korrespondent des BRD-Fernsehens und sein Kameramann installieren sich neben uns in stummer Eile. Für Momente empfinde ich eine frösteln machende Unterlegenheit, so anschaulich führen sie vor, daß man nichts vergeudet. Kein Wort und keine Gelegenheit. Gleich gar nicht eine solche. Schon haben sie einen, zwei, drei der aufgebrachten und irritierten Revolutionäre im Bild, nur zwei Fragen, schon packen sie wieder, hier tut sich noch nichts, jedenfalls nicht viel, und schon laufen sie in ihren langen Mänteln den Gang entlang, von ihrem Spürsinn geleitet, ihrem besser trainierten.
Dann öffnet sich die erste Tür. Zu einem engen Büroraum mit Winterlandschaften an den Wänden und Kosmetikreklame. Die Schreibtische sind leergeräumt. Nur ein Spray steht da. Vier, fünf verwunderte Schritte bis ans Fenster und zurück. Was haben Sie denn gedacht? fragt der Blick des Schlüsselbewahrers. Die beiden Panzerschränke versiegelt der Staatsanwalt. Er drückt seine Distanz zu dem Vorgang mit Schweigen aus, wenn er nicht, mit herabgezogenen Mundwinkeln, am Reißver-

schluß seines Anoraks spielt. Aber da gerät einer aus der Gruppe in Zorn über diese beschränkte Befugnis, die ein Lacher ist, ein einziger Lacher, wenn wir die Schränke nicht auch öffnen dürfen und alles sehen. So aber ist die Abmachung. Besichtigen und versiegeln. Unser Begleiter erinnert uns daran, erschrocken plötzlich. Nicht wahr? Ja, so wohlerzogen ist diese ganze Revolution, aber für einen Moment erscheint es fast zuviel dieses Guten, dies eine Mal.
Was in dieser Etage gemacht wurde? Nun, die Aufarbeitung von Informationen, im weitesten Sinne. Könnte man es etwas genauer sagen? Der Offizier schüttelt den Kopf. Nein, das kann man nicht, mit anderen Worten läßt sich das nicht sagen, das geht nicht.
Frauen arbeiten auch hier? Da verstärkt etwas wie stolzer Nachdruck seine Stimme. Wir haben sogar sehr viele Kolleginnen bei uns. Und was tun sie? Ihre normale Arbeit. Was denn? Was. Zum Beispiel die Aufarbeitung von Erscheinungen des Neofaschismus. Wo? In der DDR? In der BRD? Das kommt darauf an. Außerdem muß er den Schlüssel holen für das nächste Zimmer, wenn wir das auch sehen wollen. So entgeht er vorerst der Frage nach den drei frisch zugemauerten Türen. Nachher wird er antworten. Mit Erstaunen. Das sind lange geplante Rekonstruktionsarbeiten. Vor zwei oder drei Tagen? Schultergymnastik. Da ist wirklich nichts, aber wenn wir darauf bestehen, können wir die dahinterliegenden Räume auch durch eine Nebentür betreten. Wir bestehen darauf, donnert einer. Dann ist Stille. Das Gefühl, zu siegen und dabei gefoppt zu werden, läßt sich doch nicht übertönen.
Da ist nichts? Wir zählen die Säcke mit Papierschnipseln. Sechsundzwanzig. Blicke. Nicken. Versiegeln den Raum. Der nächste. Einen Moment gegen die Wand stützen und nur starren. Den trockenen Schmutz spüren an den Fingern, am Kragen, über der Lippe.
Und die Menschen hier drin? Sie sind alle noch da. Viele treten heraus aus ihren kleinen Zimmern, zu nichts anderem als zu schauen. Mit untergeschlagenen Armen, stumm, beunruhigt. Und einer kommt auf uns zu.
Ja, seht euch das ruhig mal an, alles, seht euch an, wie gut wir hier leben, wie die Made im Speck. Von meinem Geld hab ich mir meine Bleistifte gekauft und meinen Block, drüben im Schreibwarenladen, jawohl, so sieht es aus, so reich sind wir hier...
So sieht es aus. Die Türen schmutzig und abgestoßen. Dreck auf den Böden. Trübe Beleuchtung. Das Karge, Enge, Schäbige, das wir kennen. Keine Überraschung. Was das angeht, ist es wie überall im Land. Was das angeht.
Fiebrig wartet er auf den Ausdruck, den unsere Gesichter annehmen. Dann holt er aus zu einer heftigen Bewegung. Nein, kein Schlag. Er hebt die angewinkelten Arme vors Gesicht. Und schreit. Ob wir wüßten, was

wir anrichten? Ob wir das überhaupt wissen? Was das bedeutet für die Existenz von so vielen Leuten? Dieser Haß. Was da kommen wird. Kein Mensch hat darüber nachgedacht. Wohin denn mit all den Menschen. Das sollen wir ihm mal sagen. Nur das.

Er reckt die Arme in die Höhe. Er schluchzt. Ich nehme die noch unausgesprochene Frage zurück, wer denn in Angst vor wem gelebt hat. Es gab nicht nur eine Mauer. Nicht nur eine Art, Leben zu verderben.

Ein anderer Mann fällt mir ein. Auch er Ende Dreißig. Ein mehrfach Zugeführter, wie es genannt wird. Er saß hinter mir bei einem Forum über Rechtsstaatlichkeit. Sein Aufschrei fällt mir ein nach dem wiederholten Achselzucken des anwesenden Staatsanwaltes, der die Untersuchung einer möglichen Wahlfälschung für unmöglich erklärte, weil es an Anzeigen fehlte. Der Schrei wurde zu einem Krampf, mit dem der Mann aus der engen Reihe brach, nach draußen, und dort weiterschrie. Laute, die uns erstarren ließen, und der einzig wahre Ausdruck waren unsere Empfindungen.

Wohin mit dem einen ? Und dem anderen? Wenn es verstummt sein wird. Das Schreien und Schreien und Schreien. In getrennte Winkel? Ins Schweigen zurück? Jeder in sich selbst hineinwachsend, wieder?

Es ist Nacht. Ich spüre es an der Überwachheit und den Kopfschmerzen. Bei diesem Zwischenberatung genannten zähen Ringen um Räume und Positionen. Den widerwilligen Antworten. Den Stimmen unten vor dem Haus, die an eine Stürmung denken lassen. Beim Studium der endlich herbeigeschafften Gebäudepläne, die uns ein Offizier gegeben hat. Wenn ihr das lesen könnt, fügt er hinzu, wie: Was ihr sucht, müßt ihr schon selber finden.

Wir suchen. Auch wenn es heißt, noch mal von vorn zu beginnen. Nachdem eine Gruppe erregter Bürger weitere Objekte meldet, wo die Vernichtung oder der Abtransport von Akten im Gange ist, und mit ihrer Bitte um Hilfe auf sich verwiesen ist, auf ihre Bereitschaft, dort zu bleiben, zu wachen, zu wachen.

Als jemand die Balkontür schließt, öffne ich sie unauffällig wieder. Dieser Schauer. Dieser eigenartige Schauer beim ersten Schritt über die Euphorie hinaus.

Gegen zwei Uhr führt uns ein Offizier in den Speiseraum. In manchen Gängen wird erbittert diskutiert, andere sind so still und weitläufig, daß sich mir eine beengende Vorstellung aufdrängt. Er wird uns doch nicht irgendwo hier für immer einschließen, frage ich den Mann im Anzug. Er dreht sich um. Da brauchen Sie keine Angst zu haben. Müde klingt das und desillusioniert, und ich überlasse mich für ein paar Schritte der eigenen Erschöpfung.

Lautlos öffnen sich die Schalter zur Essensausgabe. Eine Tafel listet pedantisch die Preise für vielleicht zwanzig Arten belegter Brötchen auf, zu vierzig oder fünfundsechzig Pfennig. Es gibt Salami und Käse zum Brot und eine Petersiliendolde obenauf. Wir trinken Tee aus Kübeln und Margonwasser. Das Margonwasser mal noch nicht, ruft der Küchenchef und kommt selbst, um den Kasten zurückzutragen, aber da ist er fast schon leer. Der Durst ist zwingender als das Sinnen über diese seltene Gastfreundschaft. Am Nebentisch hört sich jemand die Aufzeichnung der Spätnachrichten an. Es wird gemeldet, daß die Leipziger Bezirkszentrale für Staatssicherheit von einer Gruppe von Bürgern besichtigt worden ist und daß es dabei keinerlei Gewalt gab. Die Rede ist von Sicherheitspartnerschaft. Für mich klingt das obszön.

Der Saal füllt sich, Leute kommen und gehen, schlendern, gähnen. So als wäre dieser Eintritt nicht erkämpft. Bald wird wohl niemand mehr staunen. Wie werden wir sein? Sachlich, ausgelaugt, nüchtern den Kraftaufwand abschätzend zum Beharren?

Für das Protokoll werden alle noch verschlossenen Räume, alle Auffälligkeiten zusammengetragen. Es wird gefordert, verschiedene sofort noch zu besichtigen. Zwei Gruppen beginnen mit neuen Rundgängen. Danach ist es fünf Uhr. Um acht, beschließt man, wird weitergearbeitet.

Draußen ist Morgen, wenn auch lichtlos. In der graugelben Nebelluft stehen junge Soldaten, die uns freundlich-flapsig durch das Tor lassen. Und ein paar Bürger, die die Nacht über ausgeharrt haben in der feuchten Kälte. Na, was gefunden? fragt einer, seine Erregung beherrschend. Es macht mich wach mit einem Schlag. Wir wechseln ein paar Worte, dabei sehe ich an einer der hohen, brüsken Außenkanten des Neubaus hinauf.

Zu der Zeit schwur Josua und sprach: »Verflucht sei der Mann vor dem Herrn, der sich aufmacht und diese Stadt Jericho wieder aufbaut! Wenn er ihren Grund legt, das koste ihn seinen ersten Sohn; und wenn er ihre Tore setzt, das koste ihn seinen jüngsten Sohn!«

Ulrich K. Preuß

Auf der Suche nach der Zivilgesellschaft *

Der Verfassungsentwurf des Runden Tisches

Das Ende der DDR ist absehbar; man sagt ihr eine Lebensdauer von allenfalls noch zwei Jahren voraus. Unter diesen Umständen muß es einigermaßen verwunderlich erscheinen, daß der Runde Tisch als sein politisches Vermächtnis ausgerechnet eine »Verfassung der DDR« hinterläßt und damit den Eindruck erweckt, ein politisches Gemeinwesen zu neuem Leben erwecken zu wollen, dessen ungeliebte Reste nach dem Ergebnis der quasi-plebiszitären Volkskammerwahlen vom 18. März so schnell wie möglich liquidiert werden sollen. Dabei ist das Dokument nicht etwa als der melancholische Abgesang der am 18. März Zukurzgekommenen anzusehen, denn es trägt die Unterschriften der Vertreter fast aller der seinerzeit am Runden Tisch versammelten Gruppen und Parteien, einschließlich der der CDU und der SPD. Das Unternehmen wird womöglich noch mysteriöser, wenn man nicht nur liest, daß sich dieser Verfassungsentwurf zu dem »Ziel der Einheit der beiden deutschen Staaten« bekennt, sondern darüber hinaus sogar den Beitritt der DDR zur Bundesrepublik nach Artikel 23 des Grundgesetzes als den wahrscheinlicheren Weg zur deutschen Einheit unterstellt und billigt.
Wenn es denn nur noch um eine Art Konkursabwicklung geht, warum dann dieser Gestus der Neugründung und seine feierliche Beglaubigung in einer – aus der Feder Christa Wolfs stammenden – Präambel, in der Traditionen angerufen und Zukunftsverschwörungen eingegangen werden, die ganz offenkundig der gegenwärtigen Gemütslage der DDR-Bevölkerung widersprechen?
Die Sache hat dennoch ihren guten Sinn. Ein erster, ganz praktischer Grund für eine neue DDR-Verfassung liegt darin, daß die formell nicht aufgehobene Verfassung von 1968/74 trotz der inzwischen erfolgten Streichung der anstößigsten Verweisungen auf die marxistisch-leninistische Parteidiktatur und ihre Geschichts- und Fortschrittsmetaphysik als Verfassung nicht mehr taugt. Sie ist heute noch weniger als bis zum Herbst 1989 Ausdruck der politisch-kulturellen Verfaßtheit der DDR-Gesellschaft und jedenfalls nicht der Gesellschaftsvertrag, durch den sich die Bürger zu einem politischen Körper zusammenschließen – und doch müs-

* Zuerst erschienen in der *Frankfurter Allgemeinen Zeitung* vom 28. April 1990

sen sie bis zu ihrer Vereinigung mit der Bundesrepublik eine demokratisch legitimierte politische Einheit bilden, damit ihr Beitritt allenthalben als Ausdruck ihres anerkennungswürdigen Gesamtwillens angesehen werden kann. Könnten die Koalitionsparteien der Volkskammer und die von ihnen getragene Regierung in diesem verfassungslosen Zustand, allein gestützt auf Zweidrittelmehrheit, den Beitritt erklären und vollziehen? Strenggenommen sprächen sie dann nur für eine von ihnen repräsentierte *Mehrheit*; diese Mehrheit kann die dissentierende Minderheit nur dann legitimerweise überstimmen (und nicht bloß vergewaltigen), wenn zuvor Mehrheit und Minderheit zur *Gesamtheit* eines politischen Körpers zusammengeschlossen worden sind. Ebendies ist die wohl wichtigste Funktion einer Verfassung, denn erst sie bestimmt, unter welchen Voraussetzungen der Satz gilt: »Mehrheit entscheidet und verpflichtet die Minderheit.« Ohne diese konstitutionelle Mediatisierung des Mehrheitswillens ist auch die Mehrheitsherrschaft nichts anderes als die demokratische Mehrheitsdiktatur über die Minderheit. So ist es die innere politische Logik des Beitrittswillens der DDR-Bevölkerung selbst, die zwingend eine neue Verfassung für die DDR erfordert.

Es gibt einen zweiten Grund, der uns in der Bundesrepublik ganz unmittelbar angeht. Unabhängig von allen völkerrechtlichen Folgen eines Beitritts der DDR zur Bundesrepublik entsteht mit dem vereinigten Deutschland innerstaatlich eine neue politische Ordnung, mit neuen ökonomischen und sozialen Gegebenheiten und Gegensätzen, vielfältigeren kulturellen und politischen Orientierungen, Traditionen und Handlungsformen. Es entsteht ein neuer politischer Körper, dessen Einheit nicht mehr, wie bei der Eingliederung der bisherigen Über- und Aussiedler, durch bloße Absorption bewahrt werden kann, sondern einer Neukonstitution bedarf – ganz gleich, ob dies nun durch Änderungen des Grundgesetzes geschieht oder durch eine Verfassungsneuschöpfung. Entscheidend ist, daß nicht jeder einzelne Bürger der DDR durch individuelle Willenserklärung seinen »Beitritt« zur Bundesrepublik erklärt und parallel dazu deren Territorium erweitert wird, sondern daß ein Staat mit verbindlicher Wirkung für die Gesamtheit seiner Bürger durch Fusion mit einem anderen Staat seine Existenz beendet. Eine Verfassung, die allein diese Gesamtheit erzeugen kann, speichert als eine Art kollektives Gedächtnis die bitteren ebenso wie die glücklichen Erfahrungen einer Gesellschaft, spiegelt deren Hoffnungen und Ängste und schützt sie vor der Gefahr, sich der Unmittelbarkeit spontaner Impulse auszuliefern – sie schafft durch kollektive Selbstmediatisierung einen Raum der politischen Reflexion, erhöht den Spielraum für Optionen und stärkt dadurch die politische Handlungsfähigkeit eines Gemeinwesens. Dies aber ist genau jene Qualität, die die neue politische Führung der DDR in den kommenden Beitrittsverhandlungen mit der Bundesrepublik am dringlichsten be-

nötigt: Mit einer Verfassung, die die Erfahrungen einer singulären Revolution produktiv verarbeitet, könnte sie ihren Verhandlungspartnern aus eigenem Recht mit selbstbewußter Würde gegenübertreten.
Die politischen Eliten der Bundesrepublik brauchen sich nicht zu ängstigen. Der Verfassungsentwurf des Runden Tisches versteht sich nicht als Alternative zum Grundgesetz. In erster Linie ist er eine problembewußte Fortschreibung seiner vor allem durch die Rechtsprechung des Bundesverfassungsgerichts und durch die Verfassungsrechtslehre entfalteten demokratischen, rechts-, sozial- und bundesstaatlichen Möglichkeiten; in einigen Teilen ist er allerdings durchaus als Antwort auf Defizite und Fehlentwicklungen des Grundgesetzes zu verstehen. Insgesamt ist dabei eine Verfassung mit durchaus eigenständigem Profil entstanden. Ihr durchgängiges Charakteristikum dürfte wohl darin liegen, daß sie konsequenter als das Grundgesetz nicht nur als Staats-, sondern als Gesellschaftsverfassung konzipiert ist. Die Bürgschaft für die Integrität der staatlichen Institutionen soll in freien bürgerschaftlichen Verkehrsformen liegen – bei einer Gesellschaft, die jahrzehntelang unter ihrer fast totalen Verstaatlichung zu leiden hatte und deren revolutionäre Erneuerung aus unabhängigen gesellschaftlichen Initiativen hervorging, kann das nicht wundernehmen. Charakteristisch dafür ist ein kleines Detail:
In der Präambel proklamiert nicht »das Volk«, also eine apriorische Einheit, seinen Willen zur Verfassung, sondern »die Bürgerinnen und Bürger der Deutschen Demokratischen Republik« erklären sich zum verfassunggebenden Subjekt. Die Verfassung wird nicht als die autoritative Satzung eines Souveräns, sondern als ein wechselseitiges Versprechen von Bürgern konzipiert, die sich dadurch zur »Zivilgesellschaft« konstituieren und deren Lebensform die Verfassung sein soll. Mit innerer Konsequenz unternimmt dann auch der Verfassungsentwurf den Versuch, die äußerst zaghaften Ansätze des Grundgesetzes zur Anerkennung einer den einzelnen Bürger mit dem Staat vermittelnden Sphäre der politischen Gesellschaft fortzuentwickeln. In Gestalt von Massenmedien, Verbänden, Gewerkschaften, Parteien und Kirchen bildet sie zwar faktisch, aber nicht in jeder Hinsicht auch konstitutionell in der Bundesrepublik die robuste Infrastruktur des demokratischen Lebens der Gesellschaft. Mit »Gruppen, Interessen, Verantwortung« war in dem Verfassungsentwurf dieser Abschnitt über die Rechte, Pflichten und die innere Ordnung der wesentlichsten Akteure der politischen Gesellschaft ursprünglich überschrieben (und wich dann der Überschrift »Gesellschaftliche Gruppen und Verbände«) – ein Versuch, die Maßstäbe von Rechtsstaat, Demokratie, Minderheiten- und individuellem Grundrechtsschutz auch an die Träger kollektiver interessengegründeter Macht anzulegen, deren quasi-korporative Herrschaft bei uns zu einer nicht geringen Gefährdung individueller Freiheit geworden ist.

Es ist daher mehr als nur eine Hommage an die ursprünglichen Träger der DDR-Revolution, wenn an der Spitze dieses Abschnitts sog. »Public-interest-Gruppen« – in der Sprache des Verfassungsentwurfs: »Vereinigungen, die sich öffentlichen Aufgaben widmen und dabei auf die öffentliche Meinungsbildung einwirken (Bürgerbewegungen)« – »als Träger freier gesellschaftlicher Gestaltung, Kritik und Kontrolle« unter den besonderen Schutz der Verfassung gestellt werden. Es ist bekannt, daß diese Gruppen im Vergleich vor allem zu gut organisierten Wirtschafts- und Berufsinteressen an einer notorischen Organisations- und politischen Sanktionsschwäche leiden; wenn ihnen unter bestimmten Voraussetzungen das Recht eingeräumt wird, ihr Anliegen in den zuständigen Ausschüssen der Landtage und der Volkskammer vorzutragen und Zugang zu Verwaltungsinformationen zu erhalten, so ist dies ein erster Versuch, diesen wohl kaum vollständig behebbaren Mangel ein wenig auszugleichen.
In die gleiche Richtung einer Stärkung der einzelnen Bürger gegenüber korporativer Macht zielt die Regelung über die staatliche Parteienfinanzierung. Einen alten Vorschlag Theodor Eschenburgs aus den fünfziger Jahren aufgreifend, schlägt der Verfassungsentwurf den sog. Bürgerbonus vor: Jeder wahlberechtigte Bürger hat neben seiner Wahlstimme eine gesonderte Finanzstimme in Höhe eines bestimmten (aus dem Staatshaushalt finanzierten) Betrages, die nicht, wie in unserem gegenwärtigen System der Wahlkampfkostenfinanzierung, automatisch der von ihm gewählten Partei zukommt, sondern über die der Bürger frei entscheidet, sei es, daß er den Betrag der von ihm gewählten Partei zukommen läßt, sei es, daß er ihn (z. B. aus Verärgerung über einen phantasielosen Wahlkampf) einer anderen Partei zuwendet oder – durch Enthaltung – die Spirale von Macht und Geld unterbricht.
Im übrigen aber beginnt der Verfassungsentwurf ebenso wie das Grundgesetz (und übrigens auch die Verfassungen der Französischen Revolution) mit dem Katalog der Bürger- und Menschenrechte, an seiner Spitze, gleich dem Grundgesetz, die Unantastbarkeit der Würde des Menschen; hier findet sich eine interessante Konkretisierung der ja höchst unbestimmten menschlichen Würde: »Jeder schuldet jedem die Anerkennung als Gleicher. Niemand darf wegen seiner Rasse, Abstammung, Nationalität, Sprache, seines Geschlechts, seiner sexuellen Orientierung, seiner sozialen Stellung, seines Alters, seiner Behinderung, seiner religiösen, weltanschaulichen oder politischen Überzeugung benachteiligt werden« – hier wird die menschliche Würde ausdrücklich mit der Gleichheit assoziiert und damit in subtiler Weise etwas über die politischen Utopien der Autoren des Entwurfs preisgegeben.
Mit besonders skeptischer Aufmerksamkeit von seiten bundesrepublikanischer Leser müssen sie wohl aber vor allem wegen der sozialen Grund-

rechte ihres Entwurfes rechnen – die Rechte auf »Arbeit oder Arbeitsförderung«, auf soziale Sicherung und auf »angemessenen Wohnraum«.

Fast schon gebetsmühlenhaft wird bei uns immer wieder auf das Schicksal der Weimarer Verfassung verwiesen, deren soziale Verheißungen leere Programmsätze geblieben seien, die eher zur Schwächung als zur Verstärkung der Normativität der Verfassung geführt hätten. Es stimmt schon, daß die negativen, auf staatliche Unterlassung gerichteten Freiheitsrechte wegen ihrer Unzweideutigkeit leichter durchzusetzen (und gerichtlich zu schützen) sind als Rechte auf positives Tun. Nur wird man sie heute kaum noch in dieser klassischen Reinheit irgendwo antreffen. Auch sie sind im Zuge intensiver gesellschaftlicher Verdichtung und sich steigernder wechselseitiger Abhängigkeit der Individuen so voraussetzungsvoll geworden, daß das Bundesverfassungsgericht sich genötigt sah, aus der objektiv-rechtlichen Dimension der Grundrechte staatliche Pflichten zur Förderung der Grundrechtsverwirklichung abzuleiten sowie das Prinzip der »Grundrechtsverwirklichung durch Organisation und Verfahren« zu entwickeln, weil immer weniger Freiheitsrechte »selbstexekutiv« sind.

Das Grundrecht auf Leben und körperliche Unversehrtheit gegen Gefährdungen durch riskante Techniken läßt sich z. B. heute weitgehend nur noch durch Mitwirkungs- und Einflußrechte des Bürgers in staatlich einzurichtenden aufwendigen Verfahren verwirklichen. Bestimmte, aus dem Grundrechtsteil des Grundgesetzes nicht wegzudenkende Grundrechte wie das Recht auf gerichtlichen Rechtsschutz gegen staatliche Grundrechtseingriffe oder das Asylrecht sind ihrer Natur nach »positive«, d. h. auf staatliches Tun und auf staatliche Politik angewiesene Rechte, oder sie sind es doch inzwischen durch die Rechtsprechung des Bundesverfassungsgerichts geworden, wie das Recht auf die freie Wahl des Ausbildungsplatzes. Liberale und soziale Grundrechte stellen mit anderen Worten keine unvereinbaren Gegensätze dar, sondern bezeichnen nur noch graduelle Unterschiede auf einer Skala, auf der negative und positive Rechte gleicherweise auf politisch-administrativ vermittelte Vorleistungen angewiesen sind. Schafft auch, wie es jüngst Ernst Benda ausdrückte, das Recht auf Arbeit keinen einzigen neuen Arbeitsplatz, so heißt das keineswegs, daß ein solches Recht notwendigerweise ein unverbindlicher Programmsatz sein müßte. Sonst müßte auch die grundrechtliche Eigentumsgarantie überflüssig sein, denn auch sie schafft kein Eigentum, und auch sie ist entgegen einem verbreiteten Vorurteil auf umfangreiche staatliche Leistungen angewiesen – von der Bereitstellung eines Vertrags-, Grundbuch-, Unternehmens- und Wertpapierrechts bis hin zu einer leistungsfähigen Infrastruktur.

Das Recht auf Arbeit, das der Verfassungsentwurf vorsieht, bildet analog zum Eigentumsrecht die komplexen gesellschaftlichen Bedingtheiten der

Verwertung der Arbeitskraft ab und bemüht sich, dem staatlichen Einfluß darauf normative Direktiven zu geben; so ergibt sich ein differenziertes Gebäude von rechtlichen Regelungen, dessen Fundament eine klassische Freiheitsgarantie darstellt und das durch präzise Gesetzgebungsaufträge zum Schutz und zur Förderung der Arbeitskraft, durch grundrechtsverwirklichende Verfahrensrechte sowie durch – unserem Recht ebenfalls geläufige – Abwägungsregeln näher ausgestaltet wird: Am Anfang steht das Recht des einzelnen auf die freie Verfügung über seine Arbeitskraft; daraus wird die Verpflichtung des Gesetzgebers abgeleitet, die Arbeitskraft durch Regelungen über die Arbeitssicherheit, die Arbeitshygiene und die Begrenzung der Arbeitszeit zu schützen sowie Maßnahmen der Arbeitsförderung vorzusehen; die verfahrensrechtliche Dimension findet sich im Arbeitnehmergrundrecht auf Mitbestimmung in Betrieben und näher qualifizierten Unternehmen, während die naturgemäß rechtlich sehr offene Abwägungsregel, über deren verfassungsrechtlichen Nutzen man durchaus geteilter Meinung sein kann (und es bei den Beratungen auch war), vorsieht, daß die staatliche Wirtschaftspolitik im Falle von Zielkonflikten »dem Ziel der Vollbeschäftigung in der Regel Vorrang einzuräumen« habe.
Man benötigt keine hohen prophetischen Gaben, um voraussagen zu können, daß schon in naher Zukunft alle, auch die klassischen liberalen Grundrechte in freilich unterschiedlichem Ausmaß diese komplexe Struktur annehmen werden; das folgt aus der wohl kaum umkehrbaren Tendenz moderner Verfassungsstaaten, die gesellschaftlichen Verwirklichungsbedingungen der Grundrechte fortschreitend zum Bestandteil ihrer normativen Garantie zu machen.
Es darf nicht verschwiegen werden, daß diese Entwicklung ihren Preis hat. Immer häufiger und immer intensiver werden die Gerichte zur letzten Entscheidungsinstanz in Streitigkeiten, in denen es um richtige Abwägungen und die zutreffende Wertung von Abwägungsgesichtspunkten geht; sie werden daher in politisch umstrittene Auseinandersetzungen hineingezogen, für deren Lösung sie nicht qualifiziert sind. Wir kennen das in der Bundesrepublik aus der nuklearen Kontroverse oder auch aus dem kollektiven Arbeitsrecht, das bekanntlich fast ausschließlich Richterrecht ist. Die Autoren des Verfassungsentwurfs haben sich daher darum bemüht, entsprechend dem erwähnten Prinzip der »Grundrechtsverwirklichung durch Verfahren« den Rechtsschutz des Bürgers so weit wie möglich bereits in das Verwaltungsverfahren vorzuverlegen. So sieht der Entwurf das Recht jedes Bürgers auf Einsicht in ihn betreffende Akten und Dateien vor, und jeder, dessen Rechte oder Belange durch die öffentliche Planung bestimmter Vorhaben betroffen werden, hat ein Recht auf Verfahrensbeteiligung; bei Gesundheitsgefährdungen aufgrund nachteiliger Umweltveränderungen besteht das Recht auf Offenle-

gung der Daten über den Stand der Umweltbeschaffenheit, und darüber hinaus ist die Verbandsklage zugelassen. Das ist gewiß nicht revolutionär, entspricht aber dem in der modernen Rechtstheorie entwickelten Prinzip der »Prozeduralisierung« des Rechts, nachdem der bei uns vor allem in den siebziger Jahren vorherrschende Optimismus, gesellschaftliche Prozesse durch inhaltsvolle Rechtsnormen steuern zu können, einer allseitigen Ernüchterung gewichen ist.
Es spricht einiges dafür, daß z. B. dem Umweltschutz weniger durch Ge- und Verbote oder durch konkrete rechtliche Zielvorgaben als dadurch gedient wird, daß Bürgern und Bürgergruppen Mitwirkungsrechte an umweltbedeutsamen Planungen eingeräumt werden, flankiert durch Kollisions- und Abwägungsregeln, die in ihrer Gesamtheit so etwas wie einen rechtlich geordneten umweltpolitischen Diskurs ermöglichen. Diesen Leitgedanken verfolgt der Verfassungsentwurf; im Angesicht der ergebnislosen Diskussion über die Einführung des Umweltschutzes in das Grundgesetz kann er zwar sicherlich nicht beanspruchen, in dieser komplizierten Frage das Ei des Kolumbus gefunden zu haben, aber doch die bundesrepublikanische Diskussion neu beleben zu können.
Die wohl schwierigste Aufgabe der Autoren des Verfassungsentwurfs bestand darin, den Übergang von der SED-Diktatur zu einer demokratischen Gesellschaft und zugleich auch die zu erwartende Integration der DDR in die Bundesrepublik ohne allzu große soziale und politische Verwerfungen zu regeln. Die Vorstellung, daß ehemalige Größen des alten Regimes und hohe Stasi-Mitarbeiter unter Berufung auf die nunmehr jedem Bürger zustehenden Grundrechte und rechtsstaatlichen Garantien jeglicher Diskriminierung entgehen sollten, ist für viele Oppositionelle der ersten Stunde, die immerhin Freiheit und Leben riskiert haben, auch dann unerträglich, wenn ihnen Rachegefühle durchaus fremd sind. Andererseits würden Mißtrauen und Verdächtigung den demokratischen Neuanfang vergiften, wenn ihm nicht ein Akt der Versöhnung oder doch wenigstens des Vergessens vorausginge. Der Verfassungsentwurf hat hier dem Gesetzgeber keine bestimmte Lösung vorgeschrieben, sondern ihm eine etwa halbjährige Überlegungsfrist eingeräumt, innerhalb der die volle Geltung bestimmter Grundrechte suspendiert ist, wobei der DDR zugute kommt, daß sie bislang kein Berufsbeamtentum kannte und insofern der Reorganisation von Justiz und Verwaltung geringere rechtliche Hindernisse im Wege stehen als der Bundesrepublik im Jahre 1949.
Was schließlich die nach 1945 durchgeführten Eigentumsumschichtungen betrifft, so betrachtet sie der Entwurf prinzipiell als irreversible historische Ereignisse, denen gegenüber alte Rechtstitel nicht wieder in Kraft treten können. Dem Schutz der persönlichen Nutzer, der (in selbständige Unternehmen umzuwandelnden) volkseigenen Betriebe und der Genossenschaften ist hier von Verfassungs wegen Vorrang vor »verjährten«

Eigentumsrechten eingeräumt worden – eine Geste des Selbstbewußtseins, die die Bundesrepublik klugerweise respektieren sollte. Nur dort, wo auch nach dem Recht der DDR Unrecht geschehen ist, ist eine Entschädigung zu zahlen, soweit nicht in der Bundesrepublik Lastenausgleichszahlungen geleistet worden sind.
Moderne Verfassungen sind keine in sich geschlossenen und widerspruchslosen Normensysteme, sondern mühsam ausgehandelte Kompromisse über tiefgreifende gesellschaftliche Gegensätze. Die ihnen anhaftenden Unvollkommenheiten sind daher kein Makel, sondern Spuren eines mit Ernst geführten Ringens um eine gemeinsame politische Grundlage. Es kommt nicht so sehr darauf an, ob sie auf alle politischen Probleme eine endgültige Antwort gefunden haben; ihre Qualität bemißt sich vielmehr daran, ob sie den zivilisierten Umgang mit dem gegenwärtig Unlösbaren ermöglichen. Gegenüber diesem Maßstab kann der Verfassungsentwurf des Runden Tisches bestehen. Er ist vielleicht das glaubwürdigste Zeugnis für den einzigartigen Charakter der Revolution des Herbstes 1989.

Eckardt Hildebrandt

Annäherung an einen untergehenden Betrieb

Ich weiß nicht, ob der Betrieb noch existieren wird, wenn dieses Buch erschienen ist. Die Chancen dafür stehen eher schlecht. – Heute ist der 10. Mai. Gerade hat sich die DDR wieder ein Stück weiter demontiert. Die Einzelgewerkschaften in der DDR haben einen Sprecherrat gebildet, um den Dachverband FDGB aufzulösen. Der Hintergrund: Der FDGB hatte in einem Brief an den Ministerpräsidenten einen sofortigen Teuerungszuschlag von 30 Prozent, die sofortige Einführung der 38-Stunden-Woche sowie eine weitere 30prozentige Lohnerhöhung mit Einführung der Währungsunion gefordert. »Woher die so angesprochene Regierung angesichts der entstandenen Liquiditätslücken das Füllhorn für die geforderten Segnungen nehmen sollte«, blieb nicht nur in dem Brief unklar. Das ginge an den Realitäten total vorbei, ja, »diese Forderungen sind ein Angriff auf unsere Arbeitsplätze«, reagierten die Gewerkschaftsdelegierten aus der Krisenbranche Braunkohlebergbau. Den Vorstand der die Auflösung initiierenden Gewerkschaft Bergbau, Energie und Wasserwirtschaft (BEW) soll zusätzlich angeregt haben, daß der FDGB für die Nutzung seines Kongreßsaales unter Hinweis auf die neuen Marktbedingungen eine Tagesmiete von 7000,– Mark gefordert hatte. Nicht unwichtig für den Auflösungsbeschluß dürfte gewesen sein, daß der DGB-Vorsitzende Ernst Breit vor wenigen Tagen die Zusammenarbeit mit dem FDGB aufgekündigt hatte, weil dieser bei den Arbeitnehmern in der DDR diskreditiert sei.

Auch auf der Seite der Betriebsleitungen ist der Tag nicht ereignislos verlaufen: Auf Beschluß des DDR-Ministerrats werden die Generaldirektoren der volkseigenen Kombinate und Vertretungen abberufen. Dieser Beschluß steht im Zusammenhang mit der Umwandlung der einzelnen Betriebe der Kombinate in Aktiengesellschaften oder GmbHs; gleichzeitig wurde einer Reihe von Generaldirektoren vorgeworfen, sie hätten sich »sehr, sehr selbständig verhalten – als ob ihnen die Betriebe privat gehören würden« (Tagesspiegel v. 10. 5. 1990). Sie hätten nicht pünktlich bzw. ausreichend Steuern bezahlt, sie würden unabgesprochen und in einer rechtlichen Grauzone Entlassungsaktionen durchführen bzw. einleiten, und es gibt auch Gerüchte, daß einige »ihre« Betriebe unter der Hand schon an westdeutsche Interessenten verkauft hätten.

Die innere Demontage setzt sich, wie ich gerade in einem Gespräch im Betrieb erfahren habe, auch hier fort. Es soll eine Vorlage innerhalb der Geschäftsführung geben, nach der 100 der zur Zeit knapp über 400 Beschäftigten zum 1.9. abgebaut werden, allein 30 Prozent im Planungs- und Leitungsbereich. Das hat zu Kontroversen zwischen den Direktoren geführt, da es immer noch keine Überlebensstrategie für den Betrieb gibt, auf die hin dieser Personalabbau zugeschnitten sein könnte. Ein Teil der Leitung setzt also auf Personalabbau als einen in jedem Fall geeigneten Faktor der Kostenverringerung, ohne zu wissen, welche und wie viele Beschäftigte eventuell nach dem 2. Juli noch gebraucht werden. Statt Strategieentwicklung interner Streit um eine mit Sicherheit ineffektive Maßnahme – nicht nur, weil sie für das Überleben des Betriebs nur wenig bringt, sondern auch, weil sie den Betrieb in einen Konflikt hineinziehen wird, der ihn die nächsten Monate beschäftigen und die gemeinsame Konzentration auf die Umstellung auf die neue Marktlage stören wird. Zwar existierten im Betrieb schon immer Gerüchte um Entlassungen, allein aufgrund der Intransparenz der Umbruch-Situation, aber offiziell gibt es eine Zusage der Betriebsleitung, daß zumindest noch für 1990 die Arbeitsplätze gesichert sind.

Auch die Beschäftigten streiten sich, allerdings ums Geld. Nach der geltenden Regelung erhalten die Arbeiter jeweils im laufenden Monat eine Abschlagszahlung auf den Lohn (bis 50 Prozent) und den Rest im nächsten Monat; die Angestellten erhalten ihr volles Gehalt im laufenden Monat. Das würde für den Juni 1990 bedeuten, daß die Arbeiter das Privileg hätten, einen Teil ihres Lohnes im Juli in DM zu erhalten – was die Angestellten nicht akzeptieren können. Woher überhaupt die DM für Löhne und Gehälter ab Juli kommen sollen, darauf weiß auch der Direktor momentan noch keine Antwort.

Als ich in Pankow zu meinem Wagen zurückgehe, hängt ein Flugblatt hinter dem Scheibenwischer: Warnstreik der GEW Berlin-Ost gegen den Abbau von Arbeitsplätzen in pädagogischen Einrichtungen, für ein neues Bildungskonzept etc. Die Demontage ruft ersten organisierten Widerstand hervor. Es ist viel passiert an diesem Tag. Und solche Tage hat es viele gegeben seit November 1989.

Seit dem 13. August 1961 war für mich als Westberliner Ost-Berlin weit weg. Das lag nicht nur daran, daß wir dort keine näheren Verwandten hatten und daß die Antragsmodalitäten aufwendig waren. Es war vielmehr ein tieferer, innerer Abstand, der sich über die vielen Maueransichten und zudringlichen Grenzkontrollen vollzogen hatte und sich nicht mehr so leicht in Frage stellen ließ. Auch nicht durch kurze Reisen ins dörfliche Thüringen, mit dem mich Erinnerungen an die Evakuierung 1943 bis 1945 verbinden. Dort interessierte mich weniger das politische System, das ich nur in kleinen Gesprächen, Ausschnitten und mit Be-

fremden beschnupperte, sondern das Lebendigmachen von Erinnerungen: der weite und ruhige Blick vom Kirchberg über das Saaletal, das Mahnmal des Todesmarsches der Buchenwald-Häftlinge, der durch »unsere Straße« gegangen war, aber auch ein Besuch in Hoch-Kochberg zu Goethe. Hier schien sich Jahrzehnte wenig bewegt zu haben, der Faschismus gekommen und gegangen, der Sozialismus gekommen, doch dem Alltagsleben der Bekannten äußerlich, immer nur Gegenstand von Beschwernissen, Klage und Selbstverleugnung. Da gab es auch keine Zeichen, daß sich zukünftig etwas ändern würde. Das eigene Haus, Gärten für die Selbstversorgung, verwandtschaftliche Bindungen quer durch das Dorf, Nachbarschaftshilfe – das machte einen stabilen Eindruck und behielt seine Stabilität auch über den November '89 hinaus.
Der erste Anstoß zum Umdenken kam für mich auf dem wissenschaftlichen Gebiet, von dem ich Anfang der siebziger Jahre mit der Auseinandersetzung um die sogenannte wissenschaftlich-technische Revolte und die Klassenanalyse Abschied genommen hatte. Bei den Soziologen der Humboldt-Universität war eine Studie zu den »Sozialen Implikationen der Einführung neuer Technologien« entstanden, eine nach meinem festgefügten Urteil überraschende Sichtweise, die einen Vergleich mit eigenen Forschungsergebnissen nahelegte. So war ich für den 30.11.1989 als erster Westberliner zu einem Vortrag bei den Soziologen eingeladen, der durch die November-Ereignisse unter ganz anderen Bedingungen stattfinden konnte.
Euphorisch fuhr ich mit einem österreichischen Kollegen über den Kontrollpunkt hinüber nach Friedrichsfelde, eintauchend in den weißlichstinkenden Abgasnebel, der bald die Augen tränen machte. Am Eingang zum Institut ein Anblick, der von heute aus gesehen symptomatisch war: Auf dem Adressenschild »Institut für marxistisch-leninistische Soziologie« war »marxistisch-leninistisch« mit schwarzer Farbe deutlich unlesbar gemacht. Einstimmig war der Beschluß der Institutsversammlung gefallen, allerdings nicht mit der Begründung, daß sich diese Weltanschauung überlebt oder als falsch erwiesen hätte, sondern man wäre natürlich weiterhin marxistisch, aber die anderen Universitätsinstitute würden dies auch nicht explizit in ihrem Titel führen. So auch der Gesamteindruck: Die Sichtweisen und Resultate der westlichen Soziologie waren bekannt; man hatte schon lange Probleme mit den vorgegebenen Denkweisen, und jetzt würde die Schere im Kopf wegfallen. Bei uns Überraschung über die unvermutete Nähe und Verwunderung darüber, wo denn plötzlich die 40 Jahre DDR geblieben sind. Zur Abrundung des Besuchs suchen wir abends lange nach einem Platz in einem Restaurant, sitzen mit einem alten Leipziger am Tisch, der die Abgründe des Telefonnetzes der DDR darstellt und empört einen Artikel über Wandlitz über den Tisch schiebt, und seinem Trinkkumpan, der sich auf unangenehmste Weise als DDR-

Musterfamilie für einen Fernseh-Report anbietet. Mit häckselartiger Wurstmasse im Bauch, von Kerosin entzündetem Hals und geröteten Augen fragt der österreichische Kollege auf dem Rückweg, ob wir uns das mit der Vereinigung nicht doch noch einmal gründlich überlegen sollten.

Ein Resultat des Vortrags war die Nachfrage eines Pankower Maschinenbaubetriebs um Beratung in Fragen der Produktionsorganisation. Es handelte sich um einen 85 Jahre alten, mittelgroßen Betrieb (420 Beschäftigte), der in einer Monopolstellung Druckluftwerkzeuge für den RGW-Markt produziert und dem Kombinat 7. Oktober angehört. Das Kombinat hatte bereits einen Beratungsvertrag mit McKinsey abgeschlossen, dessen Strategie zentral auf Personaleinsparungen hinausläuft. Auf eine Kontaktanzeige im »Handelsblatt« hatten sich im wesentlichen nur Firmen gemeldet, die eine Teilefertigung zu Bedingungen vergeben wollen, die z. B. durch koreanische Produzenten gesetzt sind (Beispiel für den Leipziger Betriebsteil, in dem u. a. Büroklammern hergestellt werden zum derzeitigen Selbstkostenpreis von 61 Ost-Pfennig pro 1000 Stück. Das zu unterbietende koreanische Kostenniveau wurde mit 18,5 West-Pfennig markiert).

Es scheint in der Betriebsleitung einen Konsens darüber zu geben, selbständig zu bleiben, die Produktion weiterzuführen und sich in eigener Regie auf Konkurrenzbedingungen einzustellen. Dazu wurde betont, daß die sozialen Interessen der Beschäftigten einen hohen Stellenwert hätten und auf absehbare Zeit gewährleistet werden könnten. Ich schien auf einen der wenigen Betriebe gestoßen zu sein, der sich nicht zu jeden Bedingungen der Übernahme andiente, sondern sich Zeit zur reflektierten, selektiven Aneignung westlicher Produktionskonzepte nehmen wollte. Für mich bedeutete das erst einmal, den Zustand und die Funktionsweise eines volkseigenen Betriebes kennenzulernen.

Die kommenden Monate waren ein verwirrender Lernprozeß in doppelter Hinsicht, der kaum zu rekonstruieren ist: einmal das eigene Kennenlernen eines DDR-Betriebes, der bisher keinem Berliner und Westdeutschen zugänglich war und über den auch nicht berichtet worden war. Zweitens die schnelle Veränderung der gesellschaftlichen Situation, der Hauptprobleme und der Sichtweisen der Akteure.

Von Woche zu Woche wechselte die Situation, so schnell, daß sich keiner Rechenschaft über die Konsequenz der eigenen Positionswechsel geben mußte. Viele Westberliner und westdeutsche Berater und auch Gewerkschafter haben sich allerdings auch keine Mühe gegeben, nicht als Mitglied eines politisch überlegenen Systems die eigenen Vorstellungen als »one best way« nach drüben zu tragen.

Ich begann mit der interessierten Betrachtung einer anderen Produktionsorganisation und lernte einige ganz unterschiedliche Organisations-

prinzipien kennen, die die Probleme eines schnellen Übergangs zu kapitalistischer Produktionsorganisation schier unmöglich erscheinen ließen. Ein Direktor des Betriebs charakterisierte diesen folgendermaßen: Der Betrieb ist weitgehend Monopolist auf dem DDR- und RGW-Markt. Der Verkauf lief über die staatliche Handelsorganisation; die Nachfrage war immer höher als die Produktionskapazität. Die Jahresplanung war eine Fortschreibung der bisherigen Produktion plus 5 Prozent Wachstum. Kundenwünsche bezüglich Sonderausführungen, Qualitätsanforderungen, Service und Lieferterminen – die für die Entwicklung der Produktionsorganisation in der Bundesrepublik in den letzten Jahren entscheidend waren – spielen in den DDR-Betrieben kaum eine Rolle. Das Produktionsergebnis wird über eine Staatsbürokratie verteilt.
Die Jahresplanung erfolgt nach dem »Bilanzsummenprinzip«. Der Planentwurf wird durch eine Vielzahl materieller und finanzieller Bilanzen unterlegt. Zum Ende des Jahres stellen sich jedoch in der Verfügbarkeit von Rohstoffen, Halbfabrikaten, Teilen etc. zunehmend Lücken ein, so daß nur das produziert wird, wofür die Teile verfügbar sind. Diese »Restproduktion« wird dann häufig dazu benutzt, direkt mit anderen DDR-Betrieben Waren einzutauschen, die dringend benötigt werden. Entscheidend ist die Erwirtschaftung des Jahreswertes. Zum Beispiel waren in diesem Betrieb im Beschaffungsplan für 1989 neun PCs vorgesehen, geliefert wurden nur vier ohne Drucker. Diese hat sich der Bereichsleiter EDV über den Tauschmarkt bei der Firma Robotron selber beschafft.
Die hohe Bedeutung der Planungs- und Kontrollbeziehung zwischen Betrieb und Staat drückt sich in der Beschäftigtenstruktur aus: Von 420 Beschäftigten sind 120 sogenannte Grundarbeiter in der Produktion, ca. 80 in der Produktionsvorbereitung, einschließlich Forschung und Entwicklung, beschäftigt. Die restlichen 220 entfallen auf Leitung und Verwaltung, sind nach unserer Funktionsgliederung kaum zuordenbar. Eine Abteilung EDV und Organisation dagegen gibt es erst seit 1987 und besteht aus zweieinhalb »Projektanden«, die notdürftig die Materialwirtschaft und die Durchlaufplanung bedienen.
Eine Verfolgung der Positionen durch die Produktion klappt schon lange nicht mehr: wegen nicht vorhandenen Materials, Maschinenausfällen, kurzfristigen Programmänderungen durch die Direktoren. Wegen der Unmöglichkeit bzw. Unzuverlässigkeit von Zulieferungen und Dienstleistungen Dritter wird möglichst alles selbst gemacht (große Fertigungstiefe), die Reparatur und Instandhaltung umfaßt allein über 20 Personen.
Die Qualifikation der Beschäftigten ist hoch, ca. 80 Prozent der Produktionsarbeiter sind Facharbeiter. Allerdings ist die Fortbildung gering, es werden zu wenig Kurse im kombinatseigenen Institut angeboten; es gibt kaum betriebliche Aufstiegsmöglichkeiten. Die direkte Bedeutung der

Parteizugehörigkeit und Aktivität in der »gesellschaftlichen Arbeit« wird gering eingeschätzt. Insgesamt sei die Arbeitsmotivation niedrig.
Die Beschäftigten sind nicht gewohnt, eigene Verantwortung zu tragen, es kommen keine Informationen von oben nach unten; es gibt immer einen Grund, etwas nicht zu tun. Der Durchschnittsverdienst beträgt ca. 1400 Mark netto; die leistungsabhängigen Teile sind gering (sogenannte Leistungskennziffer). Es gibt einen großen Kern von Stammbeschäftigten mit langer Betriebszugehörigkeit, aber auch einen größeren Teil mit kurzer Betriebszugehörigkeit. Die Zahl der zu dieser Zeit in die Bundesrepublik übergesiedelten Beschäftigten ist mit acht relativ gering; es waren hochqualifizierte Mitarbeiter mittleren Alters, die gerade in den letzten Jahren Fortbildungskurse in Anspruch genommen hatten. Der ehemals hohe gewerkschaftliche Organisationsgrad (95 Prozent) ist erheblich zurückgegangen, der Einfluß der Betriebsgewerkschaftsleitung (BGL) gesunken. Ein gewerkschaftliches Engagement für eine neue Betriebspolitik war nicht sichtbar.
Der anschließende erste Betriebsbesuch zeigte auf den ersten Blick kein anderes Bild als mancher alte, mittelständische Maschinenbaubetrieb in der Bundesrepublik: ältere Industriebauten, Materialhalden auf dem Hof, vorwiegend Grautöne, der spezifische Geruch von Holz und Maschinenöl, rotierende Maschinengeräusche. Innen in der Teilefertigung werden die Unterschiede deutlicher: Es ist überhaupt kein Materialfluß sichtbar, überall stehen Kästen mit Rohmaterial und Zwischenprodukten. Fast alle CNC-Werkzeugmaschinen stehen still; es gibt Probleme mit den Steuerungen. Allein in dieser kleinen Halle stehen NC-Maschinen mit zwölf verschiedenen Steuerungen, zu denen es teilweise keine Herstellerschulung und -beratung gibt: ungarische, bulgarische, russische, japanische und auch bundesdeutsche. Der Kern der Fertigung ist völlig heterogen, dysfunktional angeordnet und hochgradig störanfällig.
Dahinter ein kleiner Raum, das Museum genannt, in dem eine alte Zahnradfertigung mit Maschinen aus den dreißiger Jahren untergebracht ist. Langsam und glänzend ölig werden Flanken herausgefräst und geschärft, angetrieben teilweise noch mit ledernen Treibriemen. Dieser Bereich, der schon seit Jahrzehnten stillgelegt werden sollte, läuft kontinuierlich. Offensichtlich hat der Betrieb die Phase der Rationalisierung mittels breitem EDV-Einsatz nicht bewältigt.
Die große politische Bewegung des Herbstes 1989 fand allerdings außerhalb der Betriebe statt. Es gibt keine Aushänge und Plakate im Betrieb, alle schienen vor sich hin zu arbeiten. Von Unruhe zeugte allein ein Anschlag, auf dem die Betriebsleitung um Auskunft über den Verbleib von Geldern für Verbesserungsvorschläge aufgefordert wurde. Auskunft über den Zustand der neuen Bewegung war direkter von den neuen Bürgergruppen zu erwarten.

Wir besuchten einen Wirtschaftsfachmann des Neuen Forums in Teltow. Er berichtete über die Geschichte seiner jahrzehntelangen Opposition, private runde Tische und Verweigerung im Beruf, die ein faktisches Berufsverbot nach sich gezogen hatten. Die Opposition sei klein und vereinzelt, nicht auf den Zusammenbruch vorbereitet, insbesondere nicht darauf, fertige Konzepte für die Umgestaltung aus den Schubladen zu ziehen: Das Haus wäre zusammengebrochen, nachdem die Termiten es längst verlassen hätten. Automatisch hatte sich bei mir das Bild einer Opposition gebildet, die seit Jahren verdeckt an Konzepten gearbeitet hatte und jetzt gut organisiert ihre Position verbreitet. Nichts von dem: Die Kontakte laufen persönlich, vielen Oppositionellen wird ein Telefon verweigert, Schriftliches gibt es nur direkt aus der Schreibmaschine, Frau und Kinder machen Telefondienst. Keine arbeitsteilige Organisation, wenig Information zwischen den einzelnen Gruppen, so daß wir aus dem Westen manchmal besser über andere Aktivitäten in Ost-Berlin informiert waren.
Auch bezüglich der strategischen Grundorientierung waren wir auf dem falschen Weg: kein Interesse an einer Diskussion über einen anderen Sozialismus, über demokratischen Sozialismus, über Für und Wider des Sozialsystems der DDR. Statt dessen die eindeutige Option für Freie Marktwirtschaft und »keine Experimente«. Die Ausreisewelle und die großen Demonstrationen ließen keinen anderen Spielraum. Auf unsere Fragen nach genaueren Vorstellungen über diese freie Marktwirtschaft gibt es wenig Antwort, vom gelernten Marxisten kein Satz einer marxistischen Analyse des kapitalistischen Wirtschaftssystems. Auch in Sachen betriebliche Interessenvertretung kein Anknüpfen an gewachsene Strukturen, sondern die Empfehlung, »parteipolitisch und gewerkschaftlich (!) unabhängige Betriebsräte« zu wählen. Die bestehenden Gewerkschaften wurden offensichtlich auch gezielt von außen demontiert; die Regierung Modrow sprach sich ebenfalls für die Bildung von Betriebsräten aus. Ein Besuch bei der Ost-Berliner IG Metall vermittelte dagegen einen ganz anderen Eindruck. Versagt hätte allein die Dachorganisation des FDGB (Territorialprinzip) in seiner engen Anbindung an die SED; die Einzelgewerkschaften dagegen (Produktionsprinzip) seien intakt und hätten ihre Aufgaben der Regelung der Arbeits- und Lebensbedingungen schon immer gut wahrgenommen und könnten jetzt aus der Abhängigkeit vom FDGB heraustreten (Satzungsentwurf für den außerordentlichen FDGB-Kongreß Ende Januar). Keine Spur von (prduktiver) Verunsicherung, im Gegenteil, jetzt könne man erst richtig loslegen.
Diese Einschätzung ließ sich nachprüfen. Für Samstag, 20. Januar 1990, hatten »Gewerkschafter Berliner Betriebe« unter dem Motto »Aufbruch '90« zu einer ersten Kundgebung aufgerufen: für eine Erneuerung der Gewerkschaften, für starke und unabhängige Einzelgewerkschaften, für

echte Mitbestimmung. So radelte ich erwartungsvoll zum Platz der Akademie, um im für mich so neuen, aber traditionsreichen Stadtkern eine Manifestation der DDR-Gewerkschaftsbewegung zu erleben. Demonstrationen mit über 100000 Teilnehmern waren in diesen Tagen üblich, und besonders die DDR-Gewerkschafter hatten ja ihre Traditionen von Aufmärschen. Doch es waren nur 50 Teilnehmer, später an die 200 – die Kulisse viel zu groß.
Die Redner/innen warfen dem FDGB vor, sich am Umbruch in den letzten Monaten nicht beteiligt zu haben, nicht zu den Mitgliedern gegangen zu sein. Es müßten in allen Betrieben demokratische Wahlen von unten stattfinden, das Tempo der Erneuerung sei zu langsam, jeder müsse ein neues Mandat vorweisen. Mehrfach wurde die Auflösung der Kreis- und Bezirksvorstände des FDGB gefordert sowie eine Überarbeitung des neuen Satzungsentwurfs; die Finanzen müßten klar auf den Tisch, neue Gesetze seien notwendig. Im breiten Meinungsspektrum der Redner/innen gab es auch Mahnungen, die Solidarität zwischen den gesellschaftlichen Gruppen nicht aufzukündigen (Ausländer); eine Hausfrau wies auf die weitreichenden Auswirkungen der Streichung von Subventionen hin (erstmals bei Kinderkleidung); ein anderer Redner klagte eine Strategie für die zu erwartende Arbeitslosigkeit ein: Die soziale Frage sei von der Gewerkschaft noch nicht aufgegriffen worden. Aus dem Rahmen dieser engagiert-vereinzelten Beiträge fiel der Beitrag des Vorsitzenden des Vorbereitungskomitees für den außerordentlichen FDGB-Kongreß, der einerseits durch das westliche Outfit des sportlichen Gewerkschaftsfunktionärs von den anderen abstach, andererseits die einzig wortradikale Rede hielt. Während er die Zerschlagung der alten Gewerkschaften forderte, rührte sich keine Hand.
Die geringe Resonanz war mir dringend erklärungsbedürftig. Einen Hinweis brachte die Zeitungsberichterstattung am nächsten Tag. Die »Berliner Zeitung« berichtete, »Kaisers neue Kunden kamen in Scharen«. Die Lebensmittelkette Kaiser's Kaffee hatte zur gleichen Zeit mit Kaffee, Coca-Cola, Schultheiss-Bier, Orangen und besonders großen Bananen über 20000 Interessenten angelockt. Unter diesem Artikel ein kurzer Hinweis auf »einige hundert Gewerkschafter«. Eine weitere Erklärung lieferten Potsdamer Kollegen vom Neuen Forum: Im Flugblatt wäre von einer »souveränen DDR« gesprochen worden, eine Formulierung, die nur die SED/PDS benutzen würde. Aber die Kundgebung des Neuen Forums Potsdam für neue Gewerkschaften am 27. Januar hatte noch weniger Resonanz. Auf beiden Kundgebungen sprach der Westberliner DGB-Vorsitzende Pagels, forderte Streikrecht und Tarifautonomie und bot einen gemeinsamen Regional-Ausschuß gegen die Unternehmer an.
Mich interessierten natürlich auch Anregungen aus der DDR-Demokratie-Bewegung für die westdeutschen Gewerkschaften. Wichtig in dieser

Hinsicht waren die Hinweise auf die Gründung von gesellschaftlichen Aufsichtsräten (z. B. VEB Fernsehelektronik) oder Beiräten, die Konzepte für den Umbau mitentwickeln und mitbestimmen sollten. Darüber hinaus sollten die nach dem Arbeitsgesetzbuch bestehenden Rechte der Gewerkschaften nach dem Willen der Kundgebungsredner erhalten und genutzt und nicht zugunsten einer nicht abgesicherten Betriebsratslösung aufgegeben werden.

Der Aufbau neuer, demokratischer Organe in den Betrieben war aber eher die Ausnahme. Die Regel war der Bedeutungsverlust der Betriebsgewerkschaftsleitungen durch ein Verharren in teilweise selbstgerechter Erstarrung und der Versuch der schnellen Anpassung an bundesrepublikanische Strukturen, der bei den westlichen Gewerkschaften Überlegenheitsgefühle und eine Übernahmementalität miterzeugte und stützte. Ein Besuch in einem Teltower Werk für elektronische Bauelemente illustrierte dies. Wir reisten als gemischte Gruppe an: ein Mitglied der Wirtschaftsjunioren, ein Unternehmensberater, die IG-Metall-Technologieberatungsstelle, zwei Betriebsräte und ich.

Schon zu diesem Zeitpunkt war klar, daß dieser Großbetrieb mit 6500 Beschäftigten keine Chance hatte, sich als Ganzes gegen die westlichen Elektronik-Konzerne zu behaupten. Eine Ingenieursgruppe hatte die Initiative ergriffen, Beratung heranzuholen, insbesondere um die Möglichkeiten neuer Selbständigkeit zu überprüfen. Die Lage war bereits desolat, die Betriebsleitung lief erfolglos einer Vielzahl von West-Firmen hinterher. Die Gesprächspartner aus dem Betrieb zeigten auch ganz unterschiedliche Interessenlagen. Die Mitglieder der BGL und einige Vertrauensleute waren umstandslos an den Regularien des Betriebsverfassungsgesetzes interessiert; die Westberliner Betriebsräte kamen in die Position von Experten des richtigen Wegs und nahmen diese Gruppe exclusiv unter ihre Fittiche.

Eine zweite vorgeschlagene Themenstellung, die zukünftigen Organisations- und Produktionsstrukturen von Großbetrieben in der DDR, fand überhaupt kein Interesse. Dagegen gab es eine große Gruppe, die über die Voraussetzungen von Neugründungen und von Kleinbetrieben informiert werden wollte. Die Gruppe zog in die Kantine, leer, grau und schmucklos, verzehrte ein gutes Essen für 0,75 Mark, und dann legte der Unternehmensberater nach der Metaplan-Methode los. Er heftete herrlich weiße Bögen an die Wand, schrieb jeden Gesichtspunkt gekonnt mit bunten Filzern mit und ordnete die roten, blauen und grünen Karten unter systematischen Gesichtspunkten an der Wand. In einer Stunde entwarf er vor den staunenden Augen der DDR-Arbeiter ein ganzes Programm: farbig, konkret, lösungsbezogen, systematisch. Das waren z. B. ein bereits selbständiger Bauleiter, ein Bereichsleiter einer Einkaufs- und Versandgenossenschaft, ein Werkzeugmacher, der einen Handwerksbe-

trieb für Fleischereimaschinen eröffnen, ein Feinmechaniker, der einen Schlüsseldienst eröffnen will, eine Industriekauffrau, die seit 1983 versucht, eine Gaststätte aufzumachen. Sie fragen: Wie werden gewerkschaftliche Kleinbetriebe gefördert, wie können elterliche Betriebe zurückgekauft werden, wie wird das private Handwerk in Potsdam unterstützt, welche Chancen haben Ingenieurbüros, wie ist der Ablauf einer Gründung, wie mache ich gutes Marketing, welche Rechtsklippen tauchen auf, wie komme ich zu qualifiziertem Personal, wie zu einem Gewerberaum? Wir sind überschüttet mit Fragen, die uns klarmachen, daß wir gar nicht helfen können, daß wir die derzeitigen Rahmenbedingungen, z. B. in Potsdam, nicht kennen, daß unsere Erfahrungen hier nicht gelten und Unterstützung höchstens punktuell und individuell möglich ist, z. B. durch das Angebot eines Praktikums in West-Berlin.
Diese Erfahrung erhellt auch den »Drehtür«-Tourismus von Beratern, der in diesen Tagen in die DDR strömt. Auf der einen Seite fühlen sich viele Bundesbürger, als Mitglieder des überlegenen Systems, zum Berater berufen. Wenig Erfolgreiche wittern hier ihre Chance, können ja auch von den DDR-Interessenten nicht kritisch beurteilt werden. Andererseits hat die überwiegende Mehrzahl dieser Berater nur oberflächliche Kenntnisse der DDR-Verhältnisse, kann nur ausmalen, »wie wir das im Westen machen«, aber in keiner Weise raten und unterstützen, welche Schritte zur Überlebenssicherung sinnvoll wären. Vielleicht begründet sich in dieser überlegenen Hilflosigkeit auch das vorherrschende Urteil, daß die DDR-Fabriken – bis auf ein paar rühmliche Ausnahmen wie Robotron und Pyrograph – am besten abzureißen und woanders neu aufzubauen sind. Für mich steht dahinter aber ein viel tiefgehenderer und systematischer Mangel unserer Ökonomie: Sie orientiert sich als Leitbild an den Marktführern auf dem Weltmarkt. Diese setzen die Maßstäbe für Qualität, Rentabilität, Marketing etc. Prosperierende und innovative Betriebe müssen sich an diesem Maßstab messen, neue Märkte erschließen, Marktanteile abjagen, Kostenvorteile herausrationalisieren. Für einzelne Betriebe, die in jeder Hinsicht ein paar Stufen unter diesem Niveau stehen, erst recht für eine ganze Volkswirtschaft, ist in diesem Denken kein Platz, gibt es keine Rolle. Die Marktwirtschaft kann außer einigen Nischen und einer lokalen Kleinökonomie für solche Betriebe, obwohl sie wertvolle Qualifikationen, Maschinerie und Erfahrungen enthalten, keine Funktion definieren. Der Wille zur »brüderlichen« Hilfe und das Effizienz-Dogma fallen so weit auseinander, daß am Ende verlegene Hilflosigkeit und Rückzug bleiben.
Viele DDR-Gewerkschafter versuchen, ihre Konzeptionslosigkeit mit rastloser Aneignung von westlichen Gewerkschaftssatzungen und Gesetzen zuzuschütten. Die erste öffentliche Veranstaltung der IG Metall West-Berlin für BGL-Mitglieder am 18. 1. 1990 ist überfüllt. Alle Besucher sta-

peln Satzung, Wahlordnung, Verwaltungsstellenstruktur, Tarifverträge und Leitfäden für Mitbestimmung auf ihren Tischen. Sie munitionieren sich mit dem Wissen für die neuen Verhältnisse, wollen aber alte Einflußpositionen nicht aufgeben: Die in der DDR bestehenden Rechte sollen erhalten bleiben (Recht auf Arbeit, Einfluß der Gewerkschaften auf die Regierung u. a.), man habe ein gegenseitiges Interesse an starken Gewerkschaften, Betriebsräte seien suspekt. Die sozialistischen Direktoren hätten sich schnell in marktwirtschaftliche Manager verwandelt und die Idee der Betriebsräte von ihren Westreisen mitgebracht, um die Gewerkschaften in der DDR auszuschalten.
Auch die Westberliner IG Metall vertritt noch die Position, daß die BGL die einzige legitime Interessenvertretung im Betrieb ist; ihre Rechte seien im gültigen Arbeitsgesetzbuch garantiert. Als Einschränkung deutet sich jetzt schon an, daß dieses Prinzip nur durchzuhalten ist, wenn der gewerkschaftliche Organisationsgrad hoch bleibt. Von daher ist es nicht verwunderlich, daß viele Gewerkschaftsmitglieder mit dem FDGB versuchen, durch eine schnelle Organisationsreform (Aktionsprogramm, neue Satzung, Gewerkschaftsgesetz) möglichst viel Bestand in die neue Struktur hinüberzuretten. Auch die westlichen Gewerkschaften sind daran interessiert, einen stabilen Ansprechpartner zu haben und sich mit einer möglichst mitgliederstarken Organisation zusammenzutun. So ist es auch nicht verwunderlich, daß bei den DDR-Gewerkschaften weniger die Zukunftsprobleme eines Wirtschaftsumbruchs im Mittelpunkt stehen als organisatorische und regulative Fragen.
An der Diskussion um das große Transformationsprojekt, das Wie des Übergangs und das Was des Ziels, sind die Gewerkschaften bisher nicht beteiligt. Ihnen wird auch von den Beschäftigten keine Rolle mehr zugemessen. Dazu sind sie zu enttäuscht; Artikel über die Anklagen gegen den ehemaligen FDGB-Vorsitzenden Harry Tisch hängen an den Brettern: 4,5 Millionen Mark für ein Jagdreservat mit luxuriöser Behausung, 84000 für Privaturlaube, 100 Millionen Mark Spende an die FDJ. Dahinter steht das fast schon bedingungslose Interesse, möglichst schnell in den Wohlfahrtsverband der Bundesrepublik aufgenommen zu werden. Gewerkschaften könnten dabei eher stören, Betriebsräte dagegen werden ja auch von den erfolgreichen BRD-Unternehmen empfohlen, sind quasi Bestandteil des Wohlstandspakts und nicht Korrekturfaktor gegen kapitalistische Vereinnahmung. Nicht zu Unrecht wird der Spruch eines DDR-Arbeiters kolportiert: »Lieber 3000 DM im Monat und ausgebeutet, als 800 Ost-Mark und mitregieren« (»Hamburger Abendblatt« v. 5.2.1990). Es ist nicht die Zeit der Arbeiterinteressenvertretung, Demontage und Aufspringen auf den Zug bestimmen das Denken.
Doch wie findet der Umbau des Betriebes auf die neuen Bedingungen

statt; wer plant die Umstellung, nachdem die staatliche Planung und Koordination von einem Tag auf den anderen außer Kraft gesetzt ist; wer sind die Aktiven im Betrieb? Mein allesbeherrschender Eindruck ist der Wegfall alter Strukturen, ohne daß neue an ihre Stelle getreten sind. Es gibt zwar immer noch einen Jahresplan für 1990, aber seine Grundlagen haben sich vollständig verändert: Die Zulieferung von Material und Vorprodukten muß jetzt direkt vom Betrieb organisiert werden, ebenfalls der Absatz der Produkte direkt bei den Kunden in der DDR, in Polen etc. Es gibt weder eine Planbarkeit der Zulieferung noch des Absatzes. Es gibt keine Beratung durch die regionalen Gremien, sondern höchstens erste Seminare für die Betriebsleiter durch die Dresdner Bank in Frankfurt am Main. Das Betriebsmanagement ist für kapitalistische Betriebsführung nicht qualifiziert, Kosten-Controlling und Absatz-Marketing sind unbekannte Felder. Eine extern und intern begründete Instabilität hat in den ersten Monaten 1990 zu erheblichen Produktionseinbußen geführt, quasi eine Selbstzerstörung der Betriebseinheiten, bevor sie überhaupt der Konkurrenz ausgesetzt sind. Ursachen sind der Rückgang der PGA, Störungen durch Ausfall von Kooperationsleistungen und Materialzulieferungen, Anstieg der Maschinenausfallzeiten und ein Rückgang der Überstunden auf Null.
Den stärksten Rückhalt scheint die Betriebsleitung über das Kombinat zu erhalten. Das Kombinat 7. Oktober, benannt nach dem Gründungstag der DDR, ist ein Verbund von 16 Maschinenbaubetrieben mit 23000 Beschäftigten und drei Milliarden Mark Umsatz (davon 20 Prozent Export in den Westen), das durch eine Mehrzahl ökonomisch starker Betriebe (Dreh- und Schleifmaschinen) und eine stabile und aktive Kombinatsleitung zusammengehalten wird. Generaldirektor Warzecha, der im November '89 den Aufruf »Für unser Land« mitunterschrieben hatte, ist einer der gefragtesten Gesprächspartner der neuen Managementgeneration der DDR. Er sieht die Möglichkeit, das Kombinat über eine entschiedene Steigerung des Umsatzes pro Kopf in zwei Jahren konkurrenzfähig zu machen. Dabei lehnt er Schutzbestimmungen gegen westdeutsche Übernahmen, wie die 49-Prozent-Klausel, als ideologische Vergangenheitsbewältigung ab: »Ein Betrieb, der mit einem DDR-Anteil von 20 Prozent blüht, ist mir zehnmal lieber als einer, der mit 51 Prozent DDR-Anteil seine Arbeitsplätze nicht garantieren kann« (FR v. 16.2.1990).
Der Betriebsleiter in unserem Betrieb gehört – wie wohl die überwiegende Mehrzahl der DDR-Betriebsdirektoren – nicht zu diesem schnellen und dynamischen Typ. In einer in dieser unübersichtlichen Situation naheliegenden Sicherheitsstrategie, die sich allerdings auf die Sicherheiten von gestern bezieht, versucht er, mit fachlichem und finanziellem Rückhalt bei der Kombinatsleitung die vorhandene »Strecke« (Produkt-

linie Preßluftwerkzeuge) zu stabilisieren und langsame Rationalisierungsmaßnahmen einzuleiten:

- Minimierung der Investition für 1990;
- Verkauf ungenutzter Grundmittel;
- Stornierung und Verkauf von Produktionsmaterialien;
- Reduzierung der Fertigwarenbestände;
- Ausgliederung von Funktionen wie Polytechnisches Zentrum, Industrieladen, Kantine und Haushandwerker.

Große Neuentwürfe wie die Kooperation mit einem westlichen Maschinenbauer oder die Hereinnahme von Lohnaufträgen zur Sicherung der Grundfinanzierung sind bisher nicht gelungen.
Ein Besuch mit drei Direktoren in einem der wenigen modernen Maschinenbaubetriebe West-Berlins führt uns die Größe des Abstandes noch einmal drastisch vor Augen:

- Während der Westberliner Maschinenbauer es auf 180000 DM Umsatz pro Beschäftigten und Jahr bringt, sind es im DDR-Betrieb nur 50000 Ost-Mark. Unter dem Motto »Es gibt nichts Teureres als Personal« wird empfohlen, möglichst viel Randbeschäftigte abzubauen (Reinigung, Kantine, Instandhaltung) und statt dessen Service-Verträge abzuschließen.
- Das Produkt ist altmodisch, es müssen durch detaillierten Vergleich mit den Konkurrenzprodukten die Schwachstellen herausgefunden und durch Umkonstruktion beseitigt werden. Dazu bedarf es einer starken Konstruktions-Abteilung mit mindestens 20 qualifizierten Ingenieuren – die jetzt nicht vorhanden ist. Außerdem sind andere Werkstoffe (Plastik) und andere Zulieferer, die bessere Materialien zu teilweise wesentlich niedrigeren Preisen als in der DDR liefern, nötig.
- Entscheidend für den Absatz ist das Preis-Leistung-Verhältnis. Auf der Kostenseite muß insbesondere die Verwaltung verkleinert (Statistik und Berichtswesen) und effektiviert werden (umfassende Informatisierung). Es fehlt an Kostenrechnung und Kosten-Controlling. Selbst wenn der Betrieb, wie grob errechnet, ungefähr die DM-Listenpreise der Konkurrenz bei optimistischer Zukunftsprognose erreichen könnte, wie will er dann noch die branchenüblichen Rabatte von bis zu 45 Prozent einräumen?
- Die westlichen Bewerber bieten in diesem Marktsegment geschlossene Werkzeugsysteme in ausgefeiltem Design über eine breite Absatzorganisation, einschließich Service, an. Der DDR-Betrieb hat kein vollständiges Sortiment, er fertigt keinen Schrauber und keinen Kompressor. Produktentwicklung, Test beim Kunden, Optimierung und Markteinführung würden mindestens drei Jahre in Anspruch nehmen – und woher die Vorfinanzierung nehmen?

- Der DDR-Betrieb hat keine eigene Vertriebsorganisation. Die Handelshäuser werden von den West-Firmen zur Zeit wegen Kosteneinsparung zunehmend ausgeschaltet. Der Aufbau einer eigenen Vertriebsorganisation braucht Jahre, und mittelfristig müßte der Absatz auf Westeuropa ausgedehnt werden. Im Bereich Design bis hin zur Messepräsentation liegt das DDR-Produkt erheblich zurück. Die Prospekte erinnern an Zeitungsanzeigen aus den fünfziger Jahren. Es zeugt von der Desolatheit der Situation, daß noch im Herbst '89 vorliegende Design-Entwürfe des Dessauer Bauhauses beim Aufräumen weggeworfen worden sind.
- Die Kunden auf dem westeuropäischen Markt verlangen kurze Lieferzeiten und umfassende Betreuung. Die Konstruktion der Produkte muß fertigungsfreundlich und systemgerecht werden; die Fertigung flexibel und schnell, d. h. auf sechs Wochen Lieferzeit herunterkommen; es muß ein Garantie- und Servicesystem aufgebaut werden.

Als Resultat dieses Besuchs schält sich heraus, daß erstens eine möglichst genaue Marktabschätzung (mögliches Absatzvolumen, Verhältnis zu Konkurrenzprodukten, Sortimentsentwicklung) als Grundlage jeglicher weiteren Planung erfolgen müßte und daß zweitens dem einzelnen DDR-Betrieb sowohl die Zeit wie auch das Geld fehlt, um diesen Abstand kurzfristig aufzuholen. Ein Überleben für einen Betrieb, der bisher nur marginal auf den westlichen Markt ausgerichtet war, scheint nur in Kooperation mit einem westlichen Unternehmen möglich, das kurzfristig Rationalisierungswissen und Vertriebsorganisation zur Verfügung stellt. Unter diesem Eindruck werden die Kontaktversuche über die Hannover-Messe, die Industrie- und Handelskammer Berlin und den Fachverband WEMA intensiviert. Die Zeit vergeht.
Entsprechend dieser Situation konnte der Direktor des Betriebs den Beschäftigten nur wenig Überzeugendes mitteilen. Durch die Schwächung der ehemals tragenden, engen Bindung zwischen Unternehmensleitung, Parteileitung und Betriebsgewerkschaftsleitung als anerkannter Entscheidungsmechanismus war ein Vakuum entstanden. Der Direktor gründete im Januar '90 in dieser Situation einen »Gesellschaftlichen Beirat«. Die Unsicherheit und Unruhe im Betrieb erforderten neue Kommunikationsformen; der Aushang über die Einberufung dieses Beirats war der erste an einem neuen Brett »Die Betriebsleitung informiert«. Vertreter aller Fachbereiche, die Mehrzahl ohne Leitungsfunktion, sollten als Mitglieder gewählt werden. Vorgegebene Ziele des Beirats waren:

»1. Rechenschaftslegung der Betriebsleitung zu den Arbeitsergebnissen des Betriebes;
2. Beratung zu aktuellen Fragen der Plandurchführung, Entlohnung, Arbeits- und Lebensbedingungen;

3. Beratung und Information zu langfristigen Entscheidungen der betrieblichen Entwicklung wie Produktionsprofil, Investitionen, Kapitalbeteiligung, ausländische Firmen;
4. Erarbeitung von Maßnahmen und Informationen zu Strukturmaßnahmen im Rahmen der Wirtschaftsreform 1990/91;
5. Entscheidungen zu Aktivitäten von Parteien, Gruppen usw.«

Da die Aktivitäten innerhalb der BGL zurückgingen, die politischen Programme eingestellt waren und der Direktor ein Abkommen durchgesetzt hatte, daß politische Diskussionen aus dem Betrieb herausgehalten werden, war dies das einzige öffentliche Informations- und Diskussionsgremium. Schon in der ersten Einladung zum Gesellschaftlichen Beirat wird die Überführung des Beirats in einen zu wählenden Betriebsrat vorgegeben.

Ich konnte an mehreren Sitzungen des Beirats teilnehmen. Ihr Verlauf war durch den Bericht des Betriebsleiters geprägt; es war eine sehr einseitige Informationsveranstaltung der Geschäftsführung, die aber auch weitergehende Fragen ansprach. Wie erklärt sich diese Einseitigkeit? Einmal lagen alle Informationen über den Stand des Betriebes und alle Initiativen für seine Weiterentwicklung beim Betriebsleiter. In einem späteren Interview äußerte er mir gegenüber, daß kein Betriebstyp so ausschließlich auf die Person des Leiters zugeschnitten sei wie der volkseigene Betrieb. Die anderen acht Betriebsdirektoren traten im Beirat nicht auf. Die Beschäftigten waren von vornherein in die letztlich passive und zudem ungewohnte Rolle der Nachfragenden gedrängt. Bei ihnen mischten sich, wenn überhaupt Wortmeldungen kamen, begrenztes Selbstbewußtsein und Hoffnungen mit Verunsicherung und Wissensmangel. Eine der hoffnungsvollen Fragen zu den eigenen Zukunftschancen lautete, ob nicht die DDRler zu den Japanern der neunziger Jahre werden könnten...

Am eindrucksvollsten kam der hohe Entscheidungsdruck bei völliger Unsicherheit und Uninformiertheit in der Beiratssitzung zum Ausdruck, auf der zum erstenmal über die Umwandlung der VEBs in Aktiengesellschaften oder GmbHs gesprochen wurde. Da westliche Geldgeber sich prinzipiell weigern, mit VEBs in konkrete Verhandlungen zu treten, hatte eine Regierungsdirektive die Kombinatsleitungen aufgefordert, die Einzelbetriebe in Privatbetriebe dieser Rechtsformen umzuwandeln. Das Kuriosum war, daß selbst der vortragende Betriebsleiter weder über genaueres Wissen über diese Rechtsformen verfügte noch über Informationen, wie der Prozeß der Umwandlung stattfinden könne. Bei meinem nächsten Besuch trug ich das erste Aktien- und GmbH-Gesetz in den Betrieb.

Der Direktor hatte die vage Vorstellung, daß die Anteile der Beschäftigten am Volksvermögen eventuell als Gesellschafteranteil in die GmbH

eingehen könnten; bei 900 Milliarden Mark Wertzuwachs des DDR-Volksvermögens seit 1949 und 16 Millionen Einwohnern seien dies knapp 60000 Ost-Mark pro Person. Es gäbe kein Recht auf Auszahlung, aber es könne auch nicht sein, daß die BRD sich dieses Vermögen über einen Anschluß nach Paragraph 23 einverleibt. Auf dieser dünnen Grundlage waren die Beschäftigten zu Stellungnahmen aufgefordert. Verständlicherweise kam wenig mehr als einige zögernde Nachfragen. Der BGL-Vorsitzende, noch nicht in Neuwahlen bestätigt, machte sich für einen schnellen Wechsel der Rechtsformen stark – ehe alles zu spät sei. Die BGL müsse aus den Reihen der Kollektive und der Vertrauensleute wieder gestärkt werden und aktiv zum Erhalt des Betriebs beitragen. In den weiteren Wortmeldungen wurde der umfassende Vertrauensverlust in die Gewerkschaft deutlich: Sie hätte maßgeblich die alte Mißwirtschaft mitgetragen, sie beteilige sich nicht an der Reformdebatte. Wie viele Mitglieder sie überhaupt noch hätte? Der BGL-Vorsitzende mußte eingestehen, daß er das nicht wisse, daß aber nur noch sieben von 24 Kollektiven gewählte Vertrauensleute hätten. Es wird deutlich, daß, wenn die nächsten BGL-Wahlen nicht eine breite Beteiligung bringen, direkt auf die Vertretungsform Betriebsrat übergesprungen wird.
Die Karriere des BGL-Vorsitzenden gibt einen Eindruck in die andersartigen Grundlagen der Gewerkschaftsarbeit in der DDR. Er hat 20 Jahre in der Armee gedient und ist anschließend als Sicherheitsbeauftragter im Betrieb eingestellt worden. Er bezeichnet sich als überzeugten Marxisten, engagiert sich in der Parteischulung, der Deutsch-sowjetischen Freundschaftsgesellschaft, dem Zivilschutz und der Freiwilligen Feuerwehr. Dazu hatte er bis zur Wende ausreichend Gelegenheit, er beschreibt diese Zeit als ruhige Phase. Als 1989 der alte BGL-Vorsitzende den Karrieresprung in den FDGB-Kreisverband macht, kandidiert er in Absprache mit der Metallgewerkschaft und wird gewählt. Er kooperiert eng mit der betrieblichen Parteileitung und dem Betriebsleiter. Seit der Wende, sagt er, würden einige den Mund aufreißen, aber keine Verantwortung übernehmen. Seine Grundaussage: daß er sich schon immer engagiert für die Interessen der Beschäftigten eingesetzt hat, dabei aber zu wenig unterstützt wurde. Bei der folgenden BGL-Wahl am 21. März waren noch 260 Belegschaftsmitglieder stimmberechtigt (63 Prozent gegenüber früher 85 Prozent), der alte BGL-Vorsitzende erhielt die wenigsten Stimmen. Neuer Vorsitzender wurde ein älterer, nicht vorbelasteter Kollege, der im Arbeits- und Umweltschutz tätig war, sich aber bisher nicht in der Gewerkschaftsarbeit engagiert hatte.
Die gewerkschaftliche Interessenvertretung im DDR-Betrieb ist nicht so aufgebaut, daß sie zur Mitarbeit auffordert. DDR-Betriebe haben, im Gegensatz zur BRD, ein ausgebautes und funktionierendes System von Vertrauensleuten. Diese werden alle vier Jahre von den Brigaden bzw.

Kollektiven gewählt (also den Arbeiter- und Angestelltengruppen) und vertreten die Mitarbeiter in allen arbeitsrechtlichen Fragen (Einstellungsgespräche, Prämienvorschläge, Lohn- bzw. Gehaltserhöhungen, Festlegung der Leistungskennziffern). Sie sitzen zwischen den Stühlen, d. h. zwischen den Anweisungen der BGL, den Wünschen der Beschäftigten und den Vorgaben der Betriebsleitung. Die Arbeit bedeutet viel Ärger, muß außerhalb der Arbeitszeit erledigt werden und wird nicht honoriert – weder geldlich noch durch höheres Ansehen bei den Kollegen. Offensichtlich sollten die Beschäftigteninteressen durch die Konstruktion des volkseigenen Betriebes und die Dominanz der SED bereits so weit gewährleistet werden, daß die Ausstattung der originären betrieblichen Interessenvertretung (gezielt?) vernachlässigt wurde. Das Amt des Vertrauensmannes war folglich in keiner Weise attraktiv.
Da auch die neuen politischen Gruppierungen der DDR wie Neues Forum, Demokratie jetzt oder gar die Initiative für unabhängige Gewerkschaften nicht im Betrieb auftraten, hatte ich lange den Eindruck, daß die November-Revolution nicht nur nicht von den Betrieben ausgegangen war, sondern dort auch nicht mitvollzogen wurde. Anfang März führte jedoch die Unsicherheit zu der Formierung einer direkten innerbetrieblichen Opposition. Der Beirat hatte aufgrund der einseitigen und zurückhaltenden Informationspolitik und fehlender Entscheidungskompetenz schnell an Bedeutung verloren, die Zeit verstrich, und die Bemühungen des Leiters um Konsolidierung brachten wenig vorzeigbare Erfolge. Die beiläufige Bemerkung eines Direktors, daß nur 250 Beschäftigte den Strukturwandel überleben würden, führte dann zum Protest beim Direktor. 25 Beschäftigte drängten auf Auskunft darüber, »wie es mit dem Betrieb weitergeht«. Der Verweis des Direktors auf die planmäßige Belegschaftsversammlung wurde abgelehnt, und eine kurzfristige Versammlung zum 12. März einberufen.
Auf dieser Versammlung wurde der gesamten Betriebsleitung von den Beschäftigten die Vertrauensfrage gestellt und bei 30 Enthaltungen das Mißtrauen ausgesprochen. Begründung: Die Betriebsleitung sei nicht in der Lage, den Betrieb überlebensfähig zu machen. Eine gewisse Arroganz und Zurückhaltung des Direktors, die Zersplitterung in der Leitungsebene, das Fehlen sichtbarer Erfolge und undurchsichtige Verhandlungen auf der Kombinatsebene hatten zu immer tieferem Mißtrauen bei breiten Belegschaftsteilen geführt.
Aus der Protestgruppe bildete sich ein »Runder Tisch«, der den Gesellschaftlichen Beirat ablöste. 29 Mitarbeiter wurden gewählt, unter ihnen der BGL-Vorsitzende und viele verunsicherte Produktionsarbeiter. Gleich am nächsten Tag diskutierte der Runde Tisch die Konsequenzen aus dem Mißtrauensantrag. Die Tatsache, daß sie keine neue Geschäftsführung herbeizaubern konnten, verunsicherte die Initiative und führte

dazu, in einem Brief an den Generaldirektor des Kombinats die Abberufung zurückzuziehen. Bei einer erneuten internen Abstimmung war die festgelegte Zweidrittelmehrheit nicht erreicht worden. Sie schrieben: »Das Vertrauensverhältnis zum Betriebsdirektor und dem Leitungskollektiv ist weiterhin nicht gegeben«, der Runde Tisch erwarte, »daß durch entsprechende sachbezogene, kurzfristige Leitungsentscheidungen zum Wohle des Betriebs das notwendige Vertrauensverhältnis wiederhergestellt wird. Eine Voraussetzung dafür ist, daß der vom Runden Tisch gewählte Sprecherrat – vier Kollegen – bei allen für die derzeitige Situation und für die Zukunft des Betriebes notwendigen Entscheidungen mitbestimmend hinzugezogen wird.«

Vielleicht nicht ganz untypisch für die Situation war, daß der einzige potentielle Kandidat des Runden Tisches für den Posten des Betriebsleiters kurz vorher von der Geschäftsleitung fristlos entlassen worden war, da er als Absatzdirektor sich von einem westdeutschen Konkurrenzunternehmen hatte abwerben lassen. Nach etwas über einem Monat löste sich der Runde Tisch selbst auf, »es waren zu viele Personen, zu viele Meinungen. Es wurde viel diskutiert und viel zerredet.« Der Versuch einer räteartigen Arbeitervertretung war gescheitert, die Geschäftsführung arbeitet kommissarisch, aber faktisch wie bisher weiter.

In der Endkontrolle konnte ich mit einem der Initiatoren des Runden Tisches sprechen, also einem der wenigen aktiven Beschäftigten, die sich nach dem November im Betrieb außerhalb der bestehenden Institutionen einsetzen. Doch die Geschichte seines Engagements ist wenig spektakulär. Er hatte sich für diesen Betrieb wegen der relativ guten Entlohnung entschieden; er hat ein gutes Verhältnis zu den Kollegen. Die Parteimitglieder waren in der Produktion wenig angesehen, sie wurden oft geschnitten und im Lohn gedrückt. Die Gespräche im Betrieb drehten sich wenig um Politik; das Fernsehen und der alltägliche Lebensstandard standen im Mittelpunkt. Die Schule der sozialistischen Arbeit oder die Vorträge bei der Deutsch-sowjetischen Freundschaftsgesellschaft waren auch für ihn Routine, die Gewerkschaften waren allein wegen ihrer billigen Reiseangebote attraktiv. Eher aus einer normativen Überzeugung von der Bedeutung der Gewerkschaften war er seit vier Jahren in der BGL. Der 9. November war auch für ihn ein Schock: Die Hälfte war am nächsten Morgen nicht bei der Arbeit, die andere Hälfte hat diskutiert. »Für die meisten war das unfaßbar.« Am wichtigsten für ihn war die Meinungsfreiheit; alles werde ausgesprochen, und Handlungen hätten sich entsprechend geändert. Anfangs hätte man alles für gut befunden, gerade das Neue Forum und die Kirche. Viele haben sich selbst informiert und demonstriert. Aber es gab keine Gruppenbildungen und keine Zuordnung zu den politischen Gruppierungen; eine zersplitterte, eher reaktive und zaghafte Politisierung im Betrieb, die sich nur an einigen zentralen Fragen bündelte.

Die folgenden Monate waren davon geprägt, weiter zu produzieren, Aufträge zu erhalten – was z. B. oft am Ausfall des eigenen Wagenparks scheiterte – und die Überlebensstrategie zu konkretisieren. Dabei wurden drei Linien verfolgt:

a) Konsolidierung der bisherigen Druckluft-Werkzeugfertigung;
b) Finden eines westlichen Kooperationspartners für dieses Sortiment, für Lohnfertigung oder für eine neue Produktionslinie;
c) Ausgliederung kleiner, selbständiger Kollektive.

Eine weitere Strategie bestand darin, den Umweltschutz sowohl bezüglich der Verbesserung der Produktion wie auch bezüglich einer neuen Produktionslinie zu einem eigenständigen Ziel zu machen und so Kooperation zu West-Firmen zu finden. Zwar haben alle größeren DDR-Betriebe einen Umwelt-Beauftragten, aber seine Möglichkeiten waren beschränkt. Der Umweltschutz im Betrieb wurde über Planvorgaben des Ministeriums gesteuert; jeder Betrieb sollte sich möglichst selber helfen, für umwelttechnische Analysen fehlte die Ausstattung. Die Kontrolle der Umwelt fand wesentlich über Riechen, Sehen, Fühlen statt, mehr stand in der Regel nicht zur Verfügung.
Die ökologischen Hauptprobleme des Betriebes waren schnell ermittelt: erstens die Ölverschleppung in der Produktion (Ölnebel, Ölversickerung an den Maschinen); zweitens das betriebliche Heizhaus mit 70 Prozent Rohbraunkohle-Einsatz und ohne Entstaubungs- und Entschwefelungstechnik. Die jährliche Schadstoffmenge beläuft sich auf 720 Tonnen Asche, 20 Tonnen Flugasche, 12 Tonnen Schwefeldioxid. Und drittens stellt die Salzbad-Härterei eine hohe Umweltgefährdung durch Lagerung, Abluft und Havariemöglichkeiten dar. Die Entsorgung in der Grube Moorsleben ist teuer (10000 Mark pro Tonne) und zudem für die Zukunft aufgekündigt.
Der Gang durch das Heizhaus war für mich beeindruckend, einerseits deprimierend, andererseits eine faszinierende Atmosphäre, weil er Szenen aus dem Totenschiff von Traven oder Bilder einer Inszenierung des haarigen Affen von O'Neill lebendig werden ließ: schwitzig-rußverschmierte Muskelkörper in den Heizbunkern alter Schiffe. Nur wenige Lichtstreifen brechen durch die blinden Fenster und lassen den Kohlestaub in der Luft greifbar werden. Sie erhellen Ausschnitte der acht mächtigen Heizkessel, die die Farbmuster altgedienten Eisens tragen, Rostkrusten und weiße Ablagerungen. Über den Kästen ein Gewirr von Leitern und Stiegen, die zu großen Trichtern führen, in die die Braunkohle aus Baggerschaufeln geschüttet wird. Auch die Asche wird ohne Absaugung mit Schaufelbaggern ins Freie gefahren und dort neben dem Braunkohleberg gelagert. Die Rohbraunkohle sieht wie Torfmull aus und vermischt sich mit Kohlestaub und Aschenschlamm auf dem Hof.

Dies waren Anknüpfungspunkte für Kontakte zu einem westdeutschen Unternehmerverband, der aktive Umweltpolitik propagiert und natürlich auch nach einem Einstieg in die DDR-Wirtschaft suchte. Zu dritt fuhren wir nach Halle zu einem ersten Treffen umweltinteressierter DDR-Unternehmen. Schon die Teilnehmerliste sträubte mir die Nackenhaare. Unter anderem waren die Umweltbeauftragten von Buna, Leuna und Bitterfeld vertreten. Im Bezirk Halle, in dem rund ein Zehntel aller DDR-Bürger leben, werden 30 Prozent aller Luftschadstoffe in die Luft geblasen, 31 Prozent aller Abwässer erzeugt und gar die Hälfte allen Giftmülls. Für 40 Prozent aller Menschen im Bezirk kann das Trinkwasser nicht aus heimischen Brunnen gewonnen werden. Die Saale (»An der Saale hellem Strande...«) sieht in der Stadt wie ein Altöl-Rinnsal aus, schwarz, schwer, glänzend, auch die Äste im Wasser sind tiefschwarz. So einen Fluß habe ich noch nie gesehen, der dazu noch neben langen Häuserreihen fließt, die gespenstisch verfallen durch zersplitterte Fenster sehen. Deprimierend und trostlos.
Der für Abwasser im Bezirk zuständige Referent erläutert uns, daß die Unternehmen im Bezirk 1989 allein 1,1 Milliarden Mark Abwassergelder bezahlen mußten, die dem allgemeinen Staatshaushalt zugute kamen. Umweltverschmutzung als Einnahmequelle. Um so unverständlicher, zynisch die Stellungnahme des Ratsmitglieds für Umweltschutz im Bezirk Halle: Die staatlichen Organe würden die Umweltprobleme nach Art und Umfang kennen und auch die Maßnahmen, die zu ergreifen seien. Es fehle jedoch an Finanzen zur Erledigung der umfangreichen Umweltaufgaben in der DDR, geeigneten Projektmanagern und entsprechender Ausrüstung.
Für alle Umweltdaten galt seit 1982 die zweithöchste Geheimhaltungsstufe. Alle Umweltberichte mußten persönlich von Günter Mittag geprüft werden, »für den das Wort Ökologie ein absolutes Fremdwort gewesen ist« (»Junge Welt« v. 19.1.1990). Die dadurch verursachten Umweltschäden werden inzwischen auf über 50 Milliarden Mark pro Jahr geschätzt (»Tagesspiegel« v. 31.5.1990). Auch hier das gleiche Phänomen: Die alten Träger des Systems, die Planer, die Organisatoren und Kontrolleure, sie behaupten, jetzt erst richtig loslegen zu können – keine Trauer über das Ausmaß der Naturzerstörung, keine Infragestellung des eigenen Beitrags, sondern schneller Wechsel zu effektiverer Verwaltung unter neuen Rahmenbedingungen.
Ein Mitglied des im März neugegründeten unabhängigen Instituts für Umweltfragen führt uns am Abend durch die Stadt. Auf dem zentralen Platz stehen Menschentrauben um Verkaufsstände. Neugierig wühlen wir uns durch: Es sind die ersten Stände westlicher Händler, die mit einem Mercedes herübergefahren sind und Kiwis für 3,50 Mark das Stück verkaufen, 24 Mark für den Zwei-Kilo-Sack Apfelsinen. Mit ihren weiß-ro-

ten Fußballschals um den Hals leuchten sie als attraktive Farbflecken über den ganzen grauen Platz. Bei diesem Bild wird mir ein wichtiger Grund für die »Überlegenheit« unseres Wirtschaftssystems klar: nicht allein die Produktqualität, sondern entscheidend auch die Warenästhetik, die attraktive Verpackung, die Statussymbole, das raffiniert auf Wünsche ansprechende Design. So sind die Stände für viele DDR-Bürger allein zum Ansehen hoch attraktiv, andere schütteln den Kopf, eine Frau murmelt: »Es wird Zeit, daß das vorübergeht.«

Daß es schnell vorübergeht, das signalisieren auch die Wahlergebnisse am 18. März. Das Ergebnis können wir nicht feiern, im Haus der Demokratie in Potsdam. Die SPD ist erstaunlich wenig deprimiert und erstaunlich gut vom Westen versorgt, das Wahlbündnis tröstet sich mit dem relativ guten lokalen Ergebnis über die generelle Enttäuschung hinweg. Wir geraten auf den Hof des ehemaligen Stasi-Gefängnisses und sind plötzlich in der Welt des alten Gewaltapparates, den wir nie direkt wahrgenommen haben. Dicke Backsteinmauern, Hofzellen, über die Laufstege für Wachposten gelegt sind, alles in helles Licht getaucht, überall durch Stacheldraht, Zaunspieße und elektrische Zäune gegen Menschen bewehrt. Ein junger Mann erzählt, daß er noch im letzten Jahr hier zwei Tage eingesperrt war. Zum Abschied schenkt er mir das Schild eines Zellenschlüssels.

Die DDR-Gewerkschaften traten erstmals wieder offensiv in Erscheinung und griffen soziale Interessen der Bevölkerung während der Demonstration am 5. April gegen die Umtauschrelation 2:1 auf. Die PDS hatte bereits auf dem Wahlplakat »Wir sind ein Volk 1:1« den Nagel auf den Kopf getroffen; die Position der Bundesregierung wurde als Rücknahme der Wahlkampfversprechen und als Abwertung der Leistungen der DDR-Bevölkerung gesehen. 100000 kamen diesmal zum Berliner Lustgarten, und politische und selbstkritische Töne waren gefragt. »Wir haben die einmalige Chance, zum Hinterhof und Armenhaus der BRD zu werden«, karikierte die Schauspielerin Käthe Reschel vom Roten Forum; auch die Feststellung »Wir sind ein dummes Volk« erhielt viel Applaus. Die SPD wurde wegen ihres Koalitionsverhaltens ausgepfiffen, Gysi dagegen badete wie ein kleiner Napoleon in der Menge. Viele Beiträge vermitteln den Eindruck, daß die massiven sozialen Kosten und Gefährdungen der Währungsunion inzwischen deutlicher hervortreten und die Notwendigkeit einer starken Interessenvertretung wieder neben den Willen zum Aufstieg nach westlichem Modell getreten ist.

Auch im Betrieb ist die Spannung gestiegen, Kristallisationspunkt ist die Art der Umwandlung des VEB in eine GmbH. Wer sind die neuen Gesellschafter, wer wird Einfluß haben, wer hat das Geld? Der Direktor kann auch hier keine klare Auskunft geben. Der Übergang von der Treuhandgesellschaft, die das ganze Betriebskapital hält, zu neuen Gesellschaftern bleibt im dunkeln. Klar ist nur, daß die Belegschaften weder am Kapital

noch am Prozeß der Umwandlung beteiligt werden. Vielmehr deutet sich an, daß die alten Betriebsdirektoren und die Kombinatsleitung entscheidend beteiligt sind. Mehr als die Hälfte der Teilnehmer verläßt empört die Vertrauensleuteversammlung im Betrieb. »Schluß mit dem Geeiere«, »da bedienen sich doch wieder die alten Genossen«, sind die wütenden Kommentare. Am 22. März tauchte erstmals ein Info-Blatt im Betrieb auf: »GmbH-Bildung: Werden wir aufs Kreuz gelegt?«
Einige Tage später bin ich wieder im Museum, der alten Zahnradfertigung, und spreche mit einem Arbeiter. Er hat von der Unruhe gehört, worum es genau geht, weiß er nicht. Er sieht die Zukunft schwarz. 1972 ist er aus Polen gekommen, nachdem dort alle Anstrengungen keinen Erfolg gebracht hatten. Jetzt, mit 58 Jahren, ist er mit der DDR zum zweitenmal bankrott gegangen. Gefragt, ob er sich mit seinem Wissen selbständig machen könne, schüttelt er den Kopf. Er ist hier mit den Maschinen alt geworden; seit er hier ist, hat sich an den Maschinen und am Produkt nichts geändert. Er hätte nur gelernt zu arbeiten, und es wäre nie anerkannt worden, wie sie die alten Maschinen immer wieder in Gang gehalten hätten. Die Anstöße müßten von oben kommen, am besten wäre, ein westdeutscher Unternehmer würde den ganzen Laden übernehmen. Während er sich kurzsichtig über die Maschine beugt, leuchten hinter ihm eine Reihe von roten Wimpeln auf: »Meine Hand für mein Produkt.«

Gunter Hofmann

Insel der Hoffnung

Journalisten in Ost-Berlin

Vorgestellt oder erhofft oder erträumt hatte ich mir das Neuerstehen dieser Gesellschaft der DDR ein bißchen wie die Geburt einer Lava-Insel vor Island. Vor einigen Jahren war sie plötzlich über die Wasseroberfläche geschleudert worden und erkaltete dann ganz allmählich. Einige Wissenschaftler erhielten Zutritt. Sie konnten beobachten, wie langsam Flora entstand auf der Insel, welche Vögel sich als erste niederließen, wie die Wüste lebendig wurde. Das war eine Stunde Null – vor Island.
Einer dieser Beobachter, die dabei sind, wenn die große Transformation in eine ganz andere Gesellschaft beginnt, mit unendlich viel Rückwirkungen auf die eigene Gesellschaft im Westen, hätte ich sein mögen. Journalismus, so stellte ich mir das vor, hatte selten zuvor eine ähnliche Chance, Gesellschaft und Politik in einem Moment völligen Neuanfangs kennenzulernen.
Der Sprung zwischen den Welten, von Bonn nach Berlin (Ost), war größer als ich dachte. Aus der unwirklichen Hauptstadt, in der Politik inszeniert wird und ganz eigenen Kriterien folgt, in ein sehr wirkliches Berlin, in dem man nicht jedes Gesicht kannte, nicht jeden Winkelzug voraussagen konnte, nicht jede Überlegung als Taktik betrachten mußte und nicht jedes Wort auf Medienwirkung gerichtet war. Das war das Grundgefühl, auch meines, ausgelöst davon, daß eine Revolution stattgefunden hatte in Deutschland. Politik schien plötzlich wieder in Möglichkeitsform denkbar zu sein. Es ging nicht um Utopien, auch nicht um den heimlichen Wunsch, in der DDR etwas zu realisieren, was zu Hause gescheitert war: also nicht darum, die DDR als Ersatz-, Projektions- oder Experimentierland zu betrachten. Es ging einfach darum, einen Neuanfang beobachten zu können. Darin schien für die Politik insgesamt eine Chance zu stekken.
Die verblüffendste Erfahrung bleibt: Man kam in Kontakt mit einer Gesellschaft, die eine funktionierende demokratische Öffentlichkeit, eine Medien- und auch eine Parlamentsöffentlichkeit, nicht kannte. Nur abends im Wohnzimmer als Zuschauer hatten sie eine Art Ersatzöffentlichkeit erlebt, die Fernsehwelt West. Das machte – für mich – das wirklich andere aus; es beschreibt die kaum auszumessende Differenz.
Man kam in diesen Tagen des November 1989 in ein aufgewühltes Ost-

Berlin, in dem wirklich Zukunftsentwürfe diskutiert worden sind. Das Wort schien wahr zu sein, daß es soviel Anfang noch nie gab, noch nie in Deutschland. Diese Anfangschance hatte die Gesellschaft im Osten sich selber erkämpft.
Die alte und die neue Welt lagen in dieser Phase noch im Clinch miteinander. Das *Ancien régime* hatte noch nicht ganz aufgegeben, das Neue, das sich formierte, war in den Konturen noch nicht zu erkennen. Es schien so, auch als Journalist hatte man das Gefühl, als könne darüber wirklich frei entschieden werden. Welche Illusion! Nicht das Utopische fesselte daran wirklich, sondern eben, daß Politik überhaupt stattfand. Als Bonner Journalist war man gerade das nicht mehr gewöhnt. In Westdeutschland hatte die Politik schon lange ihre Geleise nicht mehr verlassen. Sie folgte Eigengesetzlichkeiten, schützte Sachzwänge vor, erstickte in Lethargie.
Über die Jahre war auch der Politikbegriff selbst abgemagert. Man selber hatte verinnerlicht, daß Politik in der Regel nur der Nachvollzug von Entwicklungen war, die sich ohnehin abspielten. Oder eben Wahlschlachten und Medieninszenierungen. Schon der erste Blick auf die DDR-Landschaft, die ersten Erfahrungen in Ost-Berlin, öffneten die Augen für die Deformationen der Westrepublik und Bonns neu. In Ost-Berlin, in der Hochburg der Einheitspartei-Orthodoxie, vollzog sich Politik plötzlich »live«. Sich in Berlin aufzuhalten, sei »wie Sekttrinken«, gestand Antje Vollmer seinerzeit. So war es auch. Noch gab es keine intakte Öffentlichkeit oder eine öffentliche Sprache, aber es hatte ein lebhafter Diskurs eingesetzt, den niemand zu steuern oder zu kanalisieren vermochte und der überraschend intensiv zu werden schien.
Überhaupt, es waren Augenblicke der Gespräche. Man entdeckte ein Land, in dem gern gesprochen wird, jedenfalls jetzt, im November und im Dezember. Die Gesprächspartner nahmen sich Zeit. Das Telefon scheuten sie – wenn sie überhaupt eines besaßen. Oft genug versuchte man als Journalist verzweifelt, im überalterten Telefonnetz eine Leitung zu ergattern. Es konnte Stunden dauern. Und ohnehin war es eben besser, sich wirklich zu treffen mit den Gesprächspartnern. Es gab so etwas wie eine Kommunikation der letzten und der ersten Stunde.
Stützpunkt für uns Journalisten bildete das Palasthotel am Alexanderplatz neben der Volkskammer. Alle wollten erleben, was da neu entstand. Zunächst war es ein großes Familientreffen. Man stieß auf lauter Kollegen, die man kannte, auf die Auslandskorrespondenten aus Bonn oder aus europäischen Hauptstädten, die seit Monaten den Revolutionen in Osteuropa nachreisten und jetzt in Ost-Berlin gelandet waren. In einem gewissen Sinne haben sie das Land, das gerade versank, besser verstanden oder gekannt. Sie sahen früher sehr klar, daß es keine zwei Staaten geben werde, und sprachen nur von der Wiedervereinigung, die bevor-

stehe. Sie hielten sehr früh den »dritten Weg« für eine typisch deutsche Illusion. Als Deutscher, auch als deutscher Journalist, war man vielleicht befangener, man hatte solche Prophezeiungen für Angstprodukte gehalten und sich selbst das Nachdenken gerade über diese deutsche Möglichkeit verboten.

Ich entsinne mich, wie schwer es fiel, französischen oder italienischen Kollegen zu erklären, daß diese nationalstaatliche Frage für einen selber auch gar keine Priorität hatte, im Gegenteil. Sie ahnten dennoch, wohin sich die beiden Deutschland entwickeln würden. Jeder urteilte aus völlig unterschiedlicher Perspektive – und plötzlich war man gar nicht mehr nur Journalist, sondern eben auch »Deutscher« oder Israeli oder Franzose. Das Mißtrauen gegenüber der demokratischen Zuverlässigkeit der Deutschen, das man selber nie ganz losgeworden war und das nun wachgerufen wurde, stieß bei den Korrespondenten von »Le Monde«, »La Repubblica« oder »Financial Times« auf gelinde Verwunderung. Wenn sich die Chance dazu bieten würde, meinten sie, daß Deutschland sich vereinigen könne, würden die Deutschen sie wahrnehmen; das stand für sie fest. Und es hing nicht ab vom Zustand der Demokratie und davon, ob die Deutschen gegen nationalistische Anfechtungen gefeit seien.

Man selber wiederum entdeckte inmitten der Revolution und im anderen Deutschland für einen Augenblick lang, gar nicht nur als Journalist, ein Stück der eigenen Identität. Offenbar hing sie damit zusammen, daß es die Bundesrepublik gab, aber gerade nicht »Deutschland«. So sprang man zeitweise aus seiner Rolle, die »deutsche Frage« holte den Beobachter ein. Für unsereins stand der Weg, den die DDR nehmen werde, also keineswegs fest. Ost-Berlin und die Gesellschaft der DDR übten sich in demokratischen Verkehrsformen. Vor allem im DDR-Fernsehen fielen über Nacht die Tabus. Zensur und Selbstzensur verflüchtigten sich.

Da war er, der Anfang. Und man wünschte sich die Chance, daß sich das alles entfalten könne. Woher kamen plötzlich die jungen, kessen Kollegen, die so auftraten oder schrieben, als hätten sie nie Furcht vor SED-Bonzen oder Stasi-Schnüffeleien gekannt? Mit Lust wurde jetzt Kritik geübt. Manchmal konnte man sich fast fragen, warum denn nicht auch im Westen der Journalismus ähnlich kritisch auftrat gegenüber der herrschenden politischen Klasse und den festzementierten Verhältnissen. Gut, in der DDR gab es Nachholbedarf. Sie mußten den Obrigkeitsstaat abschütteln. Aber eine affirmative Rolle spielt der Journalismus in aller Regel doch hierzulande auch. Rückfragen drängten sich also auf. Auch das spürte man in diesem Augenblick deutscher Möglichkeiten.

Spuren des untergehenden Staates waren allerdings in Berlin nicht zu übersehen. Das war die Kehrseite. Außer dem »Neuen Deuschland«, der SED-Zeitung, die ihre Chefredaktion bereits ausgetauscht hatte, aber noch Parteiblatt war, konnte man an den Kiosken, beim Herumschlendern in der Innenstadt und am Alex so gut wie nichts erstehen, keine lesenswerte Zeitung, kein kritisches Journal. Der Gedanke kam dabei schon, wie man das, an so viel Öffentlichkeit gewöhnt, über Jahre oder Jahrzehnte ausgehalten hatte. Journalismus – in einem solchen Land kann es das, was diesen Namen verdient, gar nicht gegeben haben.

Westreporter belagerten Berlin und die DDR. Im Palasthotel lief man Dutzenden von »SPIEGEL«-Kollegen über den Weg, im Grandhotel hatten sich zeitweise dreißig »*stern*«-Journalisten einquartiert. Mit ihren Kamerateams hetzten die Reporter von ARD und ZDF quer durchs Land, und die Chefkommentatoren verkündeten vor den seltsam unwirklich anmutenden Kulissen von Leipzig oder Dresden, wie diese neu entstehende DDR ihre Vergangenheit wirklich bewältigen könne (als wären wir da zu Belehrungen befugt) und was dort einfach alles falsch gemacht worden sei. Gelegentlich schüttelte man den Chefs westdeutscher Verlage die Hand, die hier im dunkelblauen Kaschmir, mit Diplomatenköfferchen und Chauffeur, die Chancen für ihre Magazine sondierten.

Ihnen ging es nicht darum, die Transformation in eine bürgerliche Öffentlichkeit vorzubereiten oder die Gesellschaft von den Fesseln ihrer Bevormunder zu befreien. Sie suchten Absatzmärkte. Sie rechneten, was der Vier-Farb-Druck in DDR-Druckereien kosten würde und ob das Lesepublikum, ausgehungert, wie es ist nach vierzig Jahren, sich am Ende vielleicht nur auf »Bravo«, »Bild«, »Die Bunte« oder »Playboy« stürzen würde. »DER SPIEGEL« schlüpfte schneller als alle anderen in die Rolle, die er in der Westrepublik auch hatte. Er enthüllte, enttarnte, beschrieb. Bald, das verriet das Echo, war er in Ost-Berlin genauso geliebt und gehaßt zugleich wie im Westen. Man brauchte solche Enthüller, sie wurden mit Hinweisen gefüttert, aber man fühlte sich auch verfolgt und latent bedroht.

Die Westöffentlichkeit war schon im November hereingebrochen über die DDR. DDR-Politiker der neuen Übergangsgeneration sprachen mit »Bild«, als hätten sie das schon immer gemacht, und traten im Westfernsehen auf, weil sie zu Hause gehört werden wollten. Die beste Garantie dafür war es, sich der Medien aus dem Westen zu bedienen. Als Journalist machte man die merkwürdige Erfahrung, plötzlich selber gern das Fernsehen anzuschalten. In Bonn hat sich das Fernsehen als dominierendes Medium voll etabliert. Politik wird oft genug eingerichtet für die TV-Kameras, das gibt ihr viel von ihrem künstlichen Charakter. In den Fernsehsendungen aus Ost-Berlin vollzog sich Politik ganz direkt, ganz authentisch. Die ersten Sitzungen der Volkskammer nach dem 9. November, welche die SED-Heroen von gestern zu schrecklichen Selbstanklagen nutzten, die Berichte der Kamera-Teams aus dem Land – die Chronologie der laufenden Ereignisse ließ Pausen und Zwischenräume überhaupt nicht mehr zu.

Das lief alles sehr intensiv ab, ohne Filter. Man konnte aber schon ahnen, daß es für einen Neuanfang vielleicht gar keine Zeit geben würde, obwohl das alles – Volkskammer, Runder Tisch, Verfassungentwurf – noch davon handelte. Kein Wunder, daß man als Journalist im Frühjahr 1990 dann auch bemerkte, wie die Revolutionsstimmung zwischen Hoffen und Bangen aus den Novembertagen plötzlich in eine gewisse Traurigkeit, in Nervosität und Aggressivität umgekippt war. Die Revolution hatte gesiegt und war gescheitert zugleich. Begonnen hatten sie mutige Außenseiter wie Bärbel Bohley oder Jens Reich. In der »Heldenstadt Leipzig« fing alles an, jetzt stand Helmut Kohl an der Spitze dieser Revolution, der Kanzler aus der Heldenstadt Bonn.
Die Revolution war das Medienereignis. ARD und ZDF wetteiferten um Interviews mit Egon Krenz, später mit Hans Modrow. Zum Teil, jedenfalls in der ersten Phase, wurde allerdings auch diese Revolution für das Fernsehen in Szene gesetzt. Fernsehgerecht tauchten die schwarz-rot-goldenen Fahnen, aus denen das DDR-Emblem herausgeschnitten war, vor den Kameras auf. Die Fahnenschwinger wußten, was bildgerecht ist. Westfernsehen kannten sie ja. Heute frage ich mich, ob man sich als Journalist nicht auch hat überrollen lassen. Die Politik hinkte den Ereignissen hinterher, aber die Journalisten ebenfalls. Keiner wollte auf Dauer langsamer sein als die Leute auf der Straße. So hat man es kaum bemerkt, aber plötzlich war der Augenblick verpaßt, in dem eine wirkliche öffentliche Debatte über das, was geschah und was man sich als deutsche Möglichkeit vorstellte, hätte entfacht werden können.
Auch Journalisten waren befangen. »Das Volk« hatte ja gesprochen und nach Einheit gerufen, nicht mehr, wie zunächst, nach Demokratie und Emanzipation. »Die Mehrheit« wollte die vereinte Nation. Es gilt nicht nur für Politiker, es gilt auch für Journalisten, daß sie sich irgendwann insgeheim entschlossen haben müssen, Volkes Stimme zu folgen und sich nicht als »vaterlandslos« beschimpfen zu lassen, egal, ob es den Demonstranten auf der Straße oder den Wählern »nur« um die West-Mark, vergleichbaren Wohlstand und materiellen Nachholbedarf ging. Wo der Journalismus dennoch skeptisch blieb gegenüber diesem Umkippen der Revolution, blieb er echolos. Wer sich die DDR als etwas Eigenständiges ausmalte oder Deutschland als etwas politisch Neues, als eine Staatsordnung, die sich umdefiniert, erhielt Applaus von einer Minderheit in der DDR, die bald schon ausgelacht wurde. Was er denn machen würde, wenn die Einheit doch käme, habe ich damals einen der jungen, intelligenten Politik-Professoren (noch in der SED, aber schon am Absprung) gefragt. »In die Sowjetunion auswandern – oder in die Toskana«, erwiderte er. Er ist dann aber – traurig – an der Humboldt-Universität geblieben.
Ich gestehe, mich selber manchmal ein bißchen geniert zu haben, weil

man zu denen gehörte, die wie amerikanische Journalisten im Schatten der Marines auf Grenada eingerückt waren. Man betrachtete die DDR wie ein exotisches Gelände. Auch wenn man es nicht so wollte, man gehörte mit zu den neuen Besatzern. Warum es nicht gelungen ist, eine öffentliche Diskussion über die Zukunft Deutschlands, geteilt oder nicht, zu entfachen? Zu den vielen Gründen gehört auch, daß die Revolution plötzlich ihren antiintellektuellen Charakter gewann. Das gilt für Ostdeutschland so gut wie für Westdeutschland. Unversehens wurden alle, die das Zusammenwachsen der deutschen Staaten nicht nur als ökonomisches Problem betrachteten, sondern auch als politische Chance, verdächtigt, Utopien nachzujagen oder die DDR von außen neu zu beglücken. Auch die Linke verfiel ins Schweigen. Über den aufkeimenden jungdeutschen Patriotismus mag sie sich den Kopf zerbrochen haben – aber die Entwicklung verschlug ihr die Sprache. Das trug nicht wenig dazu bei, daß über deutsche Möglichkeiten schon bald gar nicht mehr geredet wurde.

Hinzu kam, daß die Dissidenten von gestern aus der DDR oft einer solchen Suche lebhaft widersprachen. Auch sie plädierten für ein Utopieverbot, das war nicht nur die »FAZ«. Monika Maron zum Beispiel, die DDR-Schriftstellerin, die so oft so mutig den herrschenden Verhältnissen widersprochen hatte, verteidigte nun kompromißlos die Einheit und betrachtete alle skeptischen Rückfragen als unlautere Einmischungsversuche. Oder der britische Osteuropa-Kenner Timothy Garton Ash: Er warnte vor Experimenten auf dem Rücken der anderen Deutschen. »Warum zum Teufel sollten sie?« wollte Ash wissen, warum sollten sie nach einem Dritten Weg suchen? »Wenn du ein anderes Experiment beginnen willst«, riet er, »bewerkstellige es bitte freundlichst an dir selbst.« Und auch Ash kannte die DDR ja blendend.

Das Schweigegebot, das von solchen Urteilen kompetenter Autoren oder von DDR-Intellektuellen ausging, trug zur Lähmung bei. Natürlich hat eine Autorin wie Monika Maron ihr eigenes Recht, das Nachdenken über eine »besondere DDR-Identität« als Irrtum der westdeutschen Linken zu bezeichnen und den Tag herbeizuwünschen, an dem sich nicht mehr »alle Tatenlust westdeutscher Utopisten auf das Brachland DDR richtet, weil ihnen die eigene Kultur unvollkommen geraten ist«. Auch als Journalist spürte man das: Das originäre Urteil derjenigen, die in der DDR gelebt (und gelitten) hatten, war von einem, der plötzlich von außen hineinschneit, weil die Mauer gefallen war, einfach nicht zu ersetzen. Die eigene professionelle Legitimation reicht an die andere, die existentielle Legitimation einfach nicht heran. Nichts, das bekam man zu spüren, kannte man wirklich. Die Mauer hatte tatsächlich das Land hermetisch abgeschlossen. Als Journalist bewegte man sich auf extraterrestrischem Gelände. Jeder, der dort gelebt hatte, wußte es besser und kannte die Inne-

reien der Gesellschaft genauer, in der so viele Täter und Opfer zugleich waren. Man lernte, daß sich dieses Wissen und solche Erfahrung nicht nachholen lassen.
Aber auch so läßt sich vielleicht erklären, weshalb das mögliche Gespräch über Möglichkeiten in Deutschland erstickte, bevor es richtig begann. Ersatzweise allerdings starteten in allen Fernsehkanälen endlose, ausgewogene Talkshows, in denen Deutschlands Zukunft beredet und gewendet wurde. Aber da gab es schon keine Möglichkeiten mehr, da war Deutschland schon zum Unterhaltungsstück umgeschrieben. Die Verarbeitungsmaschinerie der Westöffentlichkeit funktionierte blendend. Vielleicht trauert man auch nur etwas Unmöglichem nach. Vielleicht war das Bild schief, das man in den ersten Revolutionswochen gewann, weil es zu sehr im Gespräch mit Schriftstellern, Hochschullehrern, Intellektuellen geformt worden war. Vielleicht hat man sich auch zu sehr an die Opposition der ersten Stunde gehalten, an deren Glaubwürdigkeit und Authentizität.
Es ist ja kein Zufall, daß selbst diejenigen, die vor Experimenten auf dem Rücken von anderen warnten, zugleich eben auch ein gewisses Traurigwerden, ein Unglücklichsein der Gesellschaft im Osten bemerkten. »Im Vergleich mit Polen, Ungarn oder der Tschechoslowakei«, urteilte Timothy Garton Ash (»East Germany: The Solution«, The New York Review of Books, April 1990), »gibt es tatsächlich eine gewisse Melancholie über Ostdeutschland. Denn es gilt nur für die erste Phase der Revolution, vom 9. Oktober bis 9. November, daß die Leute mit berechtigtem Stolz und uneingeschränkt richtig sagen konnten: ›Wir haben uns für uns selbst erhoben! Wir haben das auf unsere Art gemacht!‹ Die erste friedliche Revolution, die erste Selbst-Befreiung in der deutschen Geschichte, blieb keine Selbstbefreiung. Ostdeutschland baute nicht zuerst seine eigene Demokratie, um dann Westdeutschland die Hand zu reichen.«
Erwartet hatte man also blauäugig, die ersten Pflänzchen einer eigenen Demokratie zu erleben, vielleicht auch die Auswirkungen auf die demokratischen Verhältnisse im Westen. Aber seit dem Januar 1990 erlebte man nur noch die bekannten Grundmuster; auch die Gesichter, auf die man in den Luxushotels von Leipzig oder Berlin stieß, kannte man meist aus Bonn. Und zu Hause versiegte jede Selbstkritik am Unzureichenden der Politik, weil Maßstab nun Bitterfeld und Greifswald und die ganze DDR-Misere geworden war. Bei den Parteitagen führten im Hintergrund die Helfer aus den Bonner Parteihauptquartieren Regie. In den Vorzimmern von Lothar de Maizière oder Markus Meckel trieben sich Bonner Funktionäre herum.
Sogar die Embleme, die Plakate, die Wahlsprüche kamen einem nun vertraut vor. An der Oberfläche der vergehenden DDR tauchten die Symbole der Politikwelt auf, deren Gesetzlichkeiten man bis zum Überdruß

kannte. Die DDR war Teil einer Welt geworden, die Politik inszeniert. Immer noch bemühten sich DDR-Politiker, sich nicht vereinnahmen zu lassen. Aber immer würdeloser wurden sie an die Leine genommen. Ost-Berlin, das muß man gestehen, gewann in diesem Augenblick, als es zu spät war, einen eigenen Charakter; man könnte von einer Identität der letzten Stunde sprechen. Aber da waren die Weichen schon längst gestellt, der Staatsvertrag formuliert, das gesamtdeutsche Wahldatum anvisiert.

Plötzlich war alles nur noch Erinnerung, und man rieb sich ein bißchen verwundert die Augen. Ost-Berlin noch im Dezember – für Journalisten wie unsereins wurden dort keine Statements fabriziert, sondern man sprach eben miteinander. Ich entsinne mich, in einem Gespräch mit Lothar de Maizière, nachdem er – damals gerade neu zum Ost-CDU-Chef gewählt – mit Volker Rühe konferiert hatte, ganz wundersame Töne gehört zu haben. De Maizière machte kein Hehl daraus, was er von Rühe hielt. Er wollte nicht unbedingt zitiert werden. Aber schon gar nicht wollte er die Wahrheit verschweigen.

Zu diesem Zeitpunkt gab es in der DDR vielleicht auch noch nicht die Angst, Journalisten oder Medien könnten die eigenen Worte mißbrauchen. Es war ein Augenblick der naiven Schutzlosigkeit. Man hätte sich gewünscht, ihn konservieren zu können, aber wo gibt es das schon? In diesem Moment, und nur damals, galt keine Regel und kein Erfahrungssatz. Es war eben alles weggebrochen und nichts wirklich neu entstanden. Bis vor wenigen Wochen hatten sich hier noch die Fernsehkollegen von ARD oder ZDF für jede Aufnahme eine Dreherlaubnis einholen müssen, in den allermeisten Fällen hatte man sie natürlich abschlägig beschieden.

Auch die schreibenden Korrespondenten mußten restriktiven Auflagen folgen, die im Rückblick geradezu die Sprache verschlagen. Von den Journalisten der DDR nicht zu reden. Chefredakteure zum Beispiel erhielten gelegentlich Zeitungen wie den »SPIEGEL« oder »DIE ZEIT«. Wenn sie Mut hatten, schnitten sie Artikel aus und reichten sie an Redakteure weiter, was verboten war. Offiziell durften die Exemplare das eigene Büro unter keinen Umständen verlassen. Und Kopiergeräte gab es nicht. Das alles fiel weg in den ersten nachrevolutionären Wochen. Keiner kümmerte sich mehr darum. Nur – in den Köpfen war das System noch lebendig.

Als ich den Großmeister der DDR-Soziologie und Arbeiterbewegungsgeschichte, den greisen Jürgen Kuzcinsky, anrief, um ihn nach einem Gesprächstermin zu fragen, erwiderte er: »Sehr gerne, aber hat Frau Karl im Ministerium für Auswärtige Beziehungen das auch erlaubt?« Auf meine Antwort, das sei nicht nötig, meinte er: »Doch, für mich schon.« Ich habe daraufhin Frau Karl angerufen, die zuständig war für das Stück Öffent-

lichkeit, das zugelassen und dennoch kontrolliert werden sollte. Sie wunderte sich und meinte freundlich: »Wenn der Professor Kuzcinsky das wünscht, bitte...« Zwei Tage später saß ich bei Jürgen Kuzcinsky. Das Außenministerium hatte die Gesprächserlaubnis erteilt. Der gebildete alte Herr erzählte mir dann vergnügt, der Kommunismus sei gar nicht tot, er mache vielleicht gerade eine längere Pause. Seine Meinung, fügte er auch hinzu, habe er immer schreiben können.
Hinterher bin ich in der Straße in einem Ostberliner Vorort auf- und abgegangen, habe mir meine Gesprächsnotizen gemacht und mich gefragt, ob das alles denn wahr und wirklich sei oder nicht die Botschaft aus einer anderen, nicht richtig vorstellbaren Welt. Hinter das Geheimnis dieser Gesellschaft zu dringen, war keine Zeit. Mir ist sie fremd geblieben. Die eine DDR war bereits ganz weit weg oder tief versunken, die andere tauchte nicht auf, obwohl man über sie schrieb.

Marianne Schulz/Jan Wielgohs
DDR-Identität zwischen Demokratie und DM

1. Von der Revolution zum Tanz ums Goldene Kalb

Offenbar hat die Berliner Mauer, dieser blickundurchlässige betonierte Teil des Eisernen Vorhanges, bewirkt, daß die DDR – im Unterschied zu anderen Ostblockländern – nahezu eine »Terra inkognita« in der westeuropäischen Wahrnehmung blieb. Dies trifft sogar für die andere deutsche Republik zu, »wenn man an das allgemeine Bewußtsein in der Bundesrepublik denkt«[1], wie Vertreter der bundesrepublikanischen DDR-Forschung konstatieren. Sie verweisen darauf, daß »die Einstellung der ›West‹-Deutschen zur DDR und den ›Ost‹-Deutschen... politisiert, theoretisiert, ideologisiert (ist)« und »sie... – wenn nicht gerade verwandtschaftliche Beziehungen oder landsmannschaftliche Gefühle bestimmend sind – die ›DDR‹ und ihre ›Bürger‹ als ›System‹ (sehen)«.[2] Insofern kann es nicht verwundern, daß der Aufstand gegen das »System«[3] – zum einen der panikartige Exodus aus steinerner Umzäunung, zum anderen der gewaltlose und phantasievolle Aufbruch der DDR-Deutschen zu demokratischer Selbstbestimmung und wirklicher Menschenrechtspraxis – seine sinnhafte Symbolik im Zusammenbruch der Berliner Mauer fand. Schließlich war sie die gestaltgewordene, anachronistische Inkarnation einer dem administrativ-zentralistischen Sozialismus[4] notwendig innewohnende Unmenschlichkeit, Unfreiheit, Ungerechtigkeit und Ungleichheit im modernen Europa an der Schwelle des 21. Jahrhunderts.
Der Fall der Mauer – gerade im 200. Jahr der Französischen Revolution – assoziierte den unblutigen Sturm der »deutschen Bastille« und eine Interpretation des politischen Aufstands in der DDR als Eintritt in die bürgerlich-demokratische Revolution. Diese von den westlichen Medien von November bis Dezember favorisierte Sicht auf das nun in die historischen Spuren der Freiheit, Gleichheit und Brüderlichkeit eintretende DDR-Volk war zwar eine historische Momentaufnahme der noch »schönen Revolution«, aber eben auch eine Fiktion. Sie war nicht geeignet, den sich rasch anbahnenden Prozeß des Widerstreits zwischen Modernisierung, Demokratisierung und Wertemodifikation bzw. -konservierung mit seinen Irritationen, Paradoxien und Alternativen ins Massenbewußtsein zu heben. Wurde doch übersehen, daß die erste praktische Einübung des

DDR-Volkes in die kulturzivilisationsbefördernden Symbol-Losungen im Kontext einer zwar unterstellten gemeinsamen nationalen Identität bei realiter aber sehr verschiedenen Bedürfnis- und Interessenlagen und gleichzeitigem Bestehen von »Zerrbildern«[5] der jeweils anderen deutschen Republik zu einem mehr karnevalistischen Ritual mit gravierenden Wahrnehmungsdefekten geraten mußte: Ehe das ungläubige Erstaunen über die eigene, sogar siegreiche, gewaltloseste politische Revolution aller historischen Revolutionen der Deutschen in ein tieferes Besinnen eintreten konnte, was möglicherweise zu einem produktiven Dialog und einer neuen identitätsstiftenden Solidarisierung zwischen den DDR-Deutschen – auf der Suche nach dem effektivsten und originären Weg in die Moderne – hätte führen können, vollzog sich auf den Ruinen der Mauer die deutsch-deutsche Fraternité.

Aus der Euphorie der warmherzigen Beschenkungen und gastfreundschaftlichen Begrüßungen beim ersten Schritt in die Freiheit entsprang die zunächst mehr emotional begründete Vision der möglichen Lösung der nationalen Frage, die da schon sanft zur »Aufhebung der Teilung der Deutschen« tendierte.

Die über Nacht gewonnene Liberté der DDR-Deutschen wurde zur ausnahmebedingten Ausflugsfreiheit in das bisher »unerreichbare Land des unbegrenzten (materiellen) Wohlstands«[6]. Nun konnte das aus der bisher erzwungenen Distanz vor allem durch die Öffentlichkeit des »westdeutschen Fernsehens«[7] entstandene »konkret(e), griffig(e), produktorientiert(e)... West-Deutschland-Bild«[8] der DDR-Deutschen auf die andere deutsche Republik in Augenschein genommen und eigenständig überprüft werden. Daß die empirische Wahrnehmung aus diesem schon vorgeprägt affirmativen Blickwinkel angesichts des im eigenen Lande wachsenden Verschleißes, Verfalls und Mangels einen massenhaften Konsum- und Kulturschock bewirken mußte, war unschwer vorauszusehen. Einem Teil der DDR-Deutschen entstand daraufhin die naheliegende Vision der deutsch-deutschen sozialen Egalité. Ihre erst zaghafte, dann zunehmend die heimatlichen Straßen besetzende Losung »Wir sind ein Volk!« zielte zunächst weniger auf die bundesdeutsche »politische Alternative« als auf eine, aus ihrer Interessenlage aktuell relevante Neubestimmung des sozialen Inhalts der nationalen Frage: »Aufhebung der Teilung durch teilen«, wie es der neu gewählte DDR-Premier in seiner Regierungserklärung – allerdings erst Monate später – auf den Punkt brachte.[9]

Dies war der Beginn der Wende der Wende. In ihr manifestierte sich erst eine skeptische, dann eine zunehmend militantere Ablehnung einer reformsozialistischen Perspektive bzw. eines »dritten Weges« als mögliche Alternative durch einen großen Teil der DDR-Bevölkerung. In ihrem Verlauf wurden jene Inspiratoren des politischen Aufbruchs, die ihre Vision von einer solidarischen Gesellschaft und einer neuen politischen Kul-

tur nicht aufgaben, politisch marginalisiert. Der sich in einer populistischen Bandbreite zwischen »Deutschland – einig Vaterland!« bis »DM – Jetzt!« artikulierende Stimmungswandel signalisierte, daß breite Bevölkerungskreise in der Vereinigung der Nation die zu favorisierende Alternative sahen und dazu auf den Import der politischen Kultur, der Marktwirtschaft und der Währung der Bundesrepublik setzten.
Ihren politischen Ausdruck fand diese faktisch massenpsychologische Vorentscheidung in der Transformation der parteipolitischen Landschaft der Bundesrepublik auf die DDR und in einem geradezu erschreckend kulturlosen Wahlkampf, der letztlich nur um die Tempi und Modi des schnellsten Weges zur deutschen Einheit geführt wurde. Daß diesen politischen Implikationen mehrheitlich und dominant tatsächlich die sicher naive Erwartungshaltung der schnellstmöglichen sozialen Gleichstellung der Bürger beider Deutschländer zugrunde lag und ihre praktische Realisierung vorrangig über die Verfügbarkeit der Deutschen Mark[10] vorgestellt wurde, zeigte sich im deutlichen Sieg der »Allianz für Deutschland« bei den Volkskammerwahlen am 18. März 1990. Ein derartiges Wahlverhalten mußte angesichts der Tatsache, daß es die Bürgerbewegungen der DDR waren, die mit der erarbeiteten und verabschiedeten Sozialcharta[11] eben bemüht waren, die sozialen Interessen der DDR-Bürger zu sichern und politisch zu verteidigen, auf den ersten Blick als irrational oder paradox erscheinen. Dennoch war es ein konsequent rationales Verhalten, in dem sich die paternalistische Prägekraft bisher ausschließlich erfahrener politischer und sozialer Verhältnisse fortsetzte. Es dokumentierte zugleich, daß die »Allianz« nicht als eigenständiger politischer Interessenvertreter, sondern als institutioneller Stellvertreter des anderen deutschen Staates, an den die Erwartungen der Wähler adressiert waren, gewählt wurde. Dieser Sachverhalt manifestierte sich in aller Deutlichkeit, als im Gefolge der Enttäuschung und Empörung der DDR-Bürger über den just nach der ersten freien und demokratischen DDR-Wahl von seiten der Bundesbank angebotenen Währungstauschrelation von 2 DDR-Mark für 1 D-Mark, nicht der »Allianz«, sondern dem Bundeskanzler der Tatbestand des Wahlbetruges angelastet wurde.
Diese erste Erfahrung mit der neuen Demokratie führte zur Besinnung. Die Demonstrationen Hunderttausender gegen den Bonner Versuch, die »Noch-DDR« zum hauseigenen Entwicklungsland zu machen, brachten die politisch so wirksamen Herbsterfahrungen in Erinnerung. Am Ende der nun gewendeten Wende weiß nun nahezu jede/r: »Und das, was dann gekommen ist, war der Tanz ums Goldene Kalb.«[12] Die Vorwahl-Euphorie ist einer erheblichen Ernüchterung gewichen.

2. Der kapitalistische »Konsumsozialismus« und der Zusammenbruch der DDR-Identität

Die Skepsis und schließliche Verweigerung einer Mehrheit der DDR-Bevölkerung gegenüber dem Vorschlag der Opposition, basisdemokratisch an einer eigenständigen Reformperspektive für eine moderne, solidarische DDR-Gesellschaft mitzuwirken, entsprang wohl aus zwei zeitlich und inhaltlich unmittelbar zusammenhängenden Faktoren: Zum einen erlebten die DDR-BürgerInnen nicht nur den erdrutschartigen Zusammenbruch der Machtstrukturen im eigenen Lande, sondern auch die sich mit ähnlicher Rasanz parallel vollziehende Auflösung der politischen Systeme in anderen sozialistischen Ländern. In Anbetracht des faktischen Zusammenbruchs des gesamten sozialistischen Systems in Ost- und Mitteleuropa – eingedenk der seit Jahren beobachtbaren Erfolglosigkeit der sowjetischen Perestroika[13] – wurden, entsprechend der langjährig eingeübten ideologischen »Gebrechen des gegenwärtigen Systemdenkens«[14], die hochentwickelten kapitalistischen Länder logischerweise als einzig verbleibende Alternative, als höchstmögliche Form moderner Zivilisation begriffen. Mit dieser Wertung verband sich zum anderen die Illusion, daß die Übernahme moderner kapitalistischer Funktionsprinzipien automatisch eine höhere Lebensqualität, nämlich »Freiheit und (westlicher) Wohlstand für alle« – dies eine Wahlkampflosung der DDR-CDU – bedeute.

Der Vergleich des deutsch-deutschen Alltags führte zu der Offenbarung, daß sich paradoxerweise der vielbesungene »ideale Konsumsozialismus« real jenseits der Mauer befand. Hier schien die SED-Losung »Ich leiste was, ich leiste mir was!« wirkungsvolle Realität zu sein. Besondere Aufmerksamkeit fand verständlicherweise das bundesdeutsche Arbeitsleben. Es veranschaulichte die Zurückgebliebenheit der Arbeitsverhältnisse in der DDR, die durch extensivere Arbeitszeitverhältnisse, gravierend rückständigere Arbeitsinhalte und -bedingungen, niedrigeres Lohnniveau und insgesamt schlechtere gesamtgesellschaftliche Reproduktionsbedingungen charakterisiert sind. Diese wohl am stärksten reflektierten Tatsachen vertieften das Bewußtsein der DDR-Deutschen, daß nicht ihr berufliches Unvermögen, nicht fehlender Fleiß oder gar Mangel an Improvisationsfähigkeit bzw. an Kreativität die Ursachen ihres niedrigen Lebensniveaus sind, sondern die in beiden Ländern unterschiedlichen materiell-gegenständlichen und organisatorischen Bedingungen der Arbeit und Produktion. Insofern mußte es als die einfachste Lösung erscheinen, die in der Bundesrepublik existierenden effizienteren Arbeits- und Produktionsbedingungen einfach zu übernehmen.

Die langjährige Entpolitisierung ihres gesellschaftlichen Erfahrungs- und Praxiszusammenhanges ließ offenbar einen Großteil der DDR-BürgerIn-

nen übersehen, daß die sozialen Arbeits- und Reproduktionsbedingungen in der Bundesrepublik nicht Präsente des Staates an das Volk darstellen, sondern maßgeblich durch das kollektive und organisierte Handeln der Produzenten erkämpft sind.
In der offensichtlichen Weigerung, jene Phänomene wahrzunehmen, die auch aus dieser reichsten der westeuropäischen Gesellschaften eine moderne Zwei-Drittel-Gesellschaft machen, sieht Friedrich Schorlemmer einen »Ausdruck politischer Naivität sondergleichen, an der natürlich die SED mit schuld ist, denn sie hat ein Feindbild aufgebaut, und deshalb nehmen die Leute auch diejenigen Wahrheiten nicht an, die sie tatsächlich transportiert hat«. Und er ergänzt: »Daß der Kapitalismus am Elend der Dritten Welt schuld ist, kann man in der DDR niemandem erzählen.«[15]
Aus der Unmittelbarkeit des positiven Erlebens eines nationalen Zusammengehörigkeitsgefühls und der nun direkten Kommunikation entsteht der massenpsychologische Effekt des Zusammenbruchs der DDR-Identität.[16]

3. DDR-Identität zwischen sozialer Gerechtigkeit und politischer Distanz

Eine Identität der DDR-Bevölkerung konnte sich paradoxerweise erst und erzwungenermaßen – mit dem Bau der Mauer – in den sechziger Jahren ausbilden und formieren. Mit diesem sicher gravierendsten Machtakt gegen das eigene Volk war der politischen Führung zugleich die bisherige innenpolitische Repressionslegitimation entzogen. Die politische Führung konnte sich im eigenen Selbstverständnis nun der Modernisierung der gesellschaftlichen Reproduktion ihres Systems zuwenden, um das deklarierte Ziel – die »soziale Gleichheit« – in die Praxis umzusetzen. Die Suche nach Reformansätzen, das zeitweise Nachlassen des Drucks zur konformistischen Anpassung an die herrschende Ideologie und die empirisch verifizierbaren Bemühungen der politischen Führung, das propagierte Paradigma der »sozialen Gerechtigkeit« tatsächlich umzusetzen, veranlaßte die DDR-BürgerInnen, dem Staat ihre Arbeitskraft und Einsatzbereitschaft zur Verfügung zu stellen und von diesem wachsende Sozialleistungen zu erwarten.[17]
Insofern stellt sich das Phänomen einer DDR-Identität als eine Art wechselseitig garantiertes Loyalitätsarrangement zwischen der Bevölkerung und der politischen Führung dar. Es gründete sich offensichtlich auf das scheinbar gemeinsame Ziel, die soziale Gleichheit zu verwirklichen, und enthält zugleich an der spezifischen Interessenperspektive gebrochene unterschiedliche Handlungsstrategien. Während die Führung versuchte,

eine Akzeptanz ihres Machtmonopols durch die effizientere Gestaltung der sozio-ökonomischen Sphäre zu erreichen, und ihre Bemühungen darauf ausrichtete, das Funktionieren des Gesamtsystems zu verbessern, waren die BürgerInnen bemüht, ihre politische und individuelle Autonomie zu bewahren, um auf der Grundlage steigenden Lebensstandards ein selbstbestimmtes Leben zu gestalten. Daß in diesen gegensätzlichen Bestrebungen ein Widerspruch angelegt war, der sowohl die Möglichkeit neuer Entwicklungen als auch die Produktion politischer Sprengkraft für das sozialistische System enthielt, war den Protagonisten sicher nicht bewußt.

Die Identität der DDR-Bevölkerung war somit von Anfang an Ausdruck eines widersprüchlichen Verhältnisses von partieller sozialer Integration und politischer Distanz. Obwohl typische Unterschiede in den Einstellungen und Verhaltensmustern von »Konformisten, Abstinenzlern, Autonomisten und Opposition«[18] belegt werden können, läßt sich bei allen Typen eine inhaltlich und graduell verschiedene, aber mehrheitlich verbreitete Distanz zur politischen Macht und ihrem Zentrum konstatieren, die – wie der Identitätsbruch zeigt – offenbar über die Jahre relativ konstant geblieben ist. Trotz dieser Grundoption werden zunächst jene sozialstrukturellen Entwicklungen – wie die ökonomische Unabhängigkeit der Frauen und die Erhöhung des allgemeinen Bildungs- und Qualifikationsniveaus – positiv bewertet, als auch die zu Beginn der siebziger Jahre durch die neue Sozialpolitik einsetzenden spürbaren Verbesserungen des Konsumtions- und Lebensniveaus. Sie werden als Voraussetzungen gesehen, um in den vermeintlich abgetrotzten »unpolitischen Freiräumen« eine selbstbestimmte und moderne Lebensweise zu gestalten. Daß über derartige Freiräume eine Entkopplung von Individuum und Gesellschaft und damit eine politisch unabhängige und autonome Lebensgestaltung möglich wäre, erwies sich als eine gravierende Fehlannahme. Führte doch die Akzeptanz einer Sozialpolitik, die als staatlich verordnete Verteilung von Arbeit, Einkommen und Sozialleistungen und somit als paternalistische Bedürfnisregulierung funktionierte, zur freiwilligen Subordination unter eine Fremdbestimmtheit und zum Verzicht darauf, eigene Interessen zu artikulieren und zu vertreten.

Solange mit dieser Art »Sozialvertrag« eine scheinbare Vergesellschaftung im Sinne »sozialer Gerechtigkeit« einherging und die BürgerInnen ihre vorrangige Orientierung an Konsum, Freizeitgenuß, privatem Wohlbefinden vor allem in der Familie sowie ihr Interesse an leistungsgerechten Einkommen im Vergleich mit anderen befriedigen konnten, übersahen sie, daß das Resultat einer derartigen stillschweigenden Verabredung eben auch ihren Ausschluß aus der Gestaltung ihrer eigenen sozialen Verhältnisse bedeutete. Die Konsequenzen dieser sozialen Prozesse erfuhren die DDR-BürgerInnen als »Standardisierung aller sozialen Lebensla-

gen«, als vorgegebene »Auswahl weniger Möglichkeiten von angebotenen Standards« zur Gestaltung der eigenen Biographie und als zunehmende »institutionelle Abhängigkeit«, die »Vereinsamung (bedingt), Identitätsprobleme (auslöst) und schließlich die Entfremdung des einzelnen von der Gesellschaft (verstärkt)«.[19]
Die gravierendste Konsequenz dieser Art von Entfremdung, die eine zur Uniformität neigende Individualisierung und Atomisierung des sozialen Verhaltens breiter Bevölkerungskreise implizierte, war eine – allerdings weit weniger wahrgenommene – strukturelle Unfähigkeit zu kollektivem sozialen und politischen Handeln. Aus dieser kollektiven »Passivität« entsprang die permanente individuelle und gemeinschaftliche Adressierung eigener Bedürfnisse und Interessen als Erwartungshaltungen an den Staat.

4. Die Krise der DDR-Identität

Als in den achtziger Jahren das politische Grundpostulat »Soziale Gerechtigkeit« diskret in das der »Sozialen Chancengleichheit« transformiert und schließlich das Konzept der »Sozialen Ungleichheit« offen propagiert wurde, der Staat den Versuch unternahm, die erforderliche Modernisierung und Dynamisierung der DDR-Wirtschaft durch die »Mobilisierung einer individuellen Reserve«[20] in Gang zu bringen, entstanden soziale Differenzierungen mit erheblichen Deformationseffekten, die zur Erosion der wichtigsten Loyalitätsgrundlagen – des »Prinzips der Verteilung nach der Leistung« und des »Systems der sozialen Sicherheit« – führen mußten.[21]
Die Identitätskrise wurde manifest. Sie artikulierte sich nicht öffentlich und offensiv, sondern in einer passiven Verweigerungsstrategie[22], die in der Fluchtbewegung wohl ihren deutlichsten Ausdruck fand. Daß mit der Auflösung des eigenen Staates ein massenhafter Identitätsbruch einsetzte, erklärt sich wohl zunächst schlicht und zwingend aus der Logik der die DDR-Identität konstituierenden Voraussetzungen.
Daß aber an ihre Stelle nahtlos die Projektion einer gemeinsamen nationalen Identität[23] tritt, läßt sich kaum vorrangig auf den Versuch der SED-Führung zurückführen, ihre schwindende sozialpolitische Legitimität durch die Instrumentalisierung des nationalen Erbes zur Herausbildung eines kulturell begründeten Nationalbewußtseins zu kompensieren.[24] Vielmehr verweist der gradlinige Umstieg in eine sich anbietende nationale Identität darauf, daß das Abstreifen der bisherigen Identität völlig unproblematisiert bleibt und die Mühe einer kritisch differenzierten Aufarbeitung der eigenen Vergangenheit mehrheitliche Ablehnung findet. Dennoch scheint die ambivalente Relation von sozialer Integration und

politischer Distanz, die sich in der DDR-Identität ausdrückte, einen polarisierenden Wertungskontext zu bilden, an dem sich offenbar eine Mehrheit und Minderheit scheiden.

Die Minderheit, deren Kern ein Teil der originären politischen Opposition bildet, begründete ihre politische Distanz aus der Einsicht heraus, daß die politische Verfaßtheit des realen Sozialismus auf die Negation der zivilisationsbefördernden Werte bürgerlich demokratischer Rechtsstaatlichkeit und ihrer kulturellen Implikationen zurückzuführen ist. Sie sah darin den letztlich entscheidenden Grund dafür, daß der »reale Sozialismus« den Versuch unterlassen hat, seine ursprüngliche Vision der sozialen Gleichheit als Alternative zur konsumorientierten Wachstumsgesellschaft zu entwerfen. Insofern wird dieser als eine besonders rückständige Form des gegenwärtigen Typs von Industriegesellschaften begriffen, deren Widersprüche längst die nationalstaatlichen Grenzen überschritten und eine Vielzahl globaler Destruktionsgefährdungen für die gesamte Menschheit erzeugt haben. Nicht die Vision der sozialen Gleichheit wird verworfen, sondern eine, die sich als eine reine Konsum-Gleichheit mißversteht und die sich weltweit als Gegensatz zwischen der Teilung der Beute und der Teilung der Armut auftut. Dem wird die Vision einer nach innen und außen solidarischen Gesellschaft mündiger und selbstbewußter BürgerInnen entgegengesetzt, in der die Entwicklung der Wirtschaft an das soziale und ökologische Gemeinwohl gebunden ist.[25]

Die einst schweigende Mehrheit empfindet ihre politische Distanz im Rückblick als Ein-schon-immer-gewußt-Haben und sieht sich nun durch den Zusammenbruch des administrativ-zentralistischen Sozialismus bestätigt. Die Distanz funktioniert als diskontinuierliches Moment und rechtfertigt einerseits die Unterlassung, nach den tieferen Ursachen des Desasters des »realen Sozialismus« zu fragen, und bietet andererseits eine hinreichende Legitimation für die Verdrängung der Frage nach dem Anteil eigener Verantwortung. Das schnelle Hineinschlüpfen in eine neue nationale Identität verweist auf Kontinuitäten und läßt sich wohl, wie das mehrheitliche Wählerverhalten im März 1990 beweist, am überzeugendsten aus einer Sozialisation erklären, in der soziale Bedürfnisse und Interessen als Erwartungen an den – nunmehr anderen deutschen Staat – umgeleitet werden. Die favorisierte »soziale Innovation« rekurriert auf eine simple Negation: die Wiederherstellung der tradierten historischen Form eines deutschen Nationalstaates sowie der herkömmlichen parlamentarischen Demokratie. Dies schien allerdings die sicherste Gewähr, das Teilen bei der Aufhebung der Teilung der Deutschen als Wiederherstellung der sozialen Gerechtigkeit innerhalb der deutschen Nation zu gestalten. Die weltfremde und geschichtslose Vision der deutsch-deutschen Gleichheit wird mit all ihren konservativen Begleiterscheinungen wie Nationalismus, Rassismus, Antisemitismus zur Triebkraft des historischen Rückwärtsganges in die Zukunft der Moderne.

5. Verdrängung und Wiederkehr der Frage nach sozialer Gerechtigkeit

Der Fall der Berliner Mauer inspirierte Toulouser Arbeitslose, in ihrer Stadt eine papierne »Mauer der Gleichgültigkeit« zu errichten und diese niederzureißen.[26] Sie verliehen so diesem weltweit gefeierten deutschen Ereignis aus ihrer spezifischen Perspektive und aus einem völlig anderen gesellschaftlichen Kontext heraus eine andere inhaltliche Symbolik. Sie, die Verdammten einer hochentwickelten kapitalistischen Industriegesellschaft, signalisierten, daß es in der ungeteilten »Grande Nation« nicht nur eine frustrierende und Menschen zerstörende soziale Teilung, sondern eine entsolidarisierte Praxis gibt, in der eine Mehrheit einer im Schatten lebenden Minderheit gleichgültig gegenübersteht. Mit dem Niederreißen ihrer Mauer klagten sie nicht bürgerliche Menschenrechte, sondern soziale Grundrechte und eine solidarische Gesellschaft ein.

Vielleicht hätte das Wissen um eine derartige Deutung ihrer zerstörten Mauer mehr DDR-BürgerInnen veranlaßt, von vornherein realistischere und differenziertere Fragen mit dem bevorzugten Weg einer eiligen Vereinigung der beiden deutschen Staaten zu verbinden. Da sie es mehrheitlich unterließen, vor ihrer eigenen Entscheidung implizite Annahmen zu überprüfen, wie die nach dem Inhalt der Identität der Bundesdeutschen, ob bzw. inwieweit sich die sozialen Interessenlagen der anderen Deutschen mit den ihrigen deckten, blieb ihnen verborgen, daß das Verhältnis der Bundesbürger zur DDR durch einen »Distanzhumanismus« geprägt ist und diese den »Test auf Wiedervereinigung... nicht oder nur unvollkommen bestanden (haben)«.[27]

So offenbarte eine 1984 anläßlich der Übersiedlung von etwa 30000 DDR-Bürgern durchgeführte Befragung, daß »eine materielle, egoistische Haltung... bei der Bundesbevölkerung weit verbreitet (ist), und... auf das Verhältnis zu den ›Brüdern und Schwestern‹ von ›drüben‹ durch(schlägt), wenn es ernst wird mit den ›sozialen Kosten einer Wiedervereinigung‹...«[28]

Inzwischen hatten die DDR-BürgerInnen hinreichende Gelegenheit, sich von den Unsensibilitäten und Gleichgültigkeiten vieler Bundesbürger und Bundespolitiker gegenüber ihren Lebensinteressen zu überzeugen. Ob es die bundesdeutschen Haus- und Grundeigentümer sind, die ihre einstigen Besitzrechte geltend machen oder künftige Mietpreise ankündigen, die Empfehlungen des Managements, Sozialeinrichtungen in den

Betrieben aus ökonomischer Rationalität kurzerhand abzuschaffen, oder schließlich die westdeutsche Okkupation der neuentdeckten DDR-Märkte, die den Ruin vieler DDR-Betriebe und die Gefährdung der eigenen Arbeitsplätze signalisieren, all dies veranschaulichte schon vor den März-Wahlen reale soziale Bedrohungen für die DDR-Bevölkerung.
Es waren besonders die Bürgerbewegungen, die sich der seit Februar zunehmenden Artikulation sozialer Ängste und der beginnenden Diskussion der sozialen Implikationen einer schnellen Einführung der Marktwirtschaft und der Währungsunion produktiv stellten. In einer am zentralen Runden Tisch erarbeiteten und von der Volkskammer verabschiedeten Sozialcharta, die unter anderem das Recht auf Arbeit und auf Wohnen, die Demokratisierung und Humanisierung des Arbeitslebens, die Gleichstellung der Frauen, das Recht auf kostenlose Bildung und auf kostenlosen Schwangerschaftsabbruch festschrieb, hatten sie erstmals soziale Befindlichkeiten von großen Teilen der Bevölkerung in das Zentrum ihrer politischen Aktivitäten gerückt. Damit war zugleich eine Grundlage geschaffen, soziale Grundrechte der DDR-BürgerInnen in die Verhandlungen zur Wirtschafts- und Währungsunion mit der Bundesregierung einzubringen und diese um die Dimension einer Sozialunion zu erweitern. Daß das Aufgreifen mehrheitlicher sozialer DDR-Interessen und das Angebot einer sich mit dem Entwurf einer neuen DDR-Verfassung verschränkenden politischen Strategie von der DDR-Bevölkerung kaum wahrgenommen wurde, ist mit Gewißheit auf die wahlkampfpsychologische Strategie der CDU West bzw. der Bundesregierung zurückzuführen, die vorsätzlich an die früher von der SED-Führung bewirkten Resultate der Sozialisationsstrategie zur politischen Entmündigung der DDR-Bevölkerung anknüpfte.
Mit der vor dem Moskauer Kanzler-Besuch und der neuen DDR-Regierungsvisite in Bonn scheinbar indiskreten Nebenbemerkung eines unmittelbar bevorstehenden ökonomischen Kollapses der DDR-Wirtschaft wurde eine Eskalation der »nationalen Euphorie mit sozialer Angst«[29] produziert, die – wie die Behandlung der DDR-Regierungsdelegation in Bonn zeigte – auf die »Entmachtung des Bürgerwillens in der DDR«[30] hinauslief. Die konzertierte Aktion der bundesrepublikanischen politischen Kontrahenz gegen die einst aus Bonn viel gelobten demokratischen DDR-Bürgerbewegungen verbarg sich hinter verheißungsvollen Versprechungen auf ein blühendes Land mit bundesrepublikanischem Wohlstand für alle. Im März 1990 wählte eine DDR-Mehrheit diesen verführerischen Traum.
Erst nach der Wahl, als die erste Maßnahme des Bundeskabinetts darin bestand, drastische Beschränkungen der Leistungen für DDR-Übersiedler zu beschließen, fühlten sich bereits einige fatal an mauerähnliche Instrumentalisierungen erinnert; massenhafter wurde die neue Skepsis erst,

als die zuvor angebotene Währungstauschrelation die Gewißheit brachte, daß ein Konzept des »Armenhauses DDR« nicht mehr auszuschließen war. Seither ist tiefes Mißtrauen entstanden. Das aus der DDR-Identität entlassene politische Distanzverhältnis zur Macht wurde wieder aktiviert, und zwar nicht nur gegenüber dem bundesrepublikanischen Staat, sondern auch gegenüber der eigenen Regierung.

Die DDR-BürgerInnen sind verunsichert. Viele fühlen sich erneut fremdbestimmt und ausgeschlossen, beginnen sich auf jüngst erprobte Kampfmittel wie Demonstrationen, Streiks, Blockierungen der Grenzübergänge zu besinnen, versuchen aus der für sie lange Zeit typischen Objekthaltung herauszutreten und sich als politisches Subjekt zu formieren. Es könnte eintreten, was die demokratischen Bürgerbewegungen für den Fall voraussahen, daß die Aufhebung der staatlichen Teilung der Deutschen als »Gnadenverfahren« erteilt und nicht die Würde respektiert wird, auf die die DDR-Deutschen trotz aller Irritationen auf dem Wege zu ihrer demokratischen Selbstbestimmung Anspruch haben. Sie werden »sich lautstark zur Wehr setzen, wenn es an ihren sozialen Besitzstand gehen sollte, an Wohnungsmieten, Renten, Sparkonten, ans bezahlte Babyjahr mit Arbeitsplatzgarantie, an das nach Bundesrecht anfechtbare Grundstück. Es sollte sich auch niemand der Illusion hingeben, daß die Verwerfungen auf den Arbeitsmarkt, mit möglicherweise Millionen Arbeitslosen, ohne gigantischen Sozialkrach über die Bühne gehen können.«[31]

Die Mehrheit, die lange nicht begriff, daß ihre Forderung nach »DM Jetzt« gerade dazu angetan war, ihren erforderlichen Aufbruch zur »Demokratie jetzt« zu verzögern, übt sich mühevoll in eine neue demokratische Praxis ein und kommt beim Vertreten ihrer eigenen Interessen zu Erfahrungen, die neue Einsichten befördern. Und es könnte sich die Anfang März prophetische Voraussage Wolfgang Ullmanns bestätigen, »daß jetzt erst der Prozeß begonnen hat, in dem sich eine DDR-Identität artikuliert«.[32] Das ist bei allen Anfängen zunächst noch eine Hoffnung, denn die politische Konfiguration ist – wie die Kommunalwahlen im Mai belegen – nur geringfügig entwickelt. Zwar haben die großen konservativen »Allianzpartner« fast zehn Prozent ihrer Wähler eingebüßt. Das kann angesichts des unmittelbar vor der Wahl veranstalteten Politiktheaters zur Währungsunion, die der Regierungskoalition die Möglichkeit bot, sich als Interessenvertreter der DDR-BürgerInnen darzustellen, letztlich als Mißtrauensvotum verstanden werden. Gleichzeitig veranschaulichen die Gesamtproportionen aber, daß sich der Bevölkerung insgesamt keine relevante politische Alternative erschlossen hat.

Selbst wenn die zweiten demokratischen Wahlen in der DDR noch nicht auf die politische Existenz einer neuen DDR-Identität hinweisen, ist die positive Aufhebung von Werten wahrscheinlich, die jedem Individuum ganz selbstverständlich das Recht auf ein menschenwürdiges Dasein zuerkennen. Daß die DDR-BürgerInnen dieses Recht gegenwärtig für sich selbst auf der Straße einklagen und in neuer Weise Solidarität erlernen, ist eine Hoffnung für die Entwicklung einer demokratischen gesamtdeutschen Kulturnation auf dem Weg in die Moderne.

Anmerkungen

1 Gert-Joachim Glaeßner, Offene deutsche Fragen – Von den Schwierigkeiten, einander anzuerkennen. In: Die DDR in der Ära Honecker: Politik–Kultur–Gesellschaft, hrsg. v. Gert-Joachim Glaeßner, Opladen 1988, S. 30

2 Manfred Ackermann, Der begrenzte Blick. Ein Erfahrungsbericht zur Frage: Wie werden in der DDR die Bundesrepublik Deutschland und die West-Deutschen gesehen? In: Die DDR in der Ära Honecker, a. a. O., S. 17

3 Glaeßner verweist darauf, daß die DDR vorrangig als »politisches System, das individuelle Menschenrechte mißachtet, gesehen und abgelehnt« wird. Modifikationen dieses politischen Systems und die Andersartigkeit ihres sozialen Systems gelangten dagegen kaum ins öffentliche Bewußtsein. Vgl. Gert-Joachim Glaeßner, Offene deutsche Fragen..., a. a. O., S. 15f.

4 Zum wissenschaftlichen Verständnis des verwendeten Begriffes: Vgl. Michael Brie, Vom Versagen des administrativen Sozialismus. In: Aufbruch in eine andere DDR. Reformer und Oppositionelle zur Zukunft ihres Landes, hrsg. v. Hubertus Knabe, Reinbek bei Hamburg 1989, S. 181ff.

5 Gert-Joachim Glaeßner, Offene deutsche Fragen, a. a. O., S. 34

6 Ebenda, S. 34

7 DDR heute: Wachstumstendenzen und Widersprüche einer sozialistischen Industriegesellschaft, hrsg. v. Gerd Meyer u. Jürgen Schröder, Tübingen 1988, S. 111f.

8 Manfred Ackermann, Der begrenzte Blick, a. a. O., S. 20

9 Lothar de Maizière, Regierungserklärung des Ministerpräsidenten der DDR vor der Volkskammer der DDR am 21. April 1990. In: Neues Deutschland v. 20. April 1990, S. 5f.

10 In einer repräsentativen »DDR-SPIEGEL-Umfrage« bestätigten 73 Prozent der befragten DDR-Bürger, daß sie selbstverständlich von einem Währungsumtauschverhältnis von 1 : 1 überzeugt waren, und sogar 68 Prozent von ihnen meinten, in Erinnerung zu haben, daß Bundeskanzler Kohl persönlich bei seinen DDR-Wahlreden einen derartigen Kurs angekündigt habe. Meinungsforschung: SPIEGEL-Umfrage in der DDR über 1 : 1, Stasi und NATO, in: DER SPIEGEL, Nr. 17/44. Jahrgang vom 23. April 1990

11 Vgl. die tageszeitung/DDR vom 4. März 1990, S. 4

12 »Zur Person« – Bischof Dr. Gottfried Forck im Gespräch mit Günter Gaus, Fernsehgespräch im Zweiten Programm des Deutschen Fernsehfunks; zit. n. publizierten Auszügen in: Neues Deutschland v. 25. 4. 1990, S. 7

13 Längsschnittstudien des Zentralinstituts für Jugendforschung der DDR in Leipzig belegen, daß die in den siebziger Jahren noch stark ausgeprägte Verbundenheit der DDR-Jugend mit der Sowjetunion seit Anfang der achtziger Jahre

rückläufig ist und sich nach einer positiven Trendwende 1986 im Jahre 1988 dahingehend verschob, daß jeweils 52 Prozent der befragten Lehrlinge und jungen Arbeiter und 39 Prozent der Studenten sich kaum oder nicht mehr mit der UdSSR verbunden fühlten. Vgl. Walter Friedrich, Mentalitätswandel der Jugend in der DDR. In: Aus Politik und Zeitgeschichte, Beilage zur Wochenzeitung Das Parlament, B 16–17/90 v. 13. April 1990, S. 28

14 Manfred Kossok, Verlorene Momente der Geschichte. In: Die Weltbühne. Wochenschrift für Politik, Kunst, Wirtschaft. Nr. 17/1990 v. 24.4.1990, S. 513

15 Interview mit Friedrich Schorlemmer im Februar 1990. In: taz-DDR-Journal Nr. 2, Die Wende der Wende, Berlin 1990, S. 101

16 Vgl. dazu Walter Friedrich, Mentalitätswandlungen der Jugend in der DDR, a. a. O., S. 30f. Der Autor belegt mit soziologischen Langzeitstudien den Wandel bzw. Bruch in der DDR-Identität bei Lehrlingen, jungen ArbeiterInnen und StudentInnen.

17 Antonia Grunenberg, Zwei Deutschlands – Zwei Identitäten? Über deutsche Identität in der Bundesrepublik Deutschland und der DDR. In: Die DDR in der Ära Honecker, a. a. O., S. 95ff.

18 Zdenek Strmiska, Stagnation und Veränderung in den Gesellschaften sowjetischen Typs. Projekt eines theoretischen Rahmens für eine Analyse. Studie Nr. 15–16 des Forschungsprojekts »Krisen in den Systemen sowjetischen Typs«, Paris 1989, S. 101

19 Erhardt Neubert, Gesellschaftliche Kommunikation im sozialen Wandel, Edition Kontext, Berlin 1989, S. 20

20 Eine nähere Darstellung der sozialen Differenzierungen und der erwähnten Deformationseffekte findet sich in: Jan Wielgohs u. Marianne Schulz, Reformbewegung und Volksbewegung. Politische und soziale Aspekte im Umbruch der DDR-Gesellschaft. In: Aus Politik und Zeitgeschichte, Beilage zur Wochenzeitung Das Parlament, B 16–17/90 v. 13.4.1990, S. 15ff.

21 Erhardt Neubert, Gesellschaftliche Kommunikation im sozialen Wandel, a. a. O., S. 23

22 Das zeigte sich in Leistungsverweigerungen und in der »Praxis der Gleichmacherei« bei der Verteilung von Löhnen und Prämien.

23 Bei der Infas-Analyse zur Volkskammerwahl im März 1990 wurde unter anderem die Frage gestellt, ob man sich eher als »DDR-Bürger« oder als »Deutscher« fühle. Von 100 Befragten fühlten sich 52 eher als »Deutsche« (sie konzentrierten sich auf die »Allianz für Deutschland«, die Liberalen und die SPD) und 37 eher als »DDR-Bürger« (sie konzentrierten sich auf die PDS, Bündnis 90 und andere frühere Blockparteien). Zit. nach: taz-DDR-Journal Nr. 2, Die Wende der Wende, Berlin 1990, S. 152f.

24 Vgl. dazu auch: Irma Hanke, Sozialistischer Neohistorismus? Aspekte der Identitätsdebatte in der DDR; Sigrid Meuschel, Auf der Suche nach Madame L'Identité? Zur Konzeption der Nation und Nationalgeschichte. In: Die DDR in der Ära Honecker, a. a. O.

25 Bündnis 90, Wahlprogramm, Berlin 1990, S. 1–4

26 Bericht eines Vertreters der »Maison de Chomage« von Toulouse anläßlich der États généraux du chomage et de l'emploi, Paris im April 1990

27 Gert-Joachim Glaeßner, Offene deutsche Fragen, a. a. O., S. 34
28 Anne Köhler u. Volker Ronge, Ein Test auf Wiedervereinigung? Die Reaktion der Bundesdeutschen auf die Übersiedlerwelle aus der DDR vom Frühjahr 1984. In: Deutschland Archiv, 18. Jg. (1985), Nr. 1, S. 54; hier zit. nach Gert-Joachim Glaeßner, Offene deutsche Fragen, a. a. O., S. 34
29 Ludwig Mehlhorn, Leichenfledderei. Gefährliche Mischung aus nationaler Euphorie und sozialer Angst. In: taz-DDR-Journal, Nr. 2, a. a. O., S. 96
30 Ebenda
31 Jens Reich, Die DDR ist kein Pleitier, der den Konkurs unterschreibt. In: Süddeutsche Zeitung v. 24./25. 3. 1990
32 Wolfgang Ullmann, Gesamtdeutsche Verfassungsdebatte statt Wahlkampf. Interview mit der taz am 3. 3. 1990. In: taz-DDR-Journal 2, a. a. O., S. 134

Reinhard Bernhof
die männer von überzeugung

überall die männer von überzeugung: in betriebsleitungen auf ämtern in verschiedensten institutionen unablässig blickt das volk auf seine anstrengungen und fühlt zugleich ein hartes band um sich wer hilft uns heraus? ruft das volk wer findet das richtige wort sehnsüchtig hält jeder ausschau nach rettenden gedanken schaltet jeder ferne sender ein ferne programme langsam beginnt das volk zu rumoren gerät in erregung schließlich ein schrei... die männer von überzeugung müssen zugeben daß die ausgewaschenen hirne doch noch gedanken produzieren auch müssen sie zugeben daß die methode zur friedlichen versteinerung des menschengeschlechts kaum erfolge gezeitigt hat immer wieder begann das volk zu denken zu fragen zu sprechen und das ganze mühevoll errichtete gebäude aus wertvollem kalkgestein bekam risse war nicht mehr viel wert solche schmerzhaften beobachtungen trieben die männer von überzeugung wie lange würde ihre überzeugung noch anhalten fragten nicht wenige bereits aber noch saß das volk bescheiden auf den plätzen freute sich wenn es seine meinung ab und zu in umlauf bringen konnte dennoch mußte etwas geschehn schnell und so sagten die männer von überzeugung wie schön daß das volk sich regt und dank unserer stetigen erziehung so emanzipiert hat die nützlichen gedanken des volkes erhoben sie zu ihren höchsteigenen den atem hielt das volk an als es seine forderungen in den zeitungen las was für eine erstaunliche umkehr verwirrend geradezu oder haben wir uns getäuscht waren es gar nicht unsere gedanken oder ist das eine schwierige übergangszeit hin zu noch besseren tagen oder zurück zu altbewährten mitteln der regierung eines volkes: stählernen

III. Einigkeit und Recht und Freiheit

Rainer Schedlinski
Das Sägen am eigenen Ast

Was wohl, wird in west-östlichen Diskussionsrunden jetzt oft gefragt, ist in so manchen der Altvorderen und bis vor kurzem noch einzig hörbaren DDR-Kritiker gefahren, daß er sich nun nicht mehr über die noch immer amtierende Staatspartei,* sondern über das Volk als solches beschwert, als sei die nun beklagte *Intellektuellenfeindlichkeit* der Straße nichts als Undank jener, über deren Bevormundung er jahrelang Beschwerde führte, und als hätte das Volk sich nicht nur vom Sprachrohr der Partei, sondern auch von dem der Dichter und Denker emanzipiert, die vom Westen einst als Fernsehlieblinge vernascht wurden – und heute nur noch schwer verdaulich sind.

Es scheint derzeit billig, etwas Populäres zu sagen, und einige der nun täglich lauter werdenden Parolen lassen befürchten, daß aus dem demokratischen Aufbruch ein nationaler Aufmarsch wird. Auch ich empfinde bei diesen Tönen mehr Angst als Vaterlandsliebe, und manchmal möchte ich meinen, in Deutschland ist die Popularität eines Intellektuellen geradezu ein Unding, sofern sie nicht auf Mißverständnissen beruht.

Freilich gibt es auch so etwas wie die *Arroganz der Ohnmacht*, doch selbst wenn die notorische Neigung zum Unpopulären, die im deutschen Geistesstand auch eine ethische Tradition hat, nur der intellektuelle Aberwitz aus den Zeiten der *Diktatur des Proletariats* wäre, sollte es unter öffentlich-rechtlichen Verhältnissen allemal legitim sein, den allzu mehrheitsverdächtigen Tagesformeln zu mißtrauen, denn gerade auf jene Mehrheit berief sich dann auch die SED mit dem Recht ihrer über 90 Wahlprozente, und der linke Widerstand mußte sich ja nicht allein nur gegen die Herrschaft einer Partei behaupten, sondern vor allem gegen eben jene öffentliche Überhälfte.

Es kann deshalb nicht wundernehmen, daß, wer sich der Mehrheit nie verpflichtet fühlte, sich bei dieser auch jetzt nicht gerade beliebt macht, mit dem einen Unterschied vielleicht, daß wer früher als staatsfeindlich galt, heute volksfeindlich ist, und die Frage nach der Zukunft der DDR-Literatur unter ihren jetzt veränderten Bedingungen wird angesichts dieser Kontinuität der Macht fast überflüssig.

* Der Text wurde vor der Wahl im März 1990 geschrieben. Anm. d. Hrsg.

Es ist ja nicht etwa so, daß die Volksverbundenheit des Geistesstandes hierzulande allein durch das Gesinnungsmonopol der SED behindert worden und nun, durch deren Abgang, von selbst schon wiederhergestellt wäre. Dieser Teil Deutschlands war für den intellektuellen Kritiker ja nicht nur deshalb so wenig liebenswert, weil er nicht so wie der Westen war, sondern weil die Mehrheit ihren Anpassungsdruck eben jenem herrschenden Gesinnungsmonopol entlieh und heute mit genau demselben Repressionsmuster fortfährt, die nicht völkisch, sondern Andersfühlenden zu ächten.
Der Riß, der durch diese Gesellschaft geht, ist tiefer als jene Kluft, die die alte Macht von der Bevölkerung trennte, und er verläuft auch nicht einfach längs der Mauer in den Köpfen.
So ambivalent das Verhältnis der Linksintellektuellen zu jenen völkischen Gefühlen ist, so stark ist auch ihr Harmoniebedürfnis. Das jetzt vielzitierte *Elend der Intellektuellen* setzt ja den verwöhnten Anspruch, *gebraucht zu werden*, erst einmal voraus. Es ist nicht ohne Tragik, daß ein deutscher Dichter immer im Namen des Volkes zu sprechen hätte, als sei die soziale Häresie seines Berufsstandes nur durch dieses Bekenntnis zum Gemeinsinn zu legitimieren.
Jenes allverbindliche *Wir*-Gefühl, das von Stefan Heym, Christa Wolf bis hin zu Volker Braun und wie sie nicht alle heißen, die Autoren der Aufbaujahre, trug, ist meiner in die endgültige Idylle des Sozialismus hineingeborenen Generation weithin abgegangen. Ich halte dieses kollektivistische *Wir* für eine stalinistische Romantik, die um so tragischer ist, als jene belletristischen Wortführer es vergeblich auch noch auf den Kundgebungen und in den Aufrufen des Herbstes '89 heraufbeschworen. Die Vokabel von der *Heldenstadt Leipzig* wirkt heute schon ziemlich makaber.
Der Volksverbundenheitsanspruch aus der heroischen Periode des Sozialismus, in der die Kunst noch Waffe war im Dienst der Utopie, ist die Illusion eines kollektiven Sinns; er entwuchs der Fiktion, im Sozialismus seien die Interessen von Individuum und Staat identisch, und kraft dieses idealistischen Anspruchs wurden dann schließlich die Rechte des einzelnen suspendiert, weil ja nur er, der einzelne, es sein kann, der den Idealzustand vereitelt. Von einem Schlosser hörte ich einmal: *Genaugenommen dürfte es im Sozialismus gar keine Rechtsanwälte mehr geben.*
Die DDR war, wie sie war, ein System deutscher Ordnung, und man kann sich den hiesigen Sozialismus, der sich in seinem marxistisch-romantischen Dogma, alle Widersprüche von einer ideellen Einheit her zu denken, jenes völkischen Harmoniebedürfnisses bediente, nur schwer vorstellen. Die revolutionäre Gleichheitsidee des neunzehnten Jahrhunderts, die gerade in Deutschland ihre paradoxesten, weil elitärsten Repressionsformen annehmen mußte, ging aus jenem Glauben an eine widerspruchsfreie Gesellschaft hervor, die paritätische Mehrheitsbildungen

ausschließt, weil der für alle verbindliche *Sinn* allein in der Quantität des nationalen Selbstgefühls an sich immer schon gegeben ist und jeder Widerstand deshalb gänzlich negativ bliebe, weil er nicht lebbar wäre, außer in einer völlig abgehobenen Gegenutopie.

Nur die Negation bestehender Zustände ist indifferent genug, alle Stimmen auf ein gemeinsames vielfaches Identitätsmuster zu vereinen, und namentlich die Gleichheitsidee leiht dabei dem Kollektiv seine repressivsten, weil negativsten Elemente. Es gibt keine Utopie der Vielfalt, es sei denn, man dächte sich künstliche Menschen aus. Die Vielfalt entzieht sich der Ideologisierung, weil es nichts gibt, was es nicht gibt. Sie ist die Realität als solche, wo sie nicht im Namen der Gleichheit beschränkt wird. Gleichheit dagegen ist ein immer idealer Zustand, das Kollektiv-Imaginäre schlechthin; sie ist nicht topisch und deshalb eine Utopie im wörtlichen Sinne.

Alles Fremde, psychoanalytisch als das eigene Unbewußte beschrieben, wird sodann als das Nicht-Ideale unterdrückt und stigmatisiert. (Die Ausländerfeindlichkeit aus bloßem Sozialneid zu erklären, wäre politischer Behaviorismus. Sie bezieht aus sozialer Unsicherheit wohl ihren rhetorischen Anlaß, ihr wirklicher Grund aber ist gänzlich unpraktisch und ideell.)

Die quasi in einem Vorgriff auf die Zukunft gelebte Gesellschaft, in der es scheinbar keinen Pflichtkonflikt und keine Interessenkollision mehr gibt, weil nur der Idealfall gedacht werden kann und nur *ein* gemeinsames Interesse behauptet wird, muß letztlich das Wirkliche aus der Wirklichkeit austreiben, indem sie die nicht-idealen Zustände permanent korrigiert, um *alle wesensfremden Erscheinungen des Sozialismus* (Egon Krenz in seiner Antrittsrede im November) *zu beseitigen*. Es zählt, in einer Art utopischem Realismus, nicht mehr der Ist-Zustand, sondern nur noch der Soll-Zustand der Gesellschaft, die sodann in verschiedenen Realitätsebenen lebt. (Man denke an das Planerfüllungsritual, das jeder ökonomischen Relevanz entbehrte, an das Genügen bloßer rhetorischer Gesinnungsbekenntnisse usw.)

In diesem permanenten nationalen Sollzustand kann Identität keine Position, sondern nur eine Negation sein, die in Deutschland aus einem Mangel hervorgeht: einer historisch gewachsenen kulturellen Hohlform, in der sich seit Jahrhunderten das *deutsche Wesen* herausschält aus den großen und älteren Kulturen Europas. Eine Identität, die sich erst im Herausheben ihrer exklusivsten Attribute erkennt, wird auf diese Weise das Gegenteil ihrer selbst. Wirkliche Identität wäre eine positive, selbstverständlich gelebte kulturelle Befindlichkeit; sie bedürfte nicht dieses Überbaus nationaler Ideen, nicht dieser *mehrheitlichen, willentlichen und wesenhaften*, wie von außen auferlegten Eigenschaften, so, als könne man deutsch nicht einfach sein, sondern man müßte es sein *wollen* – als sei ein inneres Schalten in diesem zwanghaften, reißerischen, strammdeutschen, sich selbstüberwindenden, schenkelklopfenden *Schmiß*, als läge darin ein Zauber der Verwandlung dieser auf Abwesenheit zielenden Identität, als wollte man über den eigenen Schatten springen, um zu sich selbst zu gelangen, und vielleicht ist es das, was den Deutschen in der Welt so furchtbar macht: die Fähigkeit, über sich hinauszugehen, bis hin zu den kaum mehr grausigen, weil seelenlosesten industrialisierten Endlösungen in den Konzentrationslagern der organisierten Nützlichkeit. Und in dem erhabenen Wissen um dieses universale Imstandesein, das den Menschen von sich selbst entbindet, besteht wohl auch die reale, befreiende Kraft der Diktatur.

Daß ich für die nationale Seele der Deutschen wenig Sympathie fühle, kann ich kaum mehr verheimlichen, und nur das ist der Grund, weshalb ich mit der Mehrheit, diesem gänzlich negativen Selbstgefühl, nicht mitempfinde. Neulich hörte ich das Argument: *Aber man würde doch auch nicht mit den Republikanern sympathisieren, nur weil sie in der Minderheit sind.* Nein, wahrlich nicht, denn sie sind eine Minderheit nur statistisch, und mit dieser arithmetischen Größe wird die Gesellschaft auch zweifellos fertig. Ihr Selbstgefühl aber hebt darauf ab, nationale Elite zu sein, und in diesem Identitätsprinzip sind sie eine gleichsam exponierte Mehrheit, nur orthodoxer als die andern.

Das *Bewußtsein der Arbeiterklasse*, wenn man unter diesem wissenschaftlich undefinierbaren, weil gänzlich polemischen Begriff des Marxismus einmal subsumieren will, war insofern immer reaktionär, als in diesem Fremdenfeindlichkeit, Frauenfeindlichkeit und Chauvinismus überhaupt am ausgeprägtesten waren, und es war revolutionär nur insofern, als es entfremdet oder, wie der Theologe sagen würde, säkularisiert genug war, sich in seinem Identitätsnotstand jeden nationalen oder ideologischen Überbau zu eigen zu machen.

Das kollektivistische und strammdeutsche *Hart, aber herzlich* (übrigens auch ein Wahlspruch der Republikaner) entnimmt seinen imperialen Mehrheitsanspruch eben jenem Selbstgefühl plebejischer Überheblichkeit. Schönhuber, ein erklärter Antibourgeois, bemerkte noch im Berliner Wahlkampf im Frühjahr '89: *In der DDR sind gewisse deutsche Tugenden besser erhalten als in der Bundesrepublik.* Und in der Tat war der *Sozialismus in den Farben der DDR* in seinem Ordnungsgeist, seinem sozialen Kontrollsystem, seiner Gesinnungspflege, seinem kollektiven Erziehungs- und Reinigungsbedürfnis zweifellos deutscher als der westliche Teil der Nation.

Es ist im übrigen ein Klischee, daß die DDR jene enge, aber gemütliche Nischengemeinde ist, der Westen dagegen die dem einzelnen Freiräume gewährende Ellenbogengesellschaft. Gerade hierzulande bedurfte es des Psychoterrors, wollte man eine Wohnung oder einen Platz im Restaurant.

Und war der, von dem man etwas wollte, nicht eben zynisch in seiner Autorität, bekam man einen Vers aus dem Gesangbuch des Sozialismus zu hören und wurde im Namen des Gemeinwohls gemaßregelt.

Tatsächlich war die stalinistische Machtausübung, im Gegensatz zur westlichen Kultur, die durch die Dinge kommuniziert, immer körperlich, und nichts ist bekanntlich körperlicher als die Macht.

Das östliche System der personifizierten Volksgewalt beherrscht die Körper, der freie Markt insistiert auf die Dinge mit dem Recht des Körpers. In ihm gehorcht der einzelne einem freilich nicht natürlichen, aber doch weithin unwillkürlichen Prinzip, für das er schwerlich jemanden persönlich verantwortlich machen kann, weil es von sich aus nicht erzieherisch ist. Der Kapitalismus ist keine real existierende Fiktion, sondern eine Existenzform. In einer Gesellschaft aber, die sich selbst verantwortlich macht, indem sie, die Freiheit im Namen der Gleichheit beschränkend, die Kontrolle der Verteilung übernimmt, delegiert der einzelne jene ihm abgenommene Verantwortung an die Autorität zurück, aus deren Willkür wohl auch der Konsumneid, die Angst, zu kurz zu kommen, und das sogenannte *Anspruchsdenken* der DDR-Bürger herrühren.

Von manchem linken Kämpfer im Westen hörte ich zuweilen, *wenn man genau überlegt, sind die Probleme, vor denen die Menschheit steht, nur repressiv zu lösen.* Die Zwangsläufigkeit, in der das Thema der Vernunft mit dem der Gewalt verbunden ist, wird nicht einfach aus den politischen Zielen plausibel, sondern vor allem aus dem Primat der Ziele, und aus deren stets *erzwungener Zweckmäßigkeit.*

Nur die politischen Programme zu würdigen, und nicht die Strategien, wie es scheinbar auch die Logik freier Wahlen ist, versagt einmal mehr, wenn wie im Dezember sich die Autonomen und die REPs am Brandenburger Tor zum Sturm vereinen oder Schönhuber den Ordnungsgeist der DDR lobt; natürlich hat Rolf Schneider recht, wenn er schreibt, daß die Neonazis in der DDR alle Tugenden aus Margot Honeckers Bildungssystem verkörpern, und wer es nicht ohnehin schon geahnt hat, kürzlich wurde es offenbar: Nicht etwa die SPD, sondern die DSU hat die meisten ehemaligen SED-Mitglieder in ihren Reihen. Sicher ist es schon banal, auf die charakterliche Affinität ideologischer Kontrahenten zu verweisen, aber noch immer halten diese Kategorien die politische Ordnung aufrecht.

Die Standorte auf der ideologischen Skala von links nach rechts bestimmen zu wollen, hieße, die politischen Ziele mit den Strategien zu verwechseln, die ja allein die Identität ausmachen, denn in Wahrheit wählt man nicht Programme, sondern Befindlichkeiten, Mentalitäten und Lebensgefühle. Diese politische Blocklogik gibt man beizeiten auf, wenn man die DDR in ihrem linken Etikettenschwindel lange und aufmerksam genug erlebt hat.

Ich denke, es wäre an der Zeit, die politischen Kategorien zu entideologisieren, und wer, wenn nicht die Intellektuellen, sollte damit beginnen. Auch die gegenwärtige Systemdiskussion wird, denke ich, zu ideologisch geführt. Die Eigentumsfrage zum Beispiel wurde meines Erachtens überbewertet. Letztlich ist es egal, wem die Firmen gehören. Es gibt keine sozialistische und keine kapitalistische, sondern nur eine besser oder schlechter funktionierende Wirtschaft. Der Sozialismus definiert sich durch das Gemeineigentum der Produktionsmittel, doch auch die Konzerne werden längst von Konsortien und Treuhändern verwaltet und sind nicht weniger zentralisiert. Vielleicht sollte man den Sozialismus nicht durch seine Eigentumsformen, sondern durch seine tatsächliche Sozialität definieren, dann wäre vielleicht auch der Begriff wieder zu gebrauchen.
Daß das hiesige Modell nicht funktionierte, lag wohl mehr an den ihm zugrunde liegenden marxistischen Dogmen des 19. Jahrhunderts, an dem negativen Selbstverständnis aus der Zeit des Widerstands, an der plebejischen Nivellierungsmentalität, an der Stilisierung des Schwerarbeiters zum Fortschrittsträger und dem Nichtwahrnehmenwollen des Endes des Industriezeitalters usw., kurz: Er war nicht auf der Höhe der Zeit, und zwar nicht primär aus ökonomischen, sondern aus ideologischen Gründen, einer kontraproduktiven, orthodoxen Besessenheit.
Die DDR hätte, wie es der Westen tut, um exportfähig zu sein, den Markt nicht psychologisieren können, ohne dabei ihr ideozentrisches Weltbild zu verraten. Auch deshalb mußten die Devisengeschäfte im Geheimen wirken und so merkwürdig ambivalent, wie die wirtschaftlichen Sonderzonen Chinas. Weil ein psychologisierter Markt die Individualität des Menschen anerkennt und weil dieses Sein das Bewußtsein bestimmte, müßte es die vom Verstand her in die Welt gesetzte Ordnung untergraben. Daß der Sozialismus so unmodern aussieht, ist ja nicht einfach aus seiner Langsamkeit zu erklären. Er konnte sich nicht organisch entwickeln, weil die ideologische Fiktion erblindet für die sich selbst erneuernden Formen der Kultur. Es ist nicht schlicht nur Sparsamkeit oder Armut, daß die Straßen, die Kantinen, Behörden und Postämter so trist aussehen, sondern das geistige Prinzip einer Gesellschaft, die alle Formen in die leere Idee ihres Dienstes preßt.
Selbst eine Neuauflage des Freiherrn von Knigge, *Über den Umgang mit Menschen*, mußte im Vorwort von den Richtlinien des letzten Parteitags her legitimiert werden.
Entweder kolportierte man, gebrochen durch die Rechtfertigung dem eigenen System gegenüber, die Zeichen westlicher oder *spätbürgerlicher* Kultur, oder man schuf die eigene Symbolwelt, gänzlich ideozentrisch, vom Überbau her, und diese deshalb immer zwiespältige, teils monumentale, teils naive, teils gezüchtete und teils verwilderte Kultur scheint die einzige Identität des vierzigjährigen DDR-Sozialismus.

Auch daß die offizielle Rhetorik so unsäglich steif, so fühllos, beliebig, normiert und bildarm war, lag nicht einfach an schlechter Agitations- und Propagandaarbeit, sondern an der ideologischen Befangenheit des Denkens. Sie war eine Art Blindensprache; durch alle selbstverständlichen, menschlichen, positiven Zeichen würde die reale Welt in die Fiktion zurückdringen.
Das strenge Protokoll der staatlichen Rituale, die stereotype Verbalität, sind wie ein immer erneuertes Bekenntnis zum *reinen* Gedanken, der den Sprechenden nicht preisgibt und den Blick immer von sich weist auf das pure System der Ideen.
Die westliche, sich selbst ständig improvisierende Kultur wirkt aus der Sicht des ideologisierten Bewußtseins, das das Sein bestimmt, geradezu naiv in ihrer duldsamen, positivistischen Lächerlichkeit, und man glaubte wohl sogar, es läge ein Vorteil darin, nicht *allen modischen Blödsinn* mitzumachen, so, als ob man einen Vorsprung dadurch gewänne, wenn man auf dieses unplanmäßige *Spiel der Formen* verzichtet.
Daß der Sozialismus, wenn man ihn zu dem weltwirtschaftlich heute allgemeingültigen System des Westens in Bezug setzt, auf das er nicht zugeschnitten war und an dem man ihn deshalb auch nicht messen kann, denn er wollte sich ja auch vom Westen unterscheiden durch den Gleichheits- und Einheitssinn der Menschen – man kann sein Versagen nur an seinen eigenen Vorsätzen messen –, daß also der Sozialismus in bezug auf seine eigenen Ideale vor allem als ökonomisches Modell versagt hat, steht außer Frage. Doch es war nicht die Ökonomie als solche, sondern die Ideologie, die ihn blockierte; sie war in ihren Prämissen befangen, entfremdet und ihrer eigenen Dynamik beraubt, und ich denke, man muß auch bei der jetzigen Vereinigungsdiskussion die rein ökonomischen Überlegungen von den national-ideologischen trennen, denn am besten täuscht es sich bekanntlich mit den Fakten.
Meine noch immer fortbestehenden Wiedervereinigungsbedenken sind deshalb auch keine wirtschaftlichen, nicht nur, weil ich von Ökonomie nichts verstehe oder weil ich besonders anspruchslos wäre, sondern weil ich glaube, daß sich hinter den praktischen Vereinigungsforderungen nicht nur der klare Menschenverstand, sondern eben auch sehr sublime, neogermanische Reichsgefühle verbergen; daß sie derart ins Rationale kompensiert werden, macht sie nicht im mindesten harmloser. Wie sehr der Wunsch hier Vater des Gedankens ist, zeigen z. B. die währungspolitischen Forderungen, die selbst Finanz- und Wirtschaftsbosse schlicht für naiv halten.
Ich denke, es wäre ebenso fatal, den jetzigen Vereinigungs-Imperialismus rein wirtschaftlich zu deuten, wie es gerade die Fatalität des Marxismus war, die gesamten gesellschaftlichen Entwicklungen durch ökonomische Gesetzmäßigkeiten begründen zu wollen. Wie beispielsweise wollte man

die Islamisierungswelle im Nahen und Mittleren Osten durch reine Kapitalinteressen erklären? Ich jedenfalls neige dazu, auch in Deutschland die Wahrheit der Gefühle für wesentlicher zu nehmen als die der Tatsachen. Doch wie dem auch sei, die Fronten, scheint es, werden in dieser Nation noch lange nicht fallen, auch wenn die Gesinnungen wieder mal so austauschbar geworden sind, und ich denke, die Zeit ist nicht fern, da werden die Rechten ideologischer argumentieren als die Linken, wenn nämlich das *Reich* nicht mehr im Namen der Freiheit, sondern im Namen der Ordnung ersehnt wird.

Bruno Schoch

Schwierige Einbettung

Von der deutschen Frage zum Problem Deutschland?

> »Warum halten Sie mir also die alte Gorgonenmaske des Vaterlandes vor die Augen, während überall in ganz Europa doch nur von der Einen Freiheit, von der Emancipation des Menschen in jeder Sphäre die Rede ist?«
>
> *Arnold Ruge, 1844*

Die beiden deutschen Staaten, die auf einem Teil der Trümmer gegründet wurden, die das nationalsozialistische Großdeutsche Reich im totalen Krieg und in der totalen Niederlage von Deutschland hinterlassen hat, sind von Anfang an untrennbar mit dem Ost-West-Konflikt verzahnt. Für beide gilt: Nach dem Nichts stand am Anfang die internationale Politik.

Vorübergehend hatte der Ausplünderungs- und Vernichtungskrieg des völkischen Imperialismus die UdSSR und die Vereinigten Staaten zu einem antifaschistischen Bündnis zusammengeschweißt. Ihre gesellschaftspolitischen und ideologischen Antagonismen, als »internationaler Klassenkampf« und »Kreuzzug für die Freiheit« verstanden, wurden einzig um des gemeinsamen Zieles willen temporär zweitrangig, dem biologistischen Lebensraumkrieg Nazi-Deutschlands Einhalt zu gebieten und seinen im Namen der germanischen Herrenrasse erhobenen europäischen, ja, globalen Herrschaftsanspruch niederzuringen. In dem Maß, wie dieses Ziel im Verlauf des Krieges näherrückte, machten sich jene Antagonismen wieder geltend. Das galt vollends nach der bedingungslosen Kapitulation Deutschlands, als dessen territoriale, gesellschaftliche, politische und moralische Neuordnung anstand.

Durch Aufteilung in Einflußsphären und Blockbildung schickten sich nun, wie Alexis de Tocqueville vorausgesagt hatte, die beiden »semieuropäischen« Flügelmächte (George F. Kennan) an, Europa zu beherrschen und neu zu ordnen. Mittels politisch-militärischer Blockbildung und im Schatten des atomaren Patts verfestigte sich diese Teilung im Kalten Krieg zu einem politischen *Bipolarismus*, der die Komplexität der europäischen Staatenvielfalt und ihrer unterschiedlichen Interessen auf eine einfache Freund-Feind-Konstellation reduzierte, die alsbald in globalem Maßstab den Begriff des Politischen bestimmte.

Der Ost-West-Konflikt, die von der wechselseitigen nuklearen Abschreckung mit eherner Logik erzwungene Signatur unseres Zeitalters, wurde von vielen Europäern, zumal in der sowjetischen Einflußsphäre, als repressives *System von Jalta* empfunden. Doch bescherte dieser ideologische, politische und militärische Manichäismus Europa insgesamt zugleich *auch* etwas, was es aus eigener Kraft in diesem Jahrhundert niemals zu schaffen imstande war: eine vierzig Jahre währende Phase von Stabilität und äußerem Frieden. Mag das für die Nachkriegsgeneration als Selbstverständlichkeit erscheinen, so belehrt doch schon der flüchtige Blick in die Geschichte oder über den Tellerrand Europas hinaus darüber, daß es sich dabei um eine ungewöhnlich lange Ausnahmeperiode handelt.

Das gilt in ganz besonderem Maße für Deutschland. In der gängigen Rede von der deutschen Frage ist ein ganzes Bündel von Problemkomplexen der deutschen und der internationalen Politik zu einem Knoten geschürzt. Ohne weitere inhaltliche Bestimmung dient deshalb die sogenannte deutsche Frage nicht selten als Projektionsfolie für unterschiedlichste, ja, entgegengesetzte Deutungen, politische Bewertungen, Interessen und Strategien. Und zwar nicht erst seit neuestem, sondern im Grunde seit dem Beginn der modernen Nationalstaatsbildung in Europa.[1]

Eine wichtige Differenz ergibt sich aus Blickpunkt und Perspektive: Die meisten Deutschen hielten und halten ihre *staatliche Einheit* für das Wesen der deutschen Frage; für die meisten Europäer dagegen, im Osten wie im Westen, war und ist *das machtpolitische Verhalten der Deutschen*, ihre Friedensverträglichkeit und -fähigkeit, die eigentliche deutsche Frage. Es hat nicht an Versuchen gefehlt, und heute kommen sie wieder in Mode, Verspätung und Ruhelosigkeit des deutschen Nationalstaats nicht aus seiner spezifischen gesellschaftlichen und politischen Verfassung als vielmehr als Folge machtpolitischer und gar angeblich natürlicher Gegebenheiten wie der geographischen Mittellage oder der Größendimension der Deutschen in Europa erklären zu wollen.[2] In der Tat stand dem nationalstaatlichen Zusammenschluß aller Deutschen auch die Sorge der übrigen Europäer vor einer deutschen Hegemonie auf dem Kontinent entgegen – deren Kehrseite die Furcht der Deutchen vor Einkreisung bildete, *le cauchemar des coalitions*.

Doch kann es ja wohl nicht sein, daß nach hundert Jahren geschichtlicher Erfahrung mit der durch und durch mißratenen *Weltpolitik* Deutschlands diese wechselseitig sich bedingenden Angstperzeptionen bloß die unausweichliche Folge eines mechanischen Spiels sein soll, das nichts als die ewige Wiederkehr des Immergleichen reproduziert: *Hegemonie oder Gleichgewicht.* In den Kategorien der deutschen Ideologie machtstaatlicher Tradition: *Hammer oder Amboß, tertium non datur.* Zwar mag verblüffen, in welchem Ausmaß die deutsche Geschichte seit der preußischen Reichsgründung diesem Mechanismus folgt, doch läßt sich die deutsche Katastrophe von 1933 mitnichten auf ihn zurückführen – es sei

denn mit naturalisierender, objektivistischer Tendenz, was auf Normalisierung und Entsorgung der Vergangenheit hinausläuft.
Die Wurzeln für die deutsche Politik in den letzten hundert Jahren sind weder allein in der abstrakten Größe noch in der Geographie zu suchen, sondern in spezifischen geschichtlichen, gesellschaftlichen und politischen Entwicklungen. Während sich in den großen Demokratien moderne Staatsnationen in revolutionären Akten konstituiert hatten, war der Traum von bürgerlicher Freiheit und nationaler Einheit in Deutschland spätestens 1848 fehlgeschlagen. Erst Bismarck errichtete mit seiner »Revolution von oben« und mittels dreier Kriege das zweite Deutsche Reich, einen kleindeutschen, halb parlamentarischen Nationalstaat unter der Fuchtel Preußens. Die verspätete Nation war eine Großmacht ohne jede Staatsidee, ohne übernationale Ideale.[3] Der ursprünglich emanzipatorischen, auf der Freiheit des Individuums und der demokratischen Selbstbestimmung beruhenden Idee des modernen Nationalstaats war die Reichsgründung von Anfang an beraubt. Kulturkampf und Sozialistengesetz, die Stigmatisierung des Zentrums und der Sozialdemokratie als Reichsfeinde, aus dem nationalen Konsens ausgegrenzt, sollten diesen Geburtsmakel des Bismarck-Staates alsbald offenbaren.
Seine seitherige Geschichte ist bekannt, das Deutsche Reich hat in der Tat Weltpolitik und Weltgeschichte gemacht: Die Kriege Deutschlands im 20. Jahrhundert weiteten sich aus zu Weltkriegen. Ein kundiger amerikanischer Beobachter europäischer Dinge hat geradezu vom »Jahrhundert der Deutschen« gesprochen: »Deutschland ist seit seiner Einigung 1871 aufgrund der beiden von ihm angestifteten Weltkriege die wichtigste Kraft, die auf die moderne Geschichte einwirkt.«[4]
Zweimal in unserem Jahrhundert, 1914 und 1939, war der Versuch gescheitert, ein einheitliches Deutschland in ein europäisches Gleichgewichtssystem einzubinden und seine expansive Ruhelosigkeit zu zügeln. Nach dem Ersten Weltkrieg wurde die alte Anarchie des internationalen Staatensystems erstmals überwunden: Der Völkerbund als eine internationale Organisation, die mit ihrem Regelwerk direkt auf die Interaktion der Staaten einwirken sollte, um den Frieden zu gewährleisten, verwirklichte die Kantische Idee eines Friedensbundes *(foedus pacificum)*, »der *alle* Kriege auf immer zu endigen suchte«.[5] Doch sollte er alsbald wieder zerstört werden, nicht zuletzt, weil Deutschland nach seinem ersten, mißlungenen Griff nach der Weltmacht sein ganzes Streben auf die Revision des Friedens von Versailles und auf die Rückkehr zur Gleichberechtigung und Weltmachtstellung richtete. Der Nationalsozialismus stellte diese schließlich mit Gewalt wieder her, bevor seine rassenideologische Vernichtungs- und Lebensraumpolitik Deutschland in den Untergang riß.
Nach dem Kataklysmus des Dritten Reiches, das Europa in Schutt und Asche gelegt hatte, war Deutschland nicht nur militärisch und materiell,

sondern auch politisch und moralisch zerstört. Undenkbar, an die eigenen, völlig diskreditierten nationalen Traditionen anzuknüpfen. Weitverbreitete Bücher aus der unmittelbaren Nachkriegszeit markierten diesen Bruch des Jahres 1945: *Zur Genesung des deutschen Wesens* von Karl Barth, *Der Irrweg einer Nation* von Alexander Abusch, *Die deutsche Katastrophe* von Friedrich Meinecke, *Deutsche Daseinsverfehlung* von Ernst Niekisch, um nur einige Titel zu nennen, waren sich in einem einig, in der Notwendigkeit, »Abschied zu nehmen von aller bisherigen Geschichte, die ihre Willensbildung im Rahmen der Nation besessen hatte«.[6]
Gewiß, das Bewußtsein von der radikalen Zäsur war nicht überall gleich; noch hielt es lange an. Doch zunächst verband es Sieger und Besiegte. Diese, vom Absturz aus dem Höhenrausch triumphaler Siege und rassischer Weltherrschaft ins Nichts des totalen Untergangs und der bedingungslosen Kapitulation geschockt, betäubt und demoralisiert, konnten sich nach all den begangenen Verbrechen eine eigenständige politische Existenz kaum vorstellen. Und die Siegermächte zeigten zunächst keinerlei Bereitschaft, wieder ein einheitliches Deutschland zu dulden, sondern hegten weitreichende, wenn auch unterschiedliche Pläne zu seiner Aufsplitterung und Kontrolle. Nie wieder, darin waren sie sich einig, sollte von Deutschland Krieg ausgehen können.
Entgegen der hierzulande weitverbreiteten Legende, daß erst der Kalte Krieg die deutsche Spaltung verursacht habe, eröffnete er umgekehrt Spielräume für gesamtdeutsche Regelungen.[7] Doch es kam anders. Sich in den Manichäismus des Kalten Krieges bereitwillig einschmiegend, verteufelte jeder der beiden neu entstandenen deutschen Staaten den anderen als die gesellschaftliche und politische Verlängerung der Vergangenheit, während man das je eigene System als revolutionären Bruch mit ihr rühmte und empfand. Insofern ähnelten sich die Totalitarismustheorie und die marxistisch-leninistische Faschismustheorie, die im Nationalsozialismus nichts als eine – wenn auch besonders blutrünstige – Ausprägung des normalen Kapitalismus sah.
Die beflissene Identifikation mit den jeweiligen Siegern und das Leugnen oder Minimieren der Vergangenheit gingen dabei eine eigentümliche Symbiose ein. Dadurch erfuhr der Konflikt zwischen den beiden universalistischen Wertesystemen, ja, Missionen beider Weltmächte in Deutschland eine zusätzliche emotionale und sozialpsychologische Aufladung, die mit den Schwierigkeiten zu tun hatte, das Erbe und die Last des Dritten Reiches zu tragen. Der Zivilisationsbruch, für den mangels Begreifbarkeit der Vernichtung um der Vernichtung willen Auschwitz als Symbol steht[8], wurde abgewertet, verkleinert und auf andere abgewälzt. Dabei lieferte der Manichäismus des Kalten Krieges, der nach einem Diktum Peter Benders den Deutschen zur »moralischen Erlösung« wurde, willkommene Dienste: Projektive Entlastung von der Vergangenheit und

auf Zukunft gerichtete Identifikation mit den jeweiligen Siegern verbanden sich. Die schroffe Freund-Feind-Polarisierung des Ost-West-Konflikts materialisierte sich in beiden deutschen Staaten, bildete ihre jeweilige *raison d'être* und ihre Staatsräson.
Diese staatliche Teilung und die ideologische, politische und schließlich auch militärische Polarisierung Deutschlands entsprachen freilich zugleich dem Interesse aller Siegermächte, Deutschland als europäischen Unruheherd nun ein für allemal einzudämmen. Mit den Vereinten Nationen wurde abermals der Versuch eines kollektiven Sicherheitssystems gemacht. Aber auch die Bildung von Wirtschaftsgemeinschaften und militärisch-politischen Allianzen verfolgte nicht zuletzt, wenn auch vom globalen Konflikt zwischen den beiden Weltmächten bis zur Unkenntlichkeit überlagert, dieses Ziel. Der erste Generalsekretär der NATO, Lord Ismay, hat es unverblümt artikuliert mit seinem berühmt gewordenen, vielzitierten Diktum über den dreifachen Zweck der Atlantischen Allianz: »To keep the Americans in, to keep the Russians out, and to keep the Germans down.« Kaum nötig hinzuzufügen, daß diese dreifache Zielbestimmung spiegelverkehrt auch für die sowjetische Deutschlandpolitik und die Haltung zur DDR galt, zumindest nach dem definitiven Scheitern aller Vorschläge zur Neutralisierung und Entmilitarisierung ganz Deutschlands.
Tatsächlich hat die doppelte Blockintegration im Jahre 1955 die staatliche Trennung Deutschlands besiegelt. Ungeachtet dessen, daß beide deutsche Staaten sich selbst politisch als vorläufig, als antizipierender Kernstaat und Modell für das irgendwann einmal doch noch zu schaffende Gesamtdeutschland verstanden, begann die normative Kraft des Faktischen gemäß der französischen Spruchweisheit zu wirken: *C'est le provisoire qui dure.*
BRD und DDR entwickelten sich im Kalten Krieg zu den Vorposten in den beiden politisch verfeindeten Lagern und militärischen Blöcken. Deren prekäre konfrontative Weltbalance hatte in Europa ihren Auflagepunkt in der Teilung Deutschlands. Insofern war der Ost-West-Konflikt auch die Lösung der alten deutschen Frage. Denn wie der ideologisch-politische Bürgerkrieg, durch das nukleare Patt gleichsam eingefroren, in Europa und virtuell weltweit als Instrument zur Reduktion der Komplexität von Konflikten und Akteuren, etwa der Brisanz alter nationaler Rivalitäten und ethnischer Minderheiten, diente, so beruhigte die dergestalt betonierte Zweistaatlichkeit Deutschlands auch die Ängste aller Europäer vor jedem Risiko einer wiedererstehenden deutschen Hegemonie. Sie waren in der doppelten Blockbildung und in der unerbittlichen Bipolarität des nuklearen Gegensatzes gleichsam aufgehoben.
Deutschland schien so endlich seine »Erlösung von der Größe«[9] gefunden zu haben. Und nicht nur die antagonistischen Weltmächte waren sich

einig, daß die Lösung der deutschen Frage in der dauerhaften Garantie der Zweistaatlichkeit lag. Auch die beiden europäischen Siegermächte Großbritannien und Frankreich teilten dieses Interesse, zumal es ihrer nationalen Tradition europäischer Gleichgewichtspolitik entsprach und ihr politisches Gewicht in Europa und im westeuropäischen Einigungsprozeß erhöhte.

Im Grunde waren mit der Zweistaatlichkeit Deutschlands *alle* Europäer in West und Ost zufrieden, befreite sie sie doch von der – geschichtlich in der traumatischen Erfahrung zweier Weltkriege gründenden – Furcht vor einem übermächtigen Deutschland. Der italienische Außenminister Giulio Andreotti, seit der unmittelbaren Nachkriegszeit im Regierungsgeschäft erfahren, hat das im Herbst 1984 in unverblümter Form ausgesprochen. Im Kontext des unübersehbaren Widerspruchs, daß nach dem Vollzug des sogenannten Nachrüstungsbeschlusses der NATO und sowjetischer Gegenmaßnahmen die sowjetisch-amerikanischen Beziehungen sich drastisch verschlechterten, während die beiden deutschen Staaten seinerzeit gegenläufig Dialog, Entspannung und Kooperation betrieben und sogar intensivierten, was allerorten den Verdacht politischer Unzuverlässigkeit und eines nationalen *rapprochements* der Deutschen weckte, sagte Andreotti im Sommer 1984:

»Wir alle sind damit einverstanden, daß es zwischen den beiden Deutschland gute Beziehungen geben muß... aber man darf in dieser Richtung nicht übertreiben... Der Pangermanismus muß überwunden werden: Es gibt zwei deutsche Staaten, und zwei sollen es bleiben... Wer hat je behauptet, daß Ostpolitik Wiedervereinigung bedeutet.« Die Aufregung über diese apodiktische und undiplomatische Äußerung war groß, zumal in der Bundesrepublik, was wiederum den ehemaligen österreichischen Bundeskanzler Bruno Kreisky zur lakonischen Feststellung veranlaßte: »Dem Herrn Andreotti ist es halt passiert, daß er etwas deutlicher formulierte, was alle denken.«[10]

Vierzig Jahre nach dem Ende des Zweiten Weltkrieges, nach dreißigjähriger Mitgliedschaft der BRD in der NATO, der DDR in der WVO, ein Jahrzehnt nach dem UNO-Beitritt beider deutscher Staaten und nach der Konferenz von Helsiniki, in deren Schlußdokument alle europäischen Staaten den territorialen Status quo der Nachkriegszeit besiegelten, schien in der Tat nichts mehr für eine absehbare Perspektive auf Wiedervereinigung zu sprechen, wie sehr bundesdeutsche Politiker mitunter auch in die Tasten nationaler Rhetorik greifen und unabgegoltene völkerrechtliche Ansprüche beschwören mochten. Als Erhard Eppler 1989 im Bundestag die Festrede zum Tag der deutschen Einheit hielt, konstatierte er nüchtern, daß die schiere Existenz der DDR europäischen Interessen entsprach: »Die häßliche Wand aus Eisen und Beton, die 1945 durch Deutschland gezogen wurde, hat mehr mit der Statik des europäischen

Hauses zu tun, als uns lieb ist ... Es gibt wesentlich mehr Europäer, die an der Teilung Deutschlands festhalten wollen, als solche, die mit dem politischen System der DDR sympathisieren.«[11]

Doch wirkte die Macht der Gewohnheit auch in den beiden deutschen Staaten selber. *Nolens volens* begann man in wachsendem Maß, sich mit der Existenz der zwei Staaten abzufinden. Die von der sozial-liberalen Regierungskoalition seit 1969 betriebene Ostpolitik hat die zuvor ständig wachsende Kluft zwischen dem Interesse des Westens, mit der Sowjetunion zu einem *Modus vivendi* zu gelangen, und Bonns halsstarrigem Wiedervereinigungsmaximalismus überwunden. Das in den frühen siebziger Jahren geknüpfte Netz der Ostverträge räumte das deutschlandpolitische Entspannungshindernis in der Mitte Europas beiseite. Bonn anerkannte Polens Westgrenze als Ergebnis der deutschen Geschichte und Schuld – was sich augenfällig in Willy Brandts Kniefall vor dem Mahnmal des Warschauer Ghettos am 7. Dezember 1970 symbolisierte – und beendete auch seinen politischen Bürgerkrieg mit dem SED-Staat.

Im Grundlagenvertrag haben beide deutschen Staaten *de facto* ihre jeweilige Souveränität und Gleichberechtigung anerkannt, indem sie zugleich ihren grundsätzlichen Dissens in der nationalen Frage festschrieben. Zwar kehrte die Doppelbödigkeit von Adenauers Deutschlandpolitik, die Bundesrepublik fest im westlichen Lager der Freiheit zu verankern und zugleich das Wiedervereinigungsziel ständig zu betonen, auch in Willy Brandts Ostpolitik *mutatis mutandis* wieder: Anerkennung des Status quo in Deutschland mit dem Ziel, ihn zu verändern. Ideologisch ging damit eine nicht unproblematische *Substantialisierung des Nationsbegriffs* einher.[12] Dennoch überwog in der allgemeinen Einschätzung der bundesrepublikanischen und auch der internationalen politischen Öffentlichkeit die Perzeption, daß Bonn nun davon abgekommen war, die staatliche Existenz der DDR rundweg zu leugnen und zu wähnen, sie als Gebilde, Phänomen oder Zone abtun und ignorieren zu können. Henry Kissinger hat die allgemeine Erleichterung über diesen Wandel in dem Satz zusammengefaßt: »Die Bundesrepublik hatte ihren Rubikon überschritten; sie hatte die Teilung Deutschlands anerkannt und den Status quo in Mitteleuropa besiegelt.«[13]

Nach der Wende von 1982/1983 setzte die Regierung Kohl, ungeachtet ihrer gleichzeitig akzentuierten nationalen Rhetorik und Symbolik, auf der handlungspolitischen Ebene die Entspannungs- und Anerkennungspolitik ihrer sozial-liberalen Vorgängerinnen fort. Das war keineswegs eine Selbstverständlichkeit vor dem Hintergrund des erbitterten Widerstandes, den Teile der Opposition seinerzeit der Ostpolitik Willy Brandts – von rechts als nationalen Verrat geschmäht und gebrandmarkt – entgegengesetzt hatten und der sie noch 1975 die KSZE-Schlußakte ablehnen ließ. In der öffentlichen Meinung der Bundesrepublik verbreitete sich in den achtziger Jahren zunehmend die Gewißheit, die Zweistaatlichkeit Deutschlands lasse sich, zumindest auf absehbare Zeit, nicht mehr revidieren. Das Ziel der Wiedervereinigung entleerte sich immer mehr zum wohlfeilen deklamatorischen Ritual, auch in CDU/CSU nicht mehr unangefochten. *Pacta sunt servanda*, lautete die Devise der Wende-Regierung.

In Helmut Kohls erstem Bericht zur Lage der Nation sucht man die Wiedervereinigung vergeblich. Übereinstimmend mit seinen sozialdemokratischen Amtsvorgängern und seinem Außenminister, Verkörperung deutschlandpolitischer Kontinuität, betonte der Kanzler, die deutsche Einheit sei erst im Rahmen einer europäischen Friedensordnung zu verwirklichen. Und selbst der Minister für innerdeutsche Beziehungen beteuerte mehrfach, es gehe nicht um die Wiederherstellung des Bismarckschen Nationalstaates, sondern um die Selbstbestimmung der Bürger der DDR und der Völker Europas. Erich Honeckers Staatsbesuch im September 1987 mit allem protokollarischen Drum und Dran stieß, anders als der erste, gescheiterte Anlauf drei Jahre zuvor, nun nicht mehr auf nennenswerte Kritik. Damit war die zuvor lange heftig umstrittene Anerkennung der DDR als unabhängiger zweiter deutscher Staat in der Bundesrepublik Konsens geworden. Über die Politik der kleinen Schritte zur deutsch-deutschen Annäherung als dem einzigen realpolitischen Konzept war man sich weitgehend einig – rapide wachsender Reiseverkehr, sicherheitspolitischer Dialog, Städtepartnerschaften und unzählige Besuche hochrangiger Politiker in der DDR schienen seinen Erfolg zu bezeugen.

So wundert nicht, daß kundige Beobachter diagnostizieren konnten, die beiden deutschen Staaten, einst die Musterknaben in der Ost-West-Konfrontation und lange Störenfriede auf dem Weg zur Détente, hätten sich nun zu Brückenbauern zwischen den beiden waffenstarrend sich gegenüberstehenden feindlichen Blöcken gemausert, die guten Beziehungen zwischen BRD und DDR seien zu einem beispielhaften Modell für die Kooperation über die Systemgrenzen hinweg geworden.[14] »Normalität in Deutschland« lautete ein anderer politikwissenschaftlicher Befund: Das System von Jalta werde in beiden deutschen Staaten zunehmend akzeptiert, »das Bewußtsein für die Einheit der Nation schwindet, die Identifizierung mit dem eigenen Staat wächst. Ein Normalisierungsprozeß ist im Gange.«[15]

Freilich übersahen derlei Diagnosen, ganz auf das staatliche Handeln in der Deutschlandpolitik fixiert und sich ob seiner Kontinuität beruhigend, zweierlei: zum einen alle Anzeichen für die drastisch anwachsenden Legitimationsschwierigkeiten der SED-Führung, zum anderen die schleichende Entfernung von öffentlicher Meinung und Politik der BRD vom Nationalsozialismus als *der* negativen Bezugsgröße ihres Selbstverständnisses.

Seit dem Januar 1987, als Michail Gorbatschow vor dem ZK-Plenum der KPdSU sein weithin als historisch eingestuftes und mit Chruschtschows berühmter Geheimrede auf dem XX. Parteitag verglichenes Grundsatzreferat unter dem Leitmotiv »Wir brauchen die Demokratie wie die Luft zum Atmen« gehalten hatte, geriet die DDR-Führung in wachsende Bedrängnis. Denn nun stellte die Perestroika unverhohlen das Dogmengebäude des Marximus-Leninismus in Frage und nahm entschlossen die grundlegende Reform des politischen Systems im seitherigen »realen Sozialismus« in Angriff. Daß der SED-eigene Dietz-Verlag eine deutschsprachige Übersetzung dieser Rede zwar herausgab, die Partei jedoch zugleich alles tat, um ihre Verbreitung zu unterbinden, war ein erstes Signal. Ihm sollten alsbald weitere folgen: bissige Filmkritiken, Abwehr der in der Sowjetunion entbrannten Diskussion über die Verbrechen des Stalinismus und seine Ursachen, Verhaftung und Abschiebung von Demonstranten mit Rosa-Luxemburg-Zitaten, Nichtveröffentlichung von Gorbatschows *Perestroika*-Buch, Verbote sowjetischer Zeitschriften und schließlich die sich gegen Osten abgrenzende Propagierung des »Sozialismus in den Farben der DDR« – ein allzu fadenscheiniges Synonym für das sture Festhalten am Bisherigen –, um nur einige Tiefpunkte zu nennen.
Die doppelte Abgrenzung vom Klassenfeind im Westen *und* vom großen Bruder im Osten überforderte die SED-Führung, deren Glaubwürdigkeit nun bis weit in die führende Staatspartei hinein rapide zu erodieren begann. Die innerparteiliche wie die gesellschaftliche Kritik und Opposition setzte auf die neue Führung der Sowjetunion, die Schutzmacht und Garantin der staatlichen Existenz der DDR. Der alte Slogan »Von der Sowjetunion lernen heißt siegen lernen« kam ironisch zu neuen Ehren: »Gorbi hilf« lautete die Kurzfassung.
In der Bundesrepublik vermochte die deutschlandpolitische Kontinuität über den nationalen Kern der Wende hinwegzutäuschen. Die Regierung Kohl konnte sich dabei die Krise des Fortschrittsbegriffs, die Entpolitisierung der Protestbewegungen zu bloßer Betroffenheit und Befindlichkeit sowie manch tümelnde Akzente in der Ökologiebewegung und deutschnationale Unterströmungen in der Friedensbewegung zunutze machen.[16]
Nicht erst der Historikerstreit, in Wirklichkeit keine akademische Kontroverse, sondern eine öffentliche Auseinandersetzung um Grundfragen des politischen Selbstverständnisses der Bundesrepublik, hat das konservative Bemühen um neohistorische nationale Sinnstiftung zutage gebracht. Großangelegte Projekte zur Musealisierung der deutschen Geschichte und zur Diskussion nationaler Identität, staatlicherseits nicht zu knapp gefördert, zielten in dieselbe Richtung.
Die Sehnsucht nach einem Schlußstrich unter die Vergangenheit und nach deutscher Normalität außerhalb von Hitlers langem Schatten fand 1985

einen ersten Höhepunkt: Aus Anlaß des Gedenkens an das Kriegsende am 8. Mai nötigte Bundeskanzler Kohl den amerikanischen Präsidenten zum Besuch auf dem Soldatenfriedhof in Bitburg, wo auch Mitglieder der Waffen-SS begraben sind, unbeeindruckt von allen internationalen Protesten gegen diese Gleichsetzung von Tätern und Opfern. Daß der Bundespräsident in seiner Rede vom 8. Mai 1985 ganz andere Töne anschlug, vermochte das Bitburg-Spektakel zwar zu relativieren, nicht jedoch seine selbstgerecht auf ihm beharrenden Betreiber zum Umdenken zu bewegen.

Nun ist der Widerspruch zwischen der zunehmend als Normalität empfundenen Existenz der beiden deutschen Staaten und dem Wunsch nach nationaler Normalität im Sinne der Befreiung von der Schuld am Krieg und von der Scham über die Massenvernichtung nicht einfach die Verlängerung des alten Widerspruchs zwischen Westintegration und Wiedervereinigungspostulat, der die Bundesrepublik von Anfang an begleitete. Denn die Prätention, die Stigmatisierung zu beenden, beruhte nun auf dem Stolz, in der Bundesrepublik in vierzig Jahren eine der erfolgreichsten und stabilsten Demokratien mit einer verläßlichen, vergleichsweise zivilen und kooperativen Außenpolitik aufgebaut zu haben. Die eindeutige Bezugsgröße dieses Normalitätsanspruches war die Bundesrepublik, mithin ein staatsnationales oder – emphatisch im Sinne des westlichen Nationsbegriffs – verfassungspatriotisches Selbstverständnis.

Auch aus Kreisen der Wende-Regierung, das ist gegen die neuesten nationalen Kontinuitätslegenden festzuhalten, forderte man für die DDR nun das *demokratische* Selbstbestimmungsrecht, während die Forderung nach der *nationalen* der zu schaffenden europäischen Friedensordnung nachgeordnet blieb. Damit schien die normative Kraft der faktischen Zweistaatlichkeit zu einem breiten bundesrepublikanischen Konsens in der Außen- und Deutschlandspolitik geführt zu haben. Er schlug sich nieder im Versuch der CDU-Modernisierer, 1988 die Wiedervereinigung aus der Parteiprogrammatik zu entfernen, aber auch im spöttischen Bonmot von CDU-Generalsekretär Heiner Geißler, niemand könne den Nationalstaat »in den Grenzen von 19xy« restaurieren wollen – beides wohl auch eine der Ursachen für Erfolge einer neuen reaktionären Protestpartei. Zu diesem Konsens gehörte weiterhin auch die grundsätzliche Ambiguität, den Status quo anzuerkennen, um ihn zu verändern.

Mit dieser stand freilich die deutsche Politik, sei es im Sinne des Bonner Wiedervereinigungspostulats oder sei es im Sinne von Erich Honeckers Bemerkung im Jahre 1981, auch die SED werde sich für die Einheit entscheiden, wenn der Sozialismus eines Tages an die Tür der Bundesrepublik klopfe, nicht allein. Vielmehr kennzeichnete dieselbe Ambiguität auch die Politik der Siegermächte. Beide Seiten unterstützten die Wiedervereinigungsforderung, solange sie realpolitisch ausgeschlossen war.

Ausgerechnet der Deutschlandvertrag von 1952 resp. 1954, die Grundlage für die Souveränität der Bundesrepublik und ihren Beitritt zur EVG und nach deren Scheitern zur NATO, verpflichtete in Artikel 7 die Signatarstaaten auf das »gemeinsame Ziel« eines »wiedervereinigten Deutschlands, das eine freiheitlich-demokratische Verfassung, ähnlich wie die Bundesrepublik, besitzt und das in die europäische Gemeinschaft integriert ist«.[17]

Die Priorität der Westintegration, die Adenauers Politik mit den Interessen der drei Westalliierten organisch verband, reduzierte dieses Einheitsbekenntnis zur ideologischen Kompensation für die Unmöglichkeit ihrer Herstellung. Ähnlich auch die Sowjetunion. In ihrer Souveränitätserklärung für die DDR vom 25. März 1954 ist nicht nur von der »nationalen Wiedervereinigung Deutschlands auf demokratischer Grundlage« die Rede, sondern dort heißt es auch: »Die Deutsche Demokratische Republik wird die Freiheit besitzen, nach eigenem Ermessen über ihre inneren und äußeren Angelegenheiten einschließlich der Frage ihrer Beziehungen zu Westdeutschland zu entscheiden.«[18] Das ließ sich problemlos formulieren in der Gewißheit, daß der SED-Staat, unantastbarer Bestandteil des sozialistischen Lagers, von dieser Freiheit niemals gegen die Interessen der Sowjetunion Gebrauch machen werde. Diesseits solcher Einheitsbekenntnisse, in der Praxis, war politisch niemand an einer Einheit interessiert. Vielmehr dominierte allerorten jenes augenzwinkernde Einvernehmen, das sich François Mauriacs gern zitiertem Diktum bediente, er liebe Deutschland so sehr, daß ihm zwei lieber als eins seien.

Deshalb wurde die internationale ebenso wie die bundesdeutsche Politik mit all ihren seitherigen deutschlandpolitischen Gewißheiten überrollt, als die revolutionäre Welle des Jahres 1989 im Herbst in die DDR schwappte.

Gorbatschows *neues politisches Denken*, das die allgemeinen menschlichen Interessen an die Stelle des ideologischen Prismas vom internationalen Klassenkampf rückte und damit den ideologischen Kern des Ost-West-Konfliktes zerschlug, begann seine ungestümste Eigendynamik zuerst, ähnlich wie 1956, in Polen und Ungarn zu entfalten. Ihr Übergang zur Demokratie, der die ehedem sakrosankten »allgemeinen Gesetzmäßigkeiten« des Marxismus-Leninismus und des seitherigen politischen Systems Stück für Stück demontierte, stieß in Moskau auf Verständnis, gar Wohlwollen. Pressionen blieben aus, die Überwindung der sogenannten Breschnew-Doktrin war offenbar nicht nur in der Theorie, sondern auch praktisch ernst gemeint.

Anfang Mai rückten ungarische und österreichische Grenzsoldaten in trauter Eintracht dem Eisernen Vorhang mit riesigen Kneifzangen zu Leibe – Bilder, die sich Millionen von Fernsehzuschauern unauslöschlich einprägten. Doch schien es, als bräuchten sie noch eine gewisse Karenzzeit, um der zunächst kaum zu fassenden Tragweite dieses Vorgangs gewahr zu werden. Allzu lange hat der Ost-West-Gegensatz das zeitgenössische Denken und Empfinden bestimmt, als daß jenes Durchbrechen der militärisch befestigten Systemgrenze, Materialisierung und Symbol des Kalten Krieges und der Teilung Europas, sofort als Anfang vom Ende dieser Konstellation begriffen worden wäre. Dann freilich entfaltete sich die Wirkungskraft dieses Vorgangs immer wuchtiger.

Der revolutionäre Umbruch des Jahres 1989 erinnert in manchem an den Völkerfrühling von 1848, als das vom europäischen Mächtekonzert errichtete Gefüge der Restauration unter dem revolutionären Ansturm in ganz Europa zu erzittern begann. Nicht zuletzt unter deutschlandpolitischem Aspekt liegt der Vergleich nahe: Der Wiener Kongreß hatte dem von der Französischen Revolution auch in Deutschland ausgelösten »teutschen Traum« von der einen, unteilbaren Nation mit allen republikanischen Freiheitsrechten eine Absage erteilt und den Deutschen Bund, eine lose Vereinigung von 41 Einzelstaaten, als Grundlage des europäischen Mächtegleichgewichts geschaffen.

Der Kalte Krieg und die Konsolidierung des Bipolarismus ruhten auf der Teilung Deutschlands; Bundesrepublik und DDR bildeten als Frontstaaten die jeweilige Klammer beider Weltmächte um ihren europäischen Einflußbereich. Und fast alle schienen sich, wie gesagt, damit abgefunden zu haben, forderten Freiheit und Demokratie in der DDR, nicht aber staatliche und territoriale Revision des Status quo. Und nun die »neue Zeitenwende« des Epochenjahres 1989, die vertraute Periodisierungsräume der Zeitgeschichte in sich zusammenstürzen ließ![19]

Der Ost-West-Gegensatz und die Teilung Europas gehen zu Ende. Ein weltweit Aufsehen erregender Aufsatz von Francis Fukuyama, stellvertretender Leiter des Planungsstabes im amerikanischen Außenministerium, interpretierte diese Zäsur als »das Ende der Geschichte überhaupt«: »Endzustand der ideologischen Evolution der Menschheit und die Universalisierung der westlichen liberalen Demokratie als der endgültigen Form menschlicher Regierung.«[20] Nicht die philosophische Kompetenz des Hegelianers im State Department steht hier zur Debatte; die spiegelverkehrte Verwandtschaft dieser Konstruktion mit eben jenem teleologischen Geschichtsverständnis des traditionellen Marxismus, über den doch gerade triumphiert wird, sticht ins Auge. Entscheidend ist vielmehr die *differentia specifica*, daß das Ende des Streits zwischen universalistischen Wertesystemen, Freiheit und Democracy auf der einen, Realsozialismus als die prätendierte materielle Gleichheit auf der anderen Seite, in den USA als *Ende* der Geschichte verstanden werden kann, während exakt derselbe Sachverhalt in Europa zumeist umgekehrt als *Wiedereintreten und Rückkehr in die Geschichte* gedeutet wird.

Das bleierne Gewicht des alles überdeterminierenden Systemgegensatzes hat dieser in Europa verbreiteten Interpretation zufolge die Geschichte, ihre traditionellen Wirkungskräfte, Konflikte und Akteure überlagert und unterdrückt. Die Geschichte schien sistiert, aufs Eis der nuklearen Vernichtungsdrohung und Selbstabschreckung gelegt. Nun, wo der Systemgegensatz dadurch zu Ende geht, daß Lenins Erben das nach der Oktoberrevolution entstandene System der Kritik anheimstellen und zu korrigieren suchen, gerät die zuvor gleichsam gebannte Geschichte wieder in Bewegung. Auf den rapiden Zerfallsprozeß des marxistischen Universalismus folgt naturwüchsig ein nationales Erwachen, das von der Peripherie ihrer Einflußsphäre bis weit in die Sowjetunion selbst hineinreicht. Es oszilliert beängstigend und bedrohlich zwischen nationaler Befreiung und Autonomieforderung und Pogromen und chauvinistischen Bürgerkriegen: »Eher ist die Abkehr vom Kommunismus Rückkehr in die Geschichte. Der unverstellte Blick auf die Vorgänge im osteuropäischen Spektrum macht klar, daß die alten geschichtlichen Kräfte unter der kommunistischen Kruste lebendig geblieben sind. Die ethnischen Spannungen, die Nationalitätenkonflikte, religiöse Gefühle und chauvinistische Emotionen kommen wieder ans Licht. Wer auf die Vorgänge in Osteuropa blickt, glaubt sich heute zuweilen in die Zeit vor dem Ersten Weltkrieg zurückversetzt, als Mitteleuropa ›Hochspannungsraum‹ der Weltgeschichte war.«[21]

Der doppelte Druck durch Tausende und Abertausende von DDR-Bürgern, die ihr Land verließen und auf dem Weg über die überquellenden Botschaften in die Bundesrepublik drängten, und einer gleichzeitig rasch anschwellenden Protestbewegung gegen das isolierte, unbeweglich sich ans angeblich Bewährte klammernde Honecker-Regime legte dessen tiefe Krise vor den Augen der Weltöffentlichkeit bloß. Zugleich hat die emotionalisierende Wirkung dieser tagtäglich sich jagenden, spektakulären Ereignisse die nationale Stimmungslage hierzulande nachhaltig verändert. Hatte wenige Wochen zuvor kaum mehr jemand am vorerst endgültigen Charakter der Zweistaatlichkeit Deutschlands gezweifelt, so war sie nun unversehens wieder auf der internationalen Tagesordnung, die deutsche Frage. Was alle Rhetorik von Wiedervereinigung und Fortbestehen der Gefühlsnation nicht vermocht hatten, bewirkte nun die existentielle Legitimationskrise der DDR selbst. Der Zusammenbruch ihrer Führer, der herrschenden Partei und Ideologie rissen auch die Identität der DDR, ihre staatliche *raison d'être* mit sich.

Nur am Rande sei vermerkt, daß die Ideologen der SED mit ihren Bemühungen, die schwindende Bindungskraft des Marxismus-Leninismus durch die Rehabilitierung der Heroen der deutschen Nationalgeschichte – der Alte Fritz, Luther, Bismarck und viele andere – zu substituieren, um dem gewünschten sozialistischen Nationalbewußtsein aufzuhelfen, Vorschub geleistet haben. In kurzer Zeit jedenfalls hat sich die friedliche

Revolution in der DDR aus einer Demokratie- und Emanzipationsbewegung in eine nationale Anschlußbewegung verwandelt. Die Parole »Wir sind das Volk« wich dem Ruf nach »Deutschland einig Vaterland« und »Wir sind *ein* Volk«, kein völliges Novum in der deutschen Geschichte.
In der Bundesrepublik traten unter dem Eindruck dieser Transformation und dem anhaltenden Übersiedlerstrom, der die Wiedervereinigung gleichsam in individualisierter Gestalt auf bundesdeutschem Boden vollzog, unversehens Stimmungslagen wieder zutage, die zuvor unter der dünnen Schicht des deutschlandpolitischen Pragmatismus verborgen waren: rabiater Antikommunismus und deutschnationale Aspiration. Und zwar weit über die Regierungsparteien hinaus, wie Willy Brandts schnell populäre Metapher vom »Zusammenwachsen, was zusammengehört« – als sei die Nation etwas Natürliches und nicht vielmehr eine historische, politische Größe – bezeugt.
Ungeachtet des überschwenglichen, aber oft wohlfeilen Lobes für die erste erfolgreiche deutsche Revolution ging es den Bonner Regierenden nie um eine uneigennützige Stärkung der jungen Demokratiebewegung in der DDR. Vielmehr setzten sie schon bald zielgerichtet auf die Destabilisierung und das Ende des anderen deutschen Staates – das ideologische Pendant zu Otto Reinholds berühmt gewordenem propagandistischen Diktum, ohne den – bestehenden, autoritären – Sozialismus verlöre die DDR ihre Daseinsberechtigung. Je tiefer die DDR erschüttert würde, desto höher schraubte Helmut Kohl die Bedingungen für Wirtschaftshilfe.
Die rasch fortschreitende Existenskrise der DDR, der anhaltende Strom von Übersiedlern sowie die veränderte, immer unverhohlener auf Eingliederung der DDR bedachte Deutschlandpolitik kam den westlichen Verbündeten zunächst höchst ungelegen. In Europas Hauptstädten und Zeitungen tauchten allerorten Warnungen vor der nun aufs neue drohenden Hegemonie der Deutschen auf, vor dem Risiko der Ostdrift und Neutralisierung Deutschlands und vor nationalistischen Alleingängen. Das Gespenst von der Destabilisierung im Zentrum Europas, gar von einem »Vierten Reich«, ging um in Europa.
Vielen Europäern wurde die Freude über das Ende der Teilung Europas durch die Aussicht auf die sich wieder öffnende deutsche Frage vergällt. Der schon genannte Widerspruch, daß die Verbündeten der Bundesrepublik in zahlreichen Verträgen und Protokollen sich stets auf das Ziel der deutschen Einheit verpflichtet hatten, solange diese im Kalten Krieg gleichsam eingekapselt war, bereitete ihnen nun, als es erstmals eingefordert wurde, sichtlich Unbehagen. Um so mehr, als die in den letzten Jahren zur *économie dominante* in Europa gewachsene Wirtschaftskraft der Bundesrepublik deren politisches Gewicht ohnehin verstärkt hatte.
Immerhin ist ihr Mitte 1989 von Präsident Bush eine neue Rolle als »part-

ner in leadership« bescheinigt worden. Und kurz darauf sprach Gorbatschow von den »zwei großen Staaten« auf dem Kontinent, die für den Bau des gemeinsamen europäischen Hauses ausschlaggebend seien: die Sowjetunion und – die Bundesrepublik.[22] Zumal Frankreich und Großbritannien, von Helmut Kohls Alleingang, seinem mit niemandem abgesprochenen »10-Punkte-Programm zur Überwindung der Teilung Deutschlands und Europas« aufgeschreckt, reagierten gereizt. Ob Mitterrand in Kiew mit Gorbatschow befand, die deutsche Frage stehe *nicht* auf der Tagesordnung, ob das französische Außenministerium das Selbstbestimmungsrecht der Deutschen der Zustimmung aller anderen europäischen Staaten unterordnete, ob der britische Außenminister dazu aufrief, das Gleichgewicht und die Stabilität Europas nicht zu zerstören, ob Lady Thatcher eine hochkarätige Expertenrunde zur deutschen Frage, gar zum deutschen »Nationalcharakter« befragte, oder ob die sowjetische Führung auf ihren spezifischen Sicherheitsinteressen insistierte: Stets sollten Bonn und Ost-Berlin zu Geduld und Verständnis ermahnt werden.

Berunruhigung, Mißtrauen und Ängste dominieren: »Heute möchten die Deutschen an die Zukunft denken, doch ihre Nachbarn denken an die Vergangenheit.«[23] Damit verbunden sind auch Anleihen aus dem Repertoire europäischer Gleichgewichtspolitik des 19. Jahrhunderts, kaum dazu angetan, die neue Entwicklung zu steuern. Vorstöße der EG, die Bundesrepublik auf den forcierten Ausbau der europäischen Integration zu verpflichten, oder sowjetische Vorschläge, die KSZE zur Architektur des gemeinsamen europäischen Hauses auszubauen, sind die produktivsten Bemühungen, den Einigungsprozeß der Deutschen zu hegen, einzubetten und unter internationaler Kontrolle in europäische Gesamtstrukturen zu integrieren. Das scheint um so dringlicher, seit die Bundesregierung ihre *Prioritäten umgekehrt* hat und mit der Herstellung der Einheit ihren Beitrag zur europäischen Friedensordnung leisten will – während früher umgekehrt erst die Herstellung eines europäischen Friedenszustandes auch dem deutschen Volk seine Einheit wiederzuerlangen gestatten sollte.

Die Überzeugung, die deutsch-deutsche Annäherung und schließlich Einigung müsse als stufenweiser Prozeß, eingebettet in die übergreifenden Trends zur Überwindung der Ost-West-Konfrontation, der Teilung Europas sowie mit Abrüstungsschritten synchronisiert verlaufen, teilten der amerikanische Präsident Bush und Generalsekretär Gorbatschow auf ihrem Gipfel vor Malta im Dezember 1989 *expressis verbis*. Inzwischen hat der deutsche Einigungsprozeß indes eine dynamische Rasanz erlangt, die alle machtpolitischen Einhegungs- und Einbettungsbemühungen über den Haufen zu werfen droht.

Das bringt insbesondere die Sowjetunion in eine schwierige Lage. Sie hat für Europas Befreiung vom nationalsozialistischen Vernichtungskrieg

den größten Blutzoll entrichtet, weshalb es niemanden verwundern kann, daß die Entwicklung in Deutschland eine der ganz wenigen außenpolitischen Fragen ist, welche die sowjetische Bevölkerung wirklich bewegt. Die Opposition gegen den Reformkurs weiß, daß es für Gorbatschow ein fast unlösbares Problem darstellt, angesichts der von der dramatischen Versorgungslage und nationalen Sezessions- und Bürgerkriegstendenzen zutiefst aufgewühlten sowjetischen Gesellschaft nach dem Abschied Osteuropas vom Sozialismus auch noch die Vereinigung Deutschlands zu akzeptieren. *Insofern* diese von der konservativen Opposition zum Rammbock gegen die Perestroika instrumentalisiert werden kann, birgt die Vereinigung Deutschlands für die Sowjetunion ein hohes Risiko. Wer deshalb lautstark auf Deutschlands uneingeschränkter Souveränität pocht und nicht alles unternimmt, den Sicherheitsinteressen der Sowjetunion entgegenzukommen und sie in den Wandel in Europa aktiv einzubinden, betreibt ein Spiel mit dem Feuer. Die Zukunft der Perestroika ist für den Frieden in Europa wichtiger als die deutsche Frage.
Die Einigung Deutschlands läuft den sich nur schwerfällig und allmählich verändernden internationalen Rahmenbedingungen davon. Dieses unterschiedliche Tempo ist dazu angetan, einerseits alte Ängste in Europa vor Deutschland aufs neue zu wecken und andererseits hierzulande Unmut über auf Stabilität bedachte und bremsende Hegungsversuche anderer zu schüren. Damit droht jene »böse Dialektik« revitalisiert zu werden, die Sebastian Haffner beschrieben hat:
»Deutschland hat in der Form der zwei Staaten das große Glück gehabt, daß es nicht mehr allgemein gefürchtet wurde. Vor einem großen Deutschland aber, das ja nichts dafür kann, daß es so groß ist, aber das nun einmal größer ist als alle seine Nachbarn, hat jeder unvermeidlich ein bißchen Angst. Und diese Angst wirkt auf unangenehme Weise auf die Deutschen zurück. Sie gibt den Deutschen ein Gefühl von erstens: Feinde ringsum, keiner liebt uns; und zweitens: Gott sei Dank sind wir ja stärker als die alle. Das eine kann leicht wieder in das andere umschlagen. Da ist so eine böse Dialektik am Werke.«[24]
Zur Zeit überwiegt der Optimismus. Die ökonomische, kulturelle, politische und militärische Integration, so ein weitverbreiteter Befund, versperrten jeden Rückfall in die unselige Tradition des deutschen Nationalstaates.[25] Und nicht schiere Größe oder geographische Lage, sondern falsche Politik haben Deutschland zu Europas Unruheherd gemacht. Gewiß spricht vieles dafür, daß die Voraussetzungen, den Wunsch der Deutschen nach Einheit mit dem Wunsch aller Europäer nach Sicherheit versöhnen zu können, diesmal besser sind als jemals zuvor.[26] Doch folgt die friedensverträgliche Einbettung des zusammenwachsenden Deutschland keineswegs, wie funktionalistische Theorien insinuieren, automatisch aus der wirtschaftlichen Integration. Nationalismus und wachsende ökono-

mische Interdependenz sind keine Gegensätze; vieles spricht umgekehrt dafür, daß sie Hand in Hand gehen. Und nichts ist in der Geschichte irreversibel, wie die Barbarei des Nationalsozialismus, aber auch die Umbrüche des Epochenjahres 1989 lehren.

Der Not der Lage gehorchend, war es in den letzten Jahrzehnten ein leichtes, ständig zu beteuern, Deutschland gehöre nicht den Deutschen allein. Aber werden sich dieses Bewußtsein und die daraus folgende, künftig allein aus freien Stücken vorgenommene Selbstbindung weiterhin halten, auch wenn sich die internationale Lage weiter verändert? Oder wächst umgekehrt mit der Auflösung der bipolaren Nachkriegsordnung der *sacro egoismo* nationalen Denkens wieder, nicht nur im sowjetischen Einflußbereich, sondern auch in Deutschland?

In der bisherigen Geschichte haben sich die deutsche Einheit und der Frieden in Europa nie lange vertragen. Deutschland befindet sich im Jahre 1990 wieder einmal an einer für seine und Europas Zukunft schicksalsträchtigen Wegscheide. Entweder läuft der Einigungsprozeß, der bereits begonnen hat, darauf hinaus, trotz absehbarer gesellschaftspolitischer Turbulenzen nach innen eine offene, zivile Gesellschaft auszuweiten und außenpolitisch als Scharnier und Katalysator für einen dynamischen Wandel ganz Europas in Stabilität zu wirken. Oder aber er führt nach innen wie nach außen in die alte, fatale Logik des Nationalstaates in Europas Mitte zurück. Anzeichen gibt es für beides. Wie die Entscheidung, allen gängigen Naturmetaphern zum Trotz ein *politischer Vorgang*, ausfällt, wird von vielen anderen Akteuren mitbeeinflußt, letztlich aber von den Deutschen selbst bestimmt.

Anmerkungen

1 Unter der kaum zu überblickenden Fachliteratur zu diesem Thema sei besonders hingewiesen auf zwei neuere Sammelbände: Josef Becker und Andreas Hillgruber, Hg., *Die Deutsche Frage im 19. und 20. Jahrhundert*, München 1983, und F. Stephen Larabee, Hg., *The Two German States and European Security*, New York 1989.

2 Vgl. neben vielen anderen die Arbeit von David P. Calleo, *Legende und Wirklichkeit der deutschen Gefahr*, Bonn 1981. Deren Kernthese, daß Deutschland »aus geographischen Gründen eine unmittelbare Bedrohung für das übrige Europa war; das moderne Deutschland wurde eingekreist geboren« (S. 290), repetiert Michael Stürmer, einer der tonangebenden bundesdeutschen Historiker, *ad usum Delphini* unablässig. – Doch auch bei Peter Bender geraten Größe und Lage zu Naturkonstanten: »Deutschland schafft seit Jahrhunderten ein Problem für Europa; es ist zu klein, um den Kontinent zu beherrschen, und zu groß, um sich ihm als Gleicher unter Gleichen einzufügen. Zur kritischen

Größe tritt die heikle Lage: Wenn es sich wenigstens am Rande befände wie Rußland, aber es liegt in der Mitte – Europa kommt um Deutschland nicht herum« (*Deutsche Parallelen*, Berlin 1989, S. 217).

3 Helmuth Plessner, *Die verspätete Nation*, Stuttgart 1955, S. 42f. – Vgl. dazu auch Wolfgang J. Mommsen, *Nation und Geschichte. Über die Deutschen und die deutsche Frage*, München 1990.

4 William Pfaff, *Die Gefühle der Barbaren. Über das Ende des amerikanischen Jahrhunderts*, Frankfurt a. M. 1989; S. 37. – Ähnlich in einem Artikel in der *ZEIT* (9.2.1990), *Ein deutsches Jahrhundert*, wo er die These aufstellte, Tocquevilles Prophezeiung über die künftigen Weltmächte Amerika und Rußland habe Deutschland übersehen, da dessen Einigung seinerzeit erst noch bevorstand.

5 Immanuel Kant, *Zum ewigen Frieden*, Akademie-Ausgabe Bd. VIII, Reprint Berlin 1968, S. 356 (hervorgeh. im Orig., B. S.).

6 Helmuth Plessner, op. cit., S. 25. – Vgl. dazu auch Hannah Arendts Aufsatz *Das ›deutsche Problem‹* aus dem Jahre 1945, in dem sie darauf aufmerksam machte, daß eine der zentralen Zielvorstellungen der antifaschistischen Widerstandsbewegungen in der Überwindung der Nationalstaaten und der Schaffung eines freien und föderierten Europas bestand, in: *Zur Zeit. Politische Essays*, Berlin 1986, S. 23–41.

7 Vgl. dazu Wilfried Loth, *Ost-West-Konflikt und deutsche Frage*, München 1989, S. 11–45, bes. S. 15.

8 Vgl. dazu Dan Diner, Hg., *Zivilisationsbruch. Denken nach Auschwitz*, Frankfurt a. M. 1988.

9 Fritz Stern, *Der Traum vom Frieden und die Versuchung der Macht*, Berlin 1988, S. 23; vgl. auch dazu, freilich mit denunziatorischen Untertönen, Hans-Peter Schwarz, *Die gezähmten Deutschen. Von der Machtbesessenheit zur Machtvergessenheit*, Stuttgart 1985.

10 *Frankfurter Allgemeine Zeitung* v. 17.9.1984. – Vgl. dazu auch die Studie von Eberhard Schulz und Peter Danylow, *Bewegung in der deutschen Frage? Die ausländischen Besorgnisse über die Entwicklung in den beiden deutschen Staaten*, Bonn 1985.

11 *Frankfurter Rundschau* v. 20.6.1989.

12 Vgl. dazu den instruktiven Aufsatz von Sigrid Meuschel, *Kulturnation oder Staatsnation? Zur Renaissance der Suche nach nationaler Identität in beiden deutschen Staaten*, in: *Leviathan* 3/1988, S. 406–435.

13 Henry Kissinger, *Memoiren 1968–1973*, München 1979, S. 569.

14 Vgl. Peter Bender, *Geteilt – nicht getrennt. Vom Wandel zwischen den beiden Deutschlands*, in: *Merkur* 470, 4/1988, S. 283–291.

15 Gebhard Schweigler, *Normalität in Deutschland*, in: *Europa-Archiv* 6/1989, S. 173–182, hier S. 179. – Ähnlich die meisten Beiträge in dem bereits angeführten Sammelband von Stephen Larabee.

16 Vgl. dazu die schon während der Kontroverse um die Stationierung neuer atomarer Mittelstreckenraketen in Europa formulierten, scharfsinnigen Überlegungen von Dan Diner, *Die ›nationale Frage‹ in der Friedensbewegung. Ursprünge und Tendenzen*, in: Reiner Steinweg, Hg., *Die neue Friedensbewegung*, Frankfurt a. M. 1982, S. 83–107.

17 Hier zit. nach *Die deutsche Frage. Materialien zur politischen Bildung*, hrsg. von der Niedersächsischen Landeszentrale für politische Bildung, Hannover 1982, S. 179.

18 Vgl. Hermann Weber, *Dokumente zur Geschichte der DDR 1945–1985*, München 1987 (3. Aufl.), S. 212.

19 Vgl. Michael Howard, *1989 – eine neue Zeitenwende?*, in: *Europa-Archiv* 14/1989, S. 437–446.

20 Francis Fukuyama, *The End of History?*, in: *The National Interest* 16/1989, S. 4.

21 *Ort und Zeit in Bewegung*, Leitartikel in der *Neuen Zürcher Zeitung* vom 5./6.11.1989. – Der Autor kanzelt Fukuyamas »End of History« als »politischen Unsinn« ab, ohne auf den Unterschied zu reflektieren, warum das, was in den USA, von der Auseinandersetzung um Werte geprägt, als Ende der Geschichte gedeutet werden kann, in Europa vorab als deren Wiederbeginn erscheint.

22 Präsident Bushs Rede Ende Mai 1989 in Mainz ist abgedruckt in: *Frankfurter Allgemeine Zeitung* vom 31.5.89, Gorbatschows Rede zu der am 13.6.89 in Bonn unterzeichneten Gemeinsamen Erklärung in: *Sowjetunion heute*, Sonderheft Juni 1989, S. 9.

23 So der amerikanische, aus Breslau stammende und aus Deutschland vertriebene Historiker Fritz Stern in dem Deutschland gewidmeten Sonderheft des Nachrichtenmagazins *Time*, hier zit. n. *DIE ZEIT*, 22.6.1990.

24 Sebastian Haffner, Interview im *stern* vom 5.4.1990, S. 82.

25 Vgl. dazu neben vielen anderen die optimistischen Beiträge von Volker Rittberger, Michael Staack und Dieter Senghaas in der Beilage der Zeitung *Das Parlament: Aus Politik und Zeitgeschichte* B 4–5/90, 19.1.1990; sowie Dieter Senghaas, *Europa 2000: Ein Friedensplan*, Frankfurt a. M. 1990.

26 Vgl. dazu Gert Krell, *Deutsche Frage und europäische Friedensordnung*, i. E., sowie Christoph Bertram, *The German Question*, in: *Foreign Affairs*, Frühjahr 1990, S. 45–62.

IV. Vom Elend der Utopie

Antonia Grunenberg

»Ich finde mich überhaupt nicht mehr zurecht...«

Thesen zur Krise in der DDR-Gesellschaft

Mit diesen Thesen möchte ich nicht auf abschließende Erklärungen hinaus. Eine adäquate Analyse der Krisenphänomene in der DDR müßte Eigenwahrnehmung und Fremdwahrnehmung verbinden. Das aber ist nur langfristig zu leisten. Im Moment hält unter den WissenschaftlerInnen in der DDR der Schock noch an. Es kommt hinzu, daß auch in der Bundesrepublik eine krisenhafte Wahrnehmung des Einigungsprozesses zu beobachten ist: Abwehr oder Verunsicherung sind sowohl bei Konservativen wie bei Linken zu spüren. Es kann daher hier nur von Teilaspekten der Krise die Rede sein, von der Schockreaktion in der DDR auf den Zusammenbruch und den Schwierigkeiten, diesen Schock in produktives Handeln umzumünzen.

Der Bildungssoziologe Jan Hofmann schreibt in seinem Nachwort zu Christa Wolfs Sammlung von Briefen beunruhigter Bürger aus den Tagen des Umbruchs: »Die DDR befindet sich in einer tiefen, alle gesellschaftlichen Bereiche erfassenden Krise. Die aufgebrochenen Probleme sind die sichtbar gewordenen Entwicklungsprobleme unserer Gesellschaft« (Jan Hofmann, Nachwort zu: *Angepaßt oder mündig?* Briefe an Christa Wolf im Herbst 1989, S. 231). Joachim Heise meint in einem Kommentar der *Berliner Zeitung* vom 8. Februar 1990: »Eine tiefe Sinn- und Identitätskrise zermürbt viele Bürger unseres Landes und viele Mitglieder der PDS; sie lähmt ihr gesellschaftliches Engagement und behindert den notwendigen Neubeginn.« Der Berliner Psychologe Reiner Werner (*BZ* v. 31. März/1. April 1990) diagnostiziert: »Im Grunde erleben wir gegenwärtig den Zusammenbruch aller Werte.«

Wo auch immer man hinschaut, wen auch immer man fragt, ob Institutionen oder einzelne – alle sind von der Krise betroffen. Es ist buchstäblich alles zu Bruch gegangen: die staatliche Existenz, das politische System, die wirtschaftliche und soziale Ordnung, die Wertvorstellungen, die Verhaltenskodexe und die Handlungsmuster. Zu fragen ist also, wie es dazu kam. Dabei geht es nicht darum, dem historisch einzigartigen Krisenverlauf ein deterministisches Modell überzustülpen, aber es erscheint doch sinnvoll, auf ältere und jüngere Krisenvorläufer und -indikatoren hinzuweisen.

These 1:
Die Krisenerscheinungen, die wir gegenwärtig auf allen Ebenen in der Gesellschaft der DDR vor uns sehen, markieren den Endpunkt einer sich lange hinziehenden, verdrängten und dann um so heftiger ausbrechenden Langzeitkrise, für die es aus strukturellen Gründen kein Steuerungsinstrumentarium gab. Interne und externe Bedingungsfaktoren sind dabei eng miteinander verwoben.
Beginnen wir mit den externen Faktoren, weil sie in der zweiten Hälfte der achtziger Jahre erheblich beschleunigend auf die Krise wirken. Es handelt sich vor allem um die seit Anfang der achtziger Jahre stattfindenden ökonomischen, politischen und psychologischen Erosionen in allen Ländern Mittel- und Osteuropas. Die Erschütterungen in diesen Ländern werden durch den offensichtlichen Legitimationsverfall der sozialistischen Systeme ebenso hervorgerufen wie durch die drastische Abnahme ihrer Integrationsfähigkeit nach innen und durch die Etablierung pluraler Strukturen und halb-demokratischer politischer Kulturen noch unter den alten Verhältnissen. Die Gorbatschowsche Innen- und Außenpolitik seit etwa 1987 beschleunigt diese Erosion. Schließlich wirkt auch die internationale Entspannung zwischen den beiden Blöcken und die zunehmende Redundanz des starren Freund-Feind-Denkens als Ferment der Erosion.
Als externer Krisenfaktor wirkt auch der grundlegende kulturelle Wandel der Industriegesellschaften des Westens und der Bundesrepublik in den letzten beiden Jahrzehnten mit, der mit seiner Verschiebung von Werten, Einstellungen und politischem Verhalten (Stichwort: Auflösung des traditionellen Rechts-Links-Denkens, Verschiebung der Lebenswertigkeiten, Kultur- und Zivilisationskritik) die Grundprobleme der Industriegesellschaften – auch der sozialistischen – und den Niveauunterschied zwischen Ost und West immer deutlicher macht. Als direkter externer Auslösefaktor ist natürlich die Fluchtwelle vom Sommer 1989 zu nennen: Tausende von Menschen, die aus der DDR über Ungarn und die Tschechoslowakei nach Österreich und in die Bundesrepublik flüchteten, entfachten eine innenpolitische Sogwirkung, die dann niemand mehr kontrollieren konnte. Die externen Entwicklungslinien wirken für die Krise in der DDR auslösend; sie haben deren Ausbruch beschleunigt, sind aber nicht zu verwechseln mit deren Ursachen.
Die internen Ursachen für den Ausbruch der Krise sind vor allem gekennzeichnet durch ein Zusammenwirken zwischen historischen und aktuellen Bedingungen, ordnungspolitischen Faktoren und verselbständigter Dynamik, objektiven gesellschaftlichen Entwicklungen und Verschiebungen in der subjektiven, psychischen Motivation.
Als historische Erblast sei zunächst die Tatsache genannt, daß der Staat DDR von Anbeginn eng an die sowjetischen Europa-Interessen gekop-

pelt war. Die DDR war der westliche Außenposten des sowjetischen Machtbereichs in Europa, das Schaufenster nach Westen – ähnlich wie die Bundesrepublik das Schaufenster nach Osten war. In diese Rolle hat sich die Führung der DDR weitaus emphatischer eingebracht als die Bundesrepublik gegenüber den Vereinigten Staaten. Die Hintergründe liegen in dem schwärmerischen Verhältnis der deutschen Kommunisten zur Sowjetunion seit den zwanziger Jahren.

Die Sowjetunion – das war das säkularisierte Erlösungsversprechen in der Leidensgeschichte der Klassenkämpfe. In einer ungeheuren Projektionsleistung erhoben deutsche Kommunisten ein von der Außenwelt isoliertes, halb industrialisiertes Entwicklungsland zum sozialistischen Modell schlechthin. Sozialismus in den zwanziger und dreißiger Jahren hieß: Identifikation mit der sowjetischen Führungselite und der von ihr praktizierten zentralisierten Staatswirtschaft, hieß: Übernahme des monolithischen ideologischen Kulturverständnisses und der stalinistischen Parteiherrschaft. Verbunden damit war auch die Übereinstimmung mit einem Konzept von politischem Handeln, das dies weitgehend einer mit totaler Macht ausgestatteten politischen Führung überließ und die Bewegungsfreiheit der Bevölkerung quasi-militärisch einschränkte. Das Organisationsprinzip des demokratischen Zentralismus, das *de facto* einer Verordnungs- und Akklamationspraxis entsprach, ersetzte schon in den zwanziger Jahren andere Formen demokratischer Willensbildung völlig. Nach dem Zweiten Weltkrieg fügten sich in das positive Bild von der Sowjetunion aus den zwanziger und dreißiger Jahren noch die Schuldgefühle über die Mitverantwortung an der verbrecherischen Politik der Nationalsozialisten ein. Immerhin hatte die Sowjetunion über 20 Millionen Opfer zu beklagen.

Der Aufbau des neuen Staates der DDR und seines Gesellschaftssystems verlief zwar zunächst scheinbar unter Berücksichtigung älterer politischer Kulturwerte und Koalitionen (Festhalten an der bürgerlichen Demokratie, Umwerben der bürgerlichen Intelligenz). Aber mit einer Mischung aus Schuldbewußtsein gegenüber der Sowjetunion, realer Machtunterlegenheit unter die sowjetische Besatzungsmacht und elitärem Sendungsbewußtsein gegenüber der Bevölkerung setzte die politische Führung das sowjetische System auch gegen Widerstände aus den eigenen Reihen durch.

Den Aufbau eines deutschen Sozialismus hat es nicht nur nicht gegeben, seine Konturen waren in den Köpfen der handelnden Personen auch nicht vorhanden. Was real stattfand, war die machtpolitische Verdrängung des vorhergehenden Typus von politischer Herrschaft und die ideologisch verbrämte Übernahme des Systems der Siegermacht Sowjetunion. Die zugleich machtgesicherte wie ideologisch-moralische Einbindung wirkte bis in die achtziger Jahre und gewann – welche Ironie! – für weite Teile der

Bevölkerung erneut einen positiven Gehalt mit dem Beginn der Gorbatschowschen Reformpolitik. Nach der Distanzierung der politischen Führung von der Politik Gorbatschows seit Ende der achtziger Jahre mußte also eine erhebliche Verunsicherung eintreten: Im Bewußtsein der Bevölkerung hatte die Sowjetunion endlich den Weg der notwendigen Reformen eingeschlagen und sich daher mehr Legitimität geschaffen als die DDR; der sogenannte »Sozialismus in den Farben der DDR« war sowieso keine reale Alternative zur UdSSR, da er die selbstgesteckten Ziele in der alltäglichen Erfahrung der Bürger nicht erreichte. Die Distanzierung von der Sowjetunion wirkte somit als zusätzlicher Akt der Delegitimation und damit als Sprengsatz im System.

Als zweites Element eines historischen Entstehungszusammenhangs für die Krise ist das »Erbe des Nationalsozialismus« anzusehen, als dessen im wahrsten Sinne des Wortes »totale« Alternative der neue Staat konzipiert und legitimiert war. Die Erblast des Nationalsozialismus wurde institutionell zwar scheinbar radikal (Bildungsreform, Justizreform, Landreform), in der politischen Kultur des Landes aber kaum verarbeitet, sondern mit Tabus belegt. Das militärische Ordnungsdenken und -handeln des nationalsozialistischen Systems wurde in ein System zentralistischer Willensbildung überführt und legitimiert durch den Anspruch, der neue Staat sei die anti-faschistiche Institution schlechthin.

In diesen Zusammenhang gehört die Doppeldeutigkeit des Begriffs »Antifaschismus« als moralischer Wert und funktionaler Kampfbegriff zur Eliminierung von politischen Gegnern. Den Memoiren von Walter Janka (*Schwierigkeiten mit der Wahrheit*, 1990) und Gustav Just (*Zeuge in eigener Sache*, 1990) kann man entnehmen, daß der Begriff schon Anfang der fünfziger Jahre völlig von den machtpolitischen Kalkülen der Ulbricht-Führung instrumentalisiert worden war, etwa nach dem Motto: »Wer nicht für uns ist, ist gegen uns, muß also ein Faschist sein.« Gleichzeitig diente der Begriff als Mittel zur Selbstrechtfertigung und Reinwaschung der politischen Führung und ihrer Bündnispartner. Treffend hat Christa Wolf die Doppeldeutigkeit des Antifaschismus-Rituals beschrieben: »Eine kleine Gruppe von Antifaschisten, die das Land regierte, hat ihr Siegesbewußtsein zu irgendeinem nicht genau zu bestimmenden Zeitpunkt aus pragmatischen Gründen auf die ganze Bevölkerung übertragen. Die ›Sieger der Geschichte‹ hörten auf, sich mit ihrer wirklichen Vergangenheit, der der Mitläufer, der Verführten, der Gläubigen in der Zeit des Nationalsozialismus auseinanderzusetzen. Ihren Kindern erzählten sie meistens wenig oder nichts von ihrer eigenen Kindheit und Jugend. Ihr untergründig schlechtes Gewissen machte sie ungeeignet, sich den stalinistischen Strukturen und Denkweisen zu widersetzen« (Christa Wolf: Den Sklaven aus sich herauspressen, in: *Träumen verboten*, hg. v. P. Neumann, Göttingen 1990, S. 19).

Die Sakralisierung des Antifaschismus war grundlegend für die Beschaffung von Loyalität für den neuen Staat – und natürlich auch für die Partei, die diesen Staat trug. Der neue Staat war antifaschistisch, also war er moralisch »gut«. Diese Selbstdefinition bot sowohl die Möglichkeit, das Erbe des Nationalsozialismus an die Bundesrepublik, die »bösen Anderen«, zu delegieren, als auch erleichterte sie es, Kritiker des Systems, gleich welcher Couleur, zu diffamieren. Umgekehrt war es lange Zeit fast unmöglich, grundsätzliche Kritik an Staat und Partei zu legitimieren. Wenn der Staat (und die Partei) moralisch »gut«, weil antifaschistisch waren, dann war es nur schwer möglich, sie zu kritisieren, ohne sich selbst auf die Seite des »Schlechten«, des Gegners zu begeben. Die Wirkung dieses Mechanismus hat zwar seit den siebziger Jahren nachgelassen, aber an dem zögerlichen Verhalten von vielen SchriftstellerInnen und Intellektuellen in den Jahren vor Ausbruch der Krise kann man ablesen, wie lange die moralisch-psychische Einbindung als Selbstblockademechanismus nachgewirkt hat.
Der Mechanismus konnte natürlich nur wirken, weil alle Elemente demokratischer politischer Kultur beseitigt worden waren. Die traditionell bürgerlichen, teilweise auch der sozialdemokratischen Kräfte hatten sich spätestens in den fünfziger Jahren teils freiwillig untergeordnet, teils wurden sie aus den Entscheidungspositionen verdrängt und verfolgt. So waren denn bald keinerlei Korrekturmöglichkeiten durch das Einwirken anderer politischer Gruppen und Interessen mehr gegeben. Ein System, das keine Kompromisse eingehen mußte, war natürlich nicht in der Lage, sich selbst zu kontrollieren, auf Interessenunterschiede einzugehen bzw. (in späteren Jahren) den stattfindenden sozialen und ökonomischen Wandel aufzufangen.
Aber es sind nicht nur die aus der Vorzeit hineinwirkenden historischen Bedingungen, die auf die spätere Existenzkrise des Systems hinweisen. Auch innerhalb der Geschichte der DDR gibt es lang anhaltende Entwicklungslinien, die auf die Krise von 1989 hinweisen. Anzeichen zeigen sich seit Ende der siebziger Jahre in der Veränderung der Wertsetzungen bei Jugendlichen, die einerseits bei öffentlichen Kundgebungen die abgeforderten Loyalitätsrituale absolvieren, deren Lebensweise und Vorstellungswelt jedoch immer weiter davon abweichen. Jugendliche, die seit den sechziger Jahren geboren sind, haben nicht mehr Schuld- und Sühnevorstellungen gegenüber Partei und Staat, leiden nicht mehr an Entbehrungen, die sie auch nicht mehr mit ideologischen Identifikationsmustern überbrücken müssen; demzufolge steigen ihre Ansprüche und nimmt ihre grundlegende Loyalität ab.
Ab Mitte der achtziger Jahre zeigt sich diese Entwicklung in einem regelrechten Mentalitätsbruch. Natürlich trägt auch die Herausbildung indirekter pluraler Strukturen, die partielle Dezentralisierung von Öffent-

lichkeit, das Auftreten von sozialen, kulturellen und politischen Gruppierungen mit teilweise anderen Wertorientierungen und Ansprüchen (Rock-Musik-Kultur, Friedens-, Umwelt-, Menschenrechtsgruppen u.a.m.) zur Differenzierung und schließlich zum Auseinanderbrechen des Systems bei. In den achtziger Jahren meldet sich politischer Dissens (meist unter dem Schutz der evangelischen Kirchen) halböffentlich zu Wort. Allerdings gelingt es diesen Gruppen nicht, allgemein akzeptierte gesellschaftliche Orientierungs- und Identifikationsmuster aufzubauen, die die Zustimmung der Bevölkerung gefunden hätten, wie dies etwa in Polen mit der Gewerkschaft »Solidarnosc« oder in Ungarn und der Tschechoslowakei mit der Berufung auf die eigene geschichtliche Identität geschah. Das macht die Ohnmacht dieser Gruppen vor Ausbruch der Krise und ihre politische Unfähigkeit nach dem Fall der Mauer aus.
Die aktuellen internen Krisenfaktoren Ende der achtziger Jahre zeigen sich vor allem

- im Zerbrechen der Teilübereinstimmung zwischen Regierung und Regierten und im Anwachsen beträchtlichen Dissensbewußtseins in der Bevölkerung. In den letzten Jahren macht sich doppelt bemerkbar, daß soziale und/oder politische Steuerungsmechanismen und -allianzen fehlen, die diese Teilübereinstimmung einholen könnten. Die existierenden Parteien und Verbände können diese Funktion nicht übernehmen, weil sie ausschließlich harmonistisch agieren bzw. kein Konfliktbewußtsein aufbringen.
- Es gibt keine Öffentlichkeit, die kontrollierend auf die Herrschaftsinstanzen einwirken könnte, und es fehlen Institutionen der Bürgerkontrolle. Die dezentralen Diskursforen, die seit Ende der siebziger Jahre im Bereich der Alltagskultur entstehen, sind bis in die letzte Phase des Zerfalls hinein politisch machtlos. Unzufriedenheit bzw. Aggression und Wut verschiedener sozialer und politischer Gruppen *können* sich nur in explosionsartigen Protesten außerhalb der politischen Institutionen bemerkbar machen; andere Mittel stehen nicht zur Verfügung. Man vergegenwärtige sich nur die Geschichte des »Eingabewesens«, das formal solch ein Instrument der Bürgerkontrolle hätte sein können, *de facto* aber nur ein Mittel der permanenten Frustration der Bevölkerung war.
- Auf der anderen Seite gibt es gegen Ende der achtziger Jahre immer weniger Möglichkeiten für die politische Führung, Ansprüche umzulenken bzw. zu kompensieren, etwa mit erhöhtem Konsumgüterangebot. Je mehr der äußere Druck durch die Demokratisierungsbewegungen in Mittel- und Osteuropa zunimmt, desto mehr werden Reise- und Bewegungsfreiheit wie auch Rechtssicherheit von den BürgerInnen als vorenthaltene Grundrechte und nicht als verteilungsbedürftige Privilegien aufgefaßt. Die Differenz zwischen wachsendem Anspruchsniveau

und abnehmender Steuerungskapazität (beispielhaft verkörpert in der Entwicklung der Jahre seit 1987, als die SED Teilzugeständnisse beim Reisen gewährt und damit eine Flut von Ansprüchen und Unzufriedenheit auslöst) wächst in den achtziger Jahren beständig.
- Schließlich zeigen sich die aktuellen Krisenerscheinungen in einer offenen Krise der staatlichen Autorität. Seit etwa 1987 wird in internen Diskussionspapieren der evangelischen Kirchen von der »Krise des Staates« gesprochen. Dem staatlichen Handeln fehlt eine klare Linie. Die Führung schwankt, um mit Max Weber zu argumentieren, zwischen traditionaler und charismatischer Herrschaftsausübung. Einerseits wird Macht herrschaftsfunktional und systemdysfunktional ausgeübt (die herrschende Elite agiert vor allem machtsichernd, auch wenn sich ihre Politik mittel- oder langfristig dysfunktional auswirkt), andererseits weist die Praxis der Führungselite Züge von Gefolgschaftshandeln aus charismatischer Herrschaft auf (die Elite folgt den Führern, auch wenn diese in den Abgrund führen). Im Ergebnis steht eine Selbstblockade der politischen Führung, die nicht mehr in der Lage ist, den Handlungserfordernissen des eigenen Systems gerecht zu werden.

Die Krise der staatlichen Autorität zeigt sich in der Endphase auch in der Möglichkeit, staatliches Handeln zu unterlaufen. Dies gilt für die einzelnen Bürger, die sich den staatlich-parteilichen Ansprüchen entziehen. Dies gilt aber auch für ganze Gruppen, wie z. B. für jugendliche Kultur- und Politikgruppen. Verschärfend wirken natürlich die zynischen Reaktionen der Herrschaftselite auf die wachsende Unruhe unter der Bevölkerung. Im Sommer 1989 höhnt die Parteispitze über die Flüchtenden: »Wir weinen ihnen keine Träne nach.« Zur gleichen Zeit hält der greise Honekker seinem Freund, dem Schriftsteller Stephan Hermlin, auf dessen Berichte über die Unruhe in der Bevölkerung hin entgegen: »Sie sind falsch informiert, Genosse Hermlin.« Er zeigt damit einen Realitätsverlust, der nicht mehr einholbar ist.

These 2:
Vergegenwärtigt man sich die verschiedenen Segmente des Krisenszenarios auf ihre Transformierbarkeit hin, so sind die Krisen in den Bereichen Produktion und Verkehr, Reproduktion und Verteilung hauptsächlich als kurz- oder längerfristige Steuerungskrisen anzusehen, die durch Übernahme bestimmter Steuerungsmechanismen und Systemteile aus dem Schwestersystem Bundesrepublik über kurz organisiert und über lang bewältigt werden können. Anders sieht es mit der politischen Kultur und der Identität der BürgerInnen aus. Gemeint ist damit jenes Potential an kollektiven und individuellen Sozialisationsbedingungen, Einstellungen, Wertsetzungen und Verhaltensweisen, das sich gegenwärtig in einer tie-

fen Verunsicherung der Individuen zeigt. Hier sind nur die Rahmenbedingungen zu steuern (Mehrparteiensystem und politischer Pluralismus, Institutionalisierung von Verantwortung des Bürgers/der Bürgerin). Die innere Freisetzung des Individuums, die Herausbildung einer neuen Identität wird nur sehr langsam vonstatten gehen.

Im Februar 1990 schrieb eine Erzieherin an die »Selbsthilfegruppe im Volkskunstklub Willi-Bredel-Straße« in Ost-Berlin: »Ich finde mich überhaupt nicht mehr zurecht. Gesprächspartner habe ich kaum. Als Fazit: ein umsonst gelebtes Leben! Wo ist meine Lebensperspektive?« (*BZ* v. 24./25. Februar 1990) Die Erzieherin war Mitglied der SED und ihr Leben lang eine treue Staatsbürgerin. Sie dokumentiert mit ihrer Klage ein zentrales Problem im Übergang vom zentralistisch-autoritären zum pluralistisch-dezentralen System:

Der rasche Übergang von dem gewohnten System in das fremde andere bringt nicht nur eine Befreiung des Individuums mit sich, sondern führt auch zum Verlust eines Sicherheit gewährenden Ordnungs- und Wertesystems. Dem Individuum ist in Theorie und Praxis, im Büro und im Alltag jahrzehntelang die Fähigkeit abgesprochen worden, selbständig urteilen und handeln zu können. Es gab nur eine Möglichkeit der Wahl, nur eine Grundorientierung, dafür aber die Gewißheit, daß alle in diesem System eingebunden waren, daß man wußte, wann man wie welche Gratifikationen erreichen oder mit welchen Sanktionen für abweichendes Handeln zu rechnen hatte. Wenn diese Sicherheit gleichzeitig auf allen Ebenen wegfällt, reagiert der einzelne/die einzelne mit Angst, Aggression und Autoritätssehnsucht. Hinzu kommt das Gefühl der Selbstdemütigung gegenüber dem Westen. Jahrelang wurde das Bewußtsein aufgebaut, als handele es sich bei der DDR um ein moralisch und politisch höherwertiges System. Nun bricht nicht nur alles zusammen, sondern wird auch noch ersetzt durch jenes System, das immer als das gegnerische und moralisch schlechte galt.

Der Hallenser Psychotherapeut Hans Joachim Maaz diagnostizierte unlängst, die Kinder der DDR wären »nicht mehr nach ihren Bedürfnissen, nach ihrer Natur, nach dem, was sie sein und werden könnten, erzogen worden, sondern nach äußeren Normen. Dies führt zu einer Entfremdung des Menschen von seiner Natur und damit zu einem Syndrom des Mangels.« Dies mag nun freilich keine Einzigartigkeit der DDR sein, sondern trifft vermittelt auch auf andere Gesellschaften zu. Die Folge dieser Internalisierung von äußerlichen Normen in der DDR sei aber: »Unter den vielfältigsten Charaktermasken von Höflichkeit, Freundlichkeit, Anständigkeit, Leistung und Moral ist ausnahmslos ein ungeheueres Potential an mörderischer Wut und abgrundtiefem Haß zu finden.« Wut und Haß sind Verhaltenspotentiale aus verdrängtem Widerspruch. Sie wurden unterdrückt und unter Selbstdisziplinierungsübungen erstickt, weil ihre öffentliche Äußerung zwecklos erschien. »Is' doch alles sinnloous«, war in den siebziger und Anfang der achtziger Jahre der meist gehörte Spruch unter jungen Leuten. Seit Oktober 1989 zeigte sich schockartig, daß der politische Ordnungsrahmen keineswegs der beste aller war; nun fühlte man sich um Lebenschancen betrogen. Daher die Reaktion jener Frau: »Ein umsonst gelebtes Leben.«

Als Folge der angesprochenen Schockreaktion zeigt sich eine tiefe Motivationskrise, deren Ursachen darin liegen, daß das vorgegebene autoritäre Ordnungs- und Wertesystem nicht bruchlos in eines der individuellen Verantwortlichkeit überführt werden kann. Daraus entstehen in Zeiten des Umbruchs Blockaden und Selbstblockaden. Dieses Potential kommt erst jetzt richtig heraus. Daraus erklären sich Unsicherheiten, Empfindlichkeiten und Handlungssperren im gegenwärtigen Wandlungsprozeß.

Damit ist jenes Bild der DDR-BürgerInnen weitgehend widerlegt, das in der liberalen westlichen Literatur seit den siebziger Jahren verbreitet wurde. Man lese nur noch einmal die Texte von Günter Gaus über die »Nischen-Gesellschaft«, die deutsche Gemütlichkeit und die Tiefsinnigkeit der Freundschaften in der DDR. Gaus argumentierte, als gäbe es die autonomen BürgerInnen, die sich vor dem autoritären Anspruch des Staates zurückzögen, ihr Wochenendhaus bauten, für Auto und Tiefkühltruhe sparten und den Staat einen guten Mann sein ließen. Im Klartext bedeutete diese Eloge auf die kleinbürgerliche Idylle, daß die DDR-BürgerInnen ihr Innenleben weitgehend unbeschädigt vor dem Eindringen der Partei und des Staates freigehalten hätten. Nun zeigt sich jedoch, daß der große Erfolg des politischen Systems darin lag, daß es – unter entgegengesetzten moralischen Vorzeichen – einen ähnlich weitreichenden Zugriff auf die Psyche der BürgerInnen hatte wie der nationalsozialistische Staat. Der »autoritäre Charakter«, wie Theodor W. Adorno und Max Horkheimer in den vierziger Jahren die psychische Struktur des nationalsozialistischen Mitläufers und Befehlsausführers bezeichneten, ist durch die Art von Vergangenheitsbewältigung, wie sie in der DDR betrieben wurde, nicht aufgelöst, sondern nur verschoben worden.

Das Erbe des autoritären Charakters zeigte sich aber nicht nur in der Abwesenheit von oppositionellem Handeln in größerem Ausmaß, sondern auch in der mörderischen Wut um betrogenes Leben, im krampfhaften Festhalten an bewährten Parteistrukturen (man beachte die relativ hohen Wahlergebnisse der PDS), in der allgemeinen Orientierungslosigkeit und Angst – und im Starren auf eventuelle neue Erlöser von hüben oder drüben, heißen sie nun Helmut Kohl oder Gregor Gysi.

Die gegenwärtige Krise der Ideen und des Handelns läßt natürlich auch die alten Denkschemata und Gedankenbilder, die alten Metaphern und Gegensatzpaare zerbrechen (schöne Utopie kontra Mühsal der Ebenen; unfertiges Individuum kontra immerrechthabendes Kollektiv; individualistischer Freiheitsanspruch kontra gesetzmäßige Notwendigkeit; die guten Friedensfreunde kontra die bösen Kriegstreiber). Ihre Nicht-Übereinstimmung mit der politischen und sozialen Realität wird schockartig offenbar. Eine große Chance scheint mir in einer umfassenden Entstaatlichung des Denkens zu liegen, in einer Reindividualisierung der Empfindungen, Gedanken und Ideen. Die Grundidee dieses Prozesses formulierte der Schriftsteller Jurek Becker schon 1973 auf dem VII. Schriftstellerkongreß: »Es gibt so viele Wirklichkeiten, wie es Autoren gibt.« Die produktive Verarbeitung der Ent-Täuschung aber braucht Zeit. Sie ist angstbesetzt, weil sie mit dem Verlust von vermeintlichen Sicherheiten einhergeht.

These 3:
Die Katastrophe, die in der DDR am Ende der lang andauernden Krise stand und steht, hat den überfälligen sozialen, politischen und kulturellen Wandel, der bisher nur indirekt stattfand, erzwungen, indem sie das System, das ihn verhinderte, zum Einsturz brachte. Daraus ergibt sich natürlich die Frage nach den existierenden Voraussetzungen, nach der Basis des Wandels. Wird vom alten Sytem nur soviel übrigbleiben, wie die Schriftstellerin Monika Maron neulich schrieb: nämlich die Rechtsabbiegerampel und der legale Schwangerschaftsabbruch?
Systemübergreifende Werte und Einstellungen, die den Wandel tragen können, ergeben sich zunächst vor allem aus traditionellen Wertesystemen und Verhaltenskodexen, die vor dem Nationalsozialismus und in Rudimenten auch während der Epoche des Sozialismus offen oder latent wirksam waren. Als stabile Normen, die in der Krise Marksteine für Kontinuität setzen können, sind vor allem die Werte des Protestantismus zu nennen (häufig fälschlicherweise mit preußischen Tugenden gleichgesetzt), die von den evangelischen Kirchen vermittelt und bewahrt worden sind. Grundeinstellungen wie Askese, Arbeitsamkeit, Ordnung und Fleiß sind auch in Zeiten früherer Krisen und tiefer Verunsicherung nie bezweifelt worden. Dies mag mit ein Grund gewesen sein, warum sich auch der sozialistische Staat seit den siebziger Jahren zunehmend auf sie berief und das Angebot der evangelischen Kirchen, vermittelnd in dem zunehmend krisenhafter werdenden Verhältnis zwischen Staat und BürgerInnen einzugreifen, dankbar angenommen hat. Nicht erst im Umbruch sind evangelische Pfarrer und Funktionsträger als Krisenmanager mit einem hohen Maß an Glaubwürdigkeitsvorschuß aufgetreten. Dieser Glaubwürdigkeitsvorschuß scheint auch nicht darunter zu leiden, daß die Vermittlungsfunktion der evangelischen Kirchenhierarchie in der Vergangenheit auch staatstragenden Charakter hatte. Selbst die Opposition entwickelte sich ja unter der Schirmherrschaft der Institution Kirche und ihres Wertesystems »Protestantismus«. Auch und gerade in der Krise si-

chern die evangelischen Kirchen und ihr Wertesystem die Weitergeltung sozialer Grundnormen für alle sozialen Gruppen.
Ein weiterer stabilisierender Faktor sind gewiß die pluralen Strukturen, Werte und Einstellungen, die sich insbesondere seit Ende der siebziger Jahre herausgebildet haben. Doch schaut man sich die Friedens- und Umweltgruppen, die Menschenrechtszirkel und literarischen Foren an, so bezogen sie selber ihre Werte zum großen Teil aus dem Protestantismus, waren zudem verschwindend klein und erreichten keine Breitenwirkung erzielende Mentalitätsbildung wie in Polen. Es wurden keine Identifikationsmuster aufgebaut, die zu einem Verständnis von »ziviler Gesellschaft« gegen den Staat hätten führen können.
Die Herausbildung einer neuen politischen Kultur und eines damit verbundenen Selbstbewußtseins der BürgerInnen wird sich vollziehen im Wechselverhältnis zwischen der Institutionalisierung des neuen pluralistischen Organisationsprinzips der Gesellschaft (mit dem Mehrparteiensystem und der mit ihm verbundenen Installierung mehrdimensionaler Denk- und Wahrnehmungsstrukturen) auf der einen Seite und der Erfahrung selbstbewußten Handelns, Erlebens und Wahrnehmens der BürgerInnen auf der anderen Seite.
Dieser Prozeß braucht Zeit. Er steht erst am Anfang. Die Übernahme des politischen und kulturellen Systems der Bundesrepublik schafft zwar in der Gesellschaft der DDR die Voraussetzungen dafür, aber die Organisierung von sozialen, kulturellen und politischen Interessen kann nur durch die verschiedenen sozialen Gruppen selbst geleistet werden. Dabei scheint es zunächst zweitrangig zu sein, ob diese Erfahrungen nur positiv oder auch negativ sind. Entscheidend wird die Übereinstimmung zwischen Selbsterfahrung und Handlungsmöglichkeiten sein.

Nachtrag
Wie schwierig die Umsetzung des Wandels bei Gruppen ist, die den Umbruch selbst direkt oder indirekt mit herbeigeführt haben, ihn also prägen, zeigt sich am Verhalten vieler SchriftstellerInnen in der Krise der letzten Monate. Literatur von SchriftstellerInnen in der DDR hat bisher von ihrer Rolle als Ersatz für Öffentlichkeit und Kompensation für die alltäglichen Frustrationen der BürgerInnen gelebt. Sie war zugleich Lebenshilfe für die LeserInnen wie moralisches Korrektiv der Herrschenden. SchriftstellerInnen waren TherapeutInnen der Nation wie Narren/Närrinnen am Hofe der Fürsten. Die Literatur wuchs in diese Rolle seit der Konstitution des Sozialismus hinein. Ideologie und Werte sollte die Literatur vermitteln, ihre Helden und Heldinnen sollten positiv sein und handeln. Das Wichtigste aber war: Den LiteratInnen wurde damit eine pädagogische Vermittlerfunktion zwischen Partei und Staat auf der einen Seite und den BürgerInnen auf der anderen Seite übertragen, die über

die Jahrzehnte hinweg immer fragwürdiger erschien und immer uneinlösbarer wurde. Und mit zunehmendem Konfliktpotential in der Gesellschaft sahen sich die SchriftstellerInnen immer häufiger mit dem Problem konfrontiert, etwas vermitteln zu müssen, was nicht mehr zu vermitteln war.

Auf der anderen Seite konnte in der Lyrik und der erzählenden Literatur mehr gesagt werden als jemals in Zeitungen, Zeitschriften oder in Rundfunk und Fernsehen. So wurde die Vermittlerrolle der SchriftstellerInnen mit den Jahren immer zwiespältiger. Immer weniger vermittelten sie die Staatsräson, immer mehr dagegen die Kritik an der staatlichen Verwaltung gesellschaftlicher Probleme. Dennoch blieben sie bis zuletzt Vermittler, die glaubten, aller politische Wandel müsse von der Partei und dem Staate genehmigt werden.

Wie schwer es für viele SchriftstellerInnen ist, nach dem Zusammenbruch der hemmenden politischen Barrieren diese Rolle abzulegen, wurde schon im November 1989 deutlich, als Schriftsteller, Künstler und Intellektuelle ein Manifest an die Bevölkerung der DDR (Aufruf vom 26.11.1990) verfaßten, in dem sie ein neues Gesellschaftsmodell, einen verbesserten Sozialismus vorstellten, aber in ihrer Argumentation mit der alten Denkart in Gegensätzen arbeiteten (entweder ihr wählt einen neuen Sozialismus – oder ihr geht schmählich im Kapitalismus unter).

Das Dilemma wurde ebenso deutlich an der Diskussion um die Kulturpflicht des Staates, die kurz vor den Wahlen im Januar/Februar 1990 stattfand. Hier wurde der Staat aufgefordert, für die Erhaltung der bisherigen staatlichen Kulturförderungsmaßnahmen zu sorgen. Dabei ging es nicht nur um die Bewahrung erhaltenswerter Kulturgüter in der DDR oder um Sozial- und Altersfürsorge für KünstlerInnen und SchriftstellerInnen. In verschiedenen Stellungnahmen wurde auch deutlich, daß viele an dem Verlust ihrer aufklärerischen Rolle, wie ambivalent diese auch immer war, leiden. Dabei ergibt sich das Paradoxon, schrieb der Schriftsteller Günter de Bruyn, daß »der Staat DDR, der sie (die SchriftstellerInnen) gerade aus der Bevormundung entlassen hat... sie nun aber vor den Folgen der Freiheit schützen (möge)« (Günter de Bruyn, in: *FAZ* v. 3.2.1990).

Einmal mehr wird daran deutlich, daß der politische und soziale Wandel in der DDR mit Identitätsbrüchen und Verlusten verbunden ist, die nicht – wie die ökonomische Krise – zu organisieren sind, sondern nur sehr langfristig in den Prozessen der Organisierung von sozialen Gruppen und der Entstehung von kritischen Öffentlichkeiten aufgehoben werden können.

Wilfried Ettl / Jürgen Jünger / Dieter Walter

Von der Zentralverwaltungswirtschaft zur Sozialen Marktwirtschaft

Der zusammengebrochene »real existierende Sozialismus« war der endgültig gescheiterte Versuch, mittels Einparteienherrschaft und Verstaatlichung von Wirtschaft und Gesellschaft den Weg einer »bewußten Rekonstitution der menschlichen Gesellschaft«[1] zu gehen. Die Ursache dieses Scheiterns besteht letztlich in der monopolistischen und innovationsfeindlichen Grundstruktur der gesamten gesellschaftlichen Konstruktion. »Real existierender Sozialismus« – das wird wohl nicht viel mehr als eine tragische Marginalie der Geschichte sein.

Der nunmehr aufhebbare »Systemgegensatz« trug in hohem Maße zur Verschärfung sozialer, nationaler und globaler Problemlagen bei und führte auf beiden Seiten zu einer gigantischen Verschwendung subjektiver Potenzen und materieller Ressourcen sowie zur ideologischen und machtpolitischen Instrumentierung kultureller Wertorientierungen. Gerade Europa muß sich angesichts der ökologischen Krise, des Nord-Süd-Konflikts, der technologischen Revolution etc. herausgefordert sehen, mit seiner jetzt möglichen Integration zur Reorganisation der menschlichen Zivilisation nach konsequent demokratischen, solidarischen und ökologischen Dispositiven entscheidend beizutragen. Würde der zunächst an Grundwerten wie Demokratie, Selbstbestimmung und Rechtsstaatlichkeit orientierte Aufbruch in den osteuropäischen Ländern einen Impuls zur weltweiten realen Durchsetzung dieser Werte auslösen, wäre die Beseitigung der stalinistischen Regimes ein übergreifender Beitrag zum Menschheitsfortschritt. Allein es scheint so, als mündete dieser Aufbruch eher in das, was Claus Offe eine »reuige Systemkonversion« genannt hat.[2]

Aufgrund der besonderen deutsch-deutschen Konstellation ist die Transformation der DDR-Gesellschaft einem außerordentlich hohen Zeitdruck ausgesetzt. Die bankrotten dualistischen Denkmuster der »Systemauseinandersetzung« feiern eine negativ gewendete Renaissance: Kapitalismus statt Sozialismus, Marktwirtschaft statt Planwirtschaft, Privatinitiative statt staatliche Steuerung etc., auf daß sich das »deutsche Wirtschaftswunder« ein zweites Mal ereignen möge. Die Unfähigkeit des Realsozialismus, Wohlstand und Demokratie auf modernen Niveaustandards einerseits sowie die immerhin formalen, partiell aber auch realen Möglichkeiten zur an diesen Werten orientierten individuellen Lebensgestaltung in modernen westlichen Gesellschaften andererseits zu sichern, favorisieren im Massenbewußtsein die Kopie als einzig mögliche Transformationsvariante. In der DDR ist die Entscheidung für eine solche Transformationsvariante am 9. November 1989 gefallen. In der abrupten Öffnung der Grenze, dem letzten Willkürakt der stalinistischen Führung, kulminierte die systemnotorische Unvernunft und Ohnmacht. Damit war eine Balance zwischen dem Maß der Öffnung und dem Maß der inneren demokratischen und ökonomischen Reformen, eine Balance des maßvollen wechselseitigen Vorantreibens von Reform und Öffnung nicht mehr möglich.

Die zu diesem Zeitpunkt und auf diese Art vollzogene Grenzöffnung besiegelte den weitgehenden Verzicht auf eigene Gestaltung und Identität. Aber wie alle anderen osteuropäischen Länder steht auch die DDR vor der doppelten Herausforderung, möglichst schnell moderne gesellschaftliche Strukturen herauszubilden und diese zugleich so auszugestalten, daß sozialen, regionalen und auch globalen Destabilisierungen begegnet wird.

Davon ausgehend, werden wir im folgenden zunächst den systemimmanenten Ursachen des ökonomischen Desasters skizzierend nachgehen und uns anschließend einigen Transformationsproblemen der Zentralverwaltungswirtschaft zuwenden.

1. Grunddefekte des realsozialistischen Wirtschaftsmodells in der DDR

Die Phänomene der Wirtschaftskrise sind bekannt: Interessenlosigkeit der wirtschaftlichen Akteure, Veralterung des produktiven Kapitals, Verfall von Infrastrukturen und Lebensräumen, lebensbedrohliche Zerstörung der natürlichen Umwelt, unzeitgemäße arbeits- und lebensweltliche Niveaustandards, sinkende Wachstumsraten insonderheit für Rentabilitäten und Investitionen sowie erhebliche Disproportionen in nahezu allen volkswirtschaftlichen Relationen und Strukturen (Angebot/Nachfrage, Warenfonds/Geldfonds, Akkumulation/Konsumtion, Export/Import etc.). Die strukturelle Unordnung des realsozialistischen Wirtschaftssystems wird am deutlichsten und massenhaft erfahren als Gegensatz zwischen defizitärem Charakter und Verschwendung.

Die Wirtschaftskrise ist systemimmanent, strukturell bereits im Entstehungsprozeß des realsozialistischen Gesellschaftssystems angelegt. Werden in Westdeutschland nach der Zerschlagung des Faschismus moderne Markt- und Wettbewerbsstrukturen, beginnend mit der Währungsreform 1948, eingeführt, so wird im Osten Deutschlands eine Gesellschaft nach dem stalinistischen Modell politisch zwangsformiert. Die Wirtschaft wird damit in den Zirkel vor allem dreier Fehlidentifikationen gebannt[3]:

Erstens führt die Identifikation von Vergesellschaftung und Verstaatlichung zur Monopolisierung der Eigentumsfunktionen durch den Staat. Die Arbeiter wurden zwar von der Ausbeutung durch das Kapital befreit, werden aber nicht frei zur Selbstbestimmung ihrer Produktion, ja, ihres Lebens überhaupt. Da die Produzenten nicht über die Mittel zur Produktion verfügen und die Ziele der Produktion weder direkt ökonomisch noch indirekt, durch demokratische Mitbestimmung staatlicher Politik, beeinflussen können, bleiben sie eigentumslos und werden ökonomisch weitgehend interessenlos. Mehr noch: Durch den Staat erfolgt eine permanente Enteignung der Produzenten, die ihnen alle entscheidenden Subjektfunktionen nimmt.[4] Massenhafte Demotivierung ist die Folge. Bürokratische Verstaatlichung führt so zu kollektiver Unverantwortlichkeit.

Zweitens nun wird die Verstaatlichung des Eigentums mit Sozialismus fehlidentifiziert, was zur fast vollständigen Verstaatlichung der Produktion ohne Berücksichtigung der tatsächlichen Produktionsbedingungen führt. Auch bis weit in die siebziger Jahre hinein gilt der Umfang staatlichen Eigentums als Maß für den »Sieg des Sozialismus«, wovon z. B. die noch 1972 durchgeführte Liquidierung des sogenannten halbstaatlichen Eigentums beredtes Zeugnis ablegt. Die Aufteilung der Betriebe der DDR-Wirtschaft in Kombinate schafft eine monopolistische Blockstruktur, mit der in den siebziger und achtziger Jahren alle Reste ökonomischer Wettbewerbstradition zerschlagen sind.

Drittens wird die Zentralverwaltung der Wirtschaft zur organisatorischen Systemlösung für die Durchsetzung des staatlichen Eigentumsmonopols. Diese Zentralverwaltung wird mit Planmäßigkeit fehlidentifiziert. Die Wirtschaft erhält den Charakter einer politbürokratischen Befehls- und Verteilungswirtschaft. In ihr wird ökonomisches Handeln nicht durch Interessen, sondern durch politische Handlungsanweisungen erzeugt und ökonomische Rationalität durch Ideologie ersetzt. Interessen werden nicht gesteuert, sondern übersteuert, was bei wachsender Komplexität der Interessen- und Handlungszusammenhänge auf sinkende Koordinationsfähigkeit hinausläuft. Die machtpolitischen Steuerungsinstrumente des Staates sind der direktive Plan, die Bilanz und der direkte Eingriff in die operative Wirtschaftstätigkeit. Damit verbunden ist die sukzessive Zerschlagung des Marktes und der Steuerfähigkeit des Geldes. Zentralverwaltungswirtschaft mündet in naturalstoffliche Tauschwirtschaft.[5]

Die hier skizzierten Fehlidentifikationen, die notwendig weitere Konstruktionsfehler des Wirtschaftssystems nach sich zogen[6], blieben bei allen Reformversuchen grundsätzlich unangetastet und führten so stets zu deren Scheitern. Selbst die zaghaftesten Ansätze zur Reformierung des

»Systems der Leitung, Planung und wirtschaftlichen Rechnungsführung«, den zyklisch wiederkehrenden Versuchen der Anpassung des Systems an veränderte Bedingungen seiner Reproduktion, wurden immer dann nach kurzer Zeit politisch revidiert, wenn sie die zentralistisch konzentrierte Steuerung auch nur im entferntesten zu relativieren drohten. Wirtschaftsreformen waren nie der ständige und normale Gang der Entwicklung, sondern immer spektakulär, sensationell und das System in seinen Fundamenten gefährdend. Entsprechend groß und panisch war die Abneigung des Apparates gegen sie.
War die Krise des Systems lange Jahre nur latent, in der Ära Honecker kam sie offen zum Ausbruch. Das Scheitern des stalinistischen Regimes der DDR ist wohl vor allem durch zwei Herausforderungen ausgelöst worden: *Erstens* war das System unfähig, die aktuelle technologische Revolution als komplexen Prozeß technischer, ökonomischer, sozialer und politischer Umbrüche zu bewältigen, der einerseits auf Kreativität, Eigenverantwortung und Selbstbestimmung sowie entsprechende Interessendifferenzierung und andererseits auf die Notwendigkeit öffentlich demokratischer Interessenkonsentierung zielt. *Zweitens* war das System unfähig, sich vor allem innen- und wirtschaftspolitisch von der Konfrontation auf die Kooperation der Gesellschaftssysteme umzustellen. Beiden Herausforderungen wurde mit immer konservativeren Strategien begegnet. Das gilt nachgerade für die siebziger und achtziger Jahre mit ihrem Mythos von der »Einheit von Wirtschafts- und Sozialpolitik«: Die Selektion möglicher ökonomischer und überhaupt gesellschaftlicher Entwicklungsvarianten war durch Kriterien des Machterhalts, der »Systemauseinandersetzung« und vermeintlicher »Interessen der Werktätigen« dominiert. Letztere wurden weitgehend auf materiell-konsumtive Bedürfnisse und deren quantitativ wachsende Befriedigung reduziert.
Bei sinkender wirtschaftlicher Effizienz führte diese Reduktion zu einer schon empirisch konstatierbaren praktischen Antizipation der Zukunft (Grundmittel- und Bausubstanz, natürliche Umwelt, überhaupt Nationalreichtum). Die »Wirtschaftspolitik« war zunehmend auf die Verwaltung des Mangels sowie die Perfektionierung und Ausdehnung der bürokratisch-zentralistischen Steuerung gerichtet (Stichwort computergestützte Bilanzierung). Die Sozialpolitik zielte auf einen korrumpierenden Sicherheits- und Geborgenheitsfetisch und wirkte insgesamt stagnativ. Mehr noch: Da soziale Maßnahmen eher politischen als sozialen Bedürfnissen folgten und die ökonomische Leistungskraft überstiegen, lief die Sozialpolitik letztlich der ökonomischen Entwicklung entgegen.
Resümierend wollen wir festhalten, daß der Versuch des Realsozialismus, die interne Selbstregulation des Wirtschaftssystems vermittels des Marktes durch externe Administration außer Kraft zu setzen, mit wachsenden Komplexitätsniveaus der Wirtschaft in zunehmende Schwierigkeiten ge-

raten und an dieser Koordination immer komplexerer Handlungs- und Verhaltenszusammenhänge schließlich scheitern mußte. Damit wird die Durchsetzung einer marktwirtschaftlichen Ordnung zu einem zentralen Inhalt der Systemtransformation.

2. Probleme der Transformation oder wie sozial muß Marktwirtschaft heute sein?

Gegenüber den Zentralverwaltungswirtschaften haben die über den Markt koordinierten Wirtschaftssysteme ihre Fähigkeit zu wirtschaftlicher Effizienz und evolutionärer Anpassung an veränderte Reproduktionserfordernisse bewiesen. Offenbar davon ausgehend, stellt die Bundesregierung in ihrem Jahreswirtschaftsbericht 1990 apodiktisch fest: »Die soziale Marktwirtschaft ist der ›dritte Weg‹ zwischen Kapitalismus und Sozialismus«[7], und erklärt damit zugleich deren Realität zur idealen Leitfigur des Transformationsprozesses in der DDR und den anderen osteuropäischen Ländern. Abgesehen einmal von der ideologischen Vereinnahmung des »dritten Weges«, hebt selbst das attributive Voranstellen des Wortes »sozial« die jedem Ökonomen geläufige und historisch verifizierbare Tatsache nicht auf, daß mit »Marktwirtschaft« weder ein Wirtschaftssystem und noch viel weniger ein Gesellschaftssystem als Ganzheit charakterisiert ist.[8] Der Begriff »Marktwirtschaft« reflektiert jenseits legitimationsideologischer Instrumentierung allenfalls die Dominanz des Marktes für die Ordnung des Wirtschaftssystems und die Koordination der wirtschaftlichen Handlungen. Hinzu kommt, daß die Differenz zwischen »freier« und »sozialer« Marktwirtschaft suggeriert, jede staatlich gesteuerte Marktwirtschaft sei *a priori* sozial. Wie sozial die Marktwirtschaft ist, hängt aber von der demokratischen Verfaßtheit des Gesellschaftsganzen sowie vom realen Einfluß sozialer Interessen auf wirtschaftliche und politische Entscheidungen ab.

Konzeption und Realität der sozialen Marktwirtschaft sind die Antwort auf eine weitgehende Indifferenz der ökonomischen Zweckrationalität gegenüber sozialen, ökologischen und kulturellen Erfordernissen bzw. Wertorientierungen. Diese sollen im Allgemeininteresse über den Punkt hinaus realisiert werden, wo ihre Vernachlässigung nicht mehr die in Monetärkategorien gemessene ökonomische Rentabilität (Gewinnprinzip) unmittelbar tangiert. Dies ist marktkonform bisher auf zwei Wegen praktiziert: *Erstens* durch die *ex post* Korrektur von Konkurrenzverlusten, also etwa mittels sozialer »Abfederung« wirtschaftlicher Entwicklung durch den Sozialstaat, und *zweitens* durch die Gestaltung der Realisierungsbedingungen ökonomischer Rationalität, also der Rahmenbedingungen des wirtschaftlichen Wettbewerbs, mittels staatlicher Geld-, Finanz- und Auftragspolitik. In beiden Fällen hängt alles davon ab, ob und wie differente Interessen die Politikinhalte beeinflussen, daß sich also ökonomische Rationalität nicht zum gesellschaftlich verallgemeinerten Bewertungsmonopol verfestigt, wofür zuallererst die Verfestigung wirtschaftlicher Monopolpositionen selbst verhindert werden muß.[9]

Diese marktkonformen Steuerungsinstrumente erweisen sich aktuell als in mehrfacher Hinsicht beschränkt: Die sozialstaatliche Korrektur bleibt überwiegend eine Reaktion *ex post* und ist zumindest finanziell immer limitiert sowie von wirtschaftlichen Rationalitätserfordernissen und -kalkülen selbst nicht frei. Soziale und regionale Ausgrenzungen werden stets erneut, zum Teil sogar erweitert reproduziert. Ökologische Krise sowie technische Großgefahren und Risiken verweisen darüber hinaus auf die Grenzen einer weitgehend auf ökonomische Rationalität reduzierten Marktkoordination.[10] Das Grundproblem scheint uns zu sein, wie der wirtschaftliche Wettbewerb aus seinen traditionellen ökonomischen Reduktionen befreit werden kann, ohne die ökonomische Rationalität zu negieren. Oder anders gefragt: Wie wird es möglich, daß Wettbewerb nicht mehr nur um die wirtschaftlichen Zwecke selbst, sondern um die gesündesten oder ästhetisch anspruchsvollsten Produkte, um die umweltfreundlichsten oder humansten Technologien, ja, sogar um die demokratischsten Formen betrieblicher Mitbestimmung geführt wird?

In dem Maße, wie es gelingt, differente Wertorientierungen in das Geldmedium zu übersetzen, werden diese Orientierungen im Wirtschaftssystem kommunikabel, kann ihre Realisierung also durchaus auch mit marktkonformen Mitteln und ohne kontraproduktive Verbürokratisierung und unüberschaubare Verrechtlichung erfolgen. Nicht um eine Zerschlagung ökonomischer Rationalität und politische Übersteuerung wirtschaftlicher Interessen à la Zentralverwaltungswirtschaft geht es, sondern um ihre Einordnung in eine komplexe Bewertung und einen universellen Wettbewerb, wodurch der Tendenz zur Ausdehnung ökonomischer Rationalität auf das Ganze der Gesellschaft und der Natur entgegengewirkt werden kann.

Eine nicht sachlich-ökonomisch reduzierte Bewertung setzt zuallererst eine Erweiterung und Dominanzverschiebung in den Selektionskriterien und -praktiken voraus. Die Entscheidung darüber, welche technisch und ökonomisch möglichen Entwicklungsvarianten realisiert werden, muß dem Einfluß differenter Werte, Interessen und Bedürfnisse ausgesetzt sein. In dem Maße, wie dies strukturell stabilisiert werden kann, bleiben die Selektionskriterien nicht auf ökonomische Rentabilität reduziert, wird deren Tendenz zu gesamtgesellschaftlicher Dominanz in kulturellen Akzeptanznormen[11] aufhebbar. Um dies zu ermöglichen, wären insbesondere die Mitbestimmungsmodelle für Großunternehmen und Banken zu qualifizieren: Soziale und ökologisch motivierte Interessen, aber auch

Verbraucherorganisationen und Kommunen sollten in den entsprechenden Aufsichtsräten vertreten sein, nicht um das operative Management politisch zu subsumieren, wohl aber um die Mitbestimmung auf bisher kapitaldominierte Felder wie Markt- und Innovationsstrategien auszudehnen. Dadurch könnte von vornherein ein möglichst breiter Interessenkonsens hergestellt werden, der ökonomische Rentabilität nicht untergräbt, sondern orientieren hilft und die Lernfähigkeit des Wirtschaftssystems unterstützt.[12]

Die Formierung mehrdimensionaler Selektionskriterien ist als demokratischer Prozeß nur im öffentlichen Diskurs möglich. Angesichts der Komplexität und der Risiken moderner Entwicklung kommen innerhalb eines solchen Diskurses die Wissenschaft und die sozialen Schichten, die unmittelbar oder mittelbar mit der Wissenschaft verbunden sind, in eine führende Rolle hinein. Deren Monopolisierung jedoch würde zu technokratischer Diktatur führen. Die mediengestützte Kopplung theoretischen und sonstigen Expertenwissens an allgemeinöffentliches Bewußtsein, an öffentliche Lern- und Meinungsbildungsprozesse und deren Kopplung an demokratische politische Entscheidungsfindung – das ist zu einer zentralen Aufgabe moderner Gesellschaftsentwicklung geworden. In dem Maße, wie sie lösbar wird, kann der öffentliche Diskurs über differente Werte und Präferenzen einerseits die permanente Änderung der Selektionskriterien, ihre Anpassung an veränderte Problemlagen ermöglichen und damit der Gefahr eines Bewertungsmonopols partikularer Interessen entgegenwirken. Andererseits kann die notwendige gesellschaftliche Relevanz der Selektionskriterien hinsichtlich eines demokratischen Konsenses über die ordnungspolitischen Rahmenbedingungen und monetären Steuerungen für wirtschaftliche und wissenschaftlich-technische Entwicklung erreicht werden.

Die hier angedeutete Veränderung der Selektionskriterien und -praktiken kann an die aktuellen Geltungsverschiebungen der Geldbedeutungen anknüpfen und diese weiter vorantreiben. In modernen Wirtschaftssystemen entwickelt Geld tendenziell primäre Geltung als Tauschmittel und symbolisch generalisiertes Kommunikationsmedium und nur sekundäre Geltung als Kapital und Inkarnation des Reichtums. Marktpreise bilden sich bekanntlich nicht nur entsprechend gegenwärtiger Knappheits- und Kostenrelationen, sondern auch in Abhängigkeit von den Erwartungen der Käufer und Verkäufer. Interessen und Orientierungen, die nicht auf das Gewinnprinzip reduziert sind, erhalten auch dann ökonomische Macht, wenn sie via Öffentlichkeit und Verbraucherverhalten Marktanteile, Preise, Innovations- und Marktstrategien der Unternehmen sowie die Wirtschaftspolitik des Staates beeinflussen. Unabhängige Stiftungen, Experten- oder Verbraucherorganisationen bewerten und vergleichen naturale Qualitäten von Produkten oder auch Technologien anhand kultureller Maße und Normative. Die mediengestützte öffentliche Präsentation derartiger Untersuchungsresultate kann einerseits in erheblichem Maße die Bedingungen wirtschaftlichen Wettbewerbs beeinflussen oder auch wirtschafts- und wissenschaftspolitische Entscheidungen des Staates auslösen. Von der Öffentlichkeit geht andererseits ein Zwang auf die Unternehmen aus, ihre Strategien, Produkte etc. derartigen Bewertungen auszusetzen und an kulturellen Normen orientierte Unternehmensidentitäten auszuprägen. Schon heute bedeutet der Verzicht auf diese Bewertung in bestimmten Branchen Marktverlust.

Soziale Marktwirtschaft verlangt heute strukturelle Innovationen, die es ermöglichen, die in sozialer, ökologischer und anderer Hinsicht problematischen Ergebnisse des wirtschaftlichen Wettbewerbs nicht mehr nur *ex post* zu korrigieren, sondern die Wettbewerbskriterien und -inhalte selbst aus ihren einseitig ökonomischen Reduktionen zu befreien, den Wettbewerb also *ex ante* demokratisch und öffentlich zu orientieren. Vor der Aufgabe, die soziale Marktwirtschaft in Richtung auf die demokratische und an kulturellen Werten orientierte Regulierung des wirtschaftlichen Wettbewerbs zu qualifizieren, indem die öffentlich organisierte politische Gesellschaft in die wirtschaftlichen Entscheidungsprozesse integriert wird, stehen alle modernen Gesellschaften.

Die DDR und die anderen ehemals realsozialistischen Länder Osteuropas haben dafür infolge ihrer Modernisierungs- und Demokratiedefizite allerdings denkbar schlechte Voraussetzungen. So besteht die reale Gefahr, »daß der Kapitalismus im gegenwärtigen Chaos einiger östlicher Volkswirtschaften im schlimmsten Sinne losgelassen wird, daß die schlimmste Seite des Kapitalismus zum Vorschein kommt«[13]. Dieser Gefahr kann nur durch die gemeinsame Anstrengung aller konsequent demokratischen Kräfte in Ost und West begegnet werden.

Anmerkungen

1 K. Marx, Das Kapital, Dritter Band, in: MEW, Bd. 25, Berlin, S. 99

2 C. Offe, Kommunistischer Kapitalismus, in: *DIE ZEIT*, Hamburg, Nr. 50/1989, S. 64

3 Zum ideologischen Hintergrund dieser Fehlidentifikationen im »Marxismus-Leninismus« vgl. H.-P. Krüger, Moderne Gesellschaft und »Marxismus-Leninismus« schließen einander aus, in: Initial, Heft 2/1990, Berlin, S. 149ff.

4 Vgl. M. Brie, Die allgemeine Krise des administrativ-zentralistischen Systems. Eine reproduktionstheoretische Skizze, in: Initial, Heft 1/1990, Berlin, S. 19f.

5 Vgl. N. Peche, Teufelskreis einer falschen Logik. Zu den Grundlagen unserer Wirtschaftsreform, in: Initial, Heft 1/1990, Berlin, S. 59ff.

6 Vgl. ausführlicher dazu W. Ettl / J. Jünger / D. Walter, Grundgedanken einer Wirtschaftsreform in der DDR – Thesen zur Diskussion, in: Wirtschaftswissenschaft, Heft 2/1990, Berlin, S. 164ff.

7 Jahreswirtschaftsbericht 1990 der Bundesregierung, Bonn 1990, S. 13

8 Vgl. auch K. Marx, Das Kapital, Erster Band, in: MEW, Bd. 23, Berlin, S. 128

9 Vgl. H.-P. Krüger, Zur Differenz zwischen kapitalistischer und moderner Gesellschaft, in: Deutsche Zeitschrift für Philosophie, Heft 3/1990, Berlin, S. 202ff.

10 Vgl. dazu u. a. N. Luhmann, Ökologische Kommunikation, Opladen 1986; H. Immler, Vom Wert der Natur, Opladen 1989; U. Beck, Gegengifte, Frankfurt a. M. 1988

11 U. Beck, a. a. O., S. 71

12 Vgl. R. Land / L. Kirschner, Studie zur Gesellschaftsstrategie, Berlin 1989, S. 123f.

13 K. O. Feldt, in: *DIE ZEIT*, Hamburg, Nr. 1/1990, S. 3

Thomas Blanke
Versuch das Scheitern des Sozialismus zu erklären

Drei Elemente sind es, die nach allgemeiner Ansicht für die Beantwortung der Frage, warum der Sozialismus zu diesem historischen Zeitpunkt gleichsam offiziell seinen Bankrott erklärt hat, als entscheidend angesehen werden: die Reformpolitik des Generalsekretärs der KPdSU, Michail Gorbatschow, das Versagen der Planökonomie und der Wandel der Lebensstile und Erwartungen der Bevölkerung in den kommunistisch regierten Ländern Osteuropas.

1. Die Veränderung der weltpolitischen Konstellation seit dem Amtsantritt von Gorbatschow

Als wichtiger, in seiner Bedeutung kaum zu überschätzender Auslösefaktor der Entwicklung ist zweifellos die seit Gorbatschows Machtantritt verfolgte Innen- und Außenpolitik der Sowjetunion anzusehen. Neben Perestroika und Glasnost, Öffentlichkeit und allmählichem Umbau der Strukturen der politischen Herrschaft wie der Macht der ökonomischen Apparate kommt dem Abbau der imperialen, militärisch gesicherten Hegemonie der Sowjetunion über die Bündnispartner des Warschauer-Pakt-Systems entscheidende Relevanz zu. Der Beginn der einseitigen Abrüstung der SS-20-Raketen in Mitteleuropa, der militärische Rückzug aus dem besetzten Afghanistan und die Relativierung der ideologischen Führungsrolle der Sowjetunion durch die Propagierung des Rechts der abhängigen Länder auf einen eigenen Weg zum Sozialismus eröffnete zunächst als vage Hoffnung die Perspektive einer umfassenden nationalen Selbstbestimmung.
Nachdem die in Polen und Ungarn eingeleiteten Reformprozesse nicht auf den entschiedenen Widerstand der führenden Kräfte in der Sowjetunion gestoßen waren und deutlich wurde, daß ein militärisches Engagement der hegemonialen Supermacht ausgeschlossen werden konnte, vermochten sich auch in diesen Ländern die Reformkräfte entscheidend durchzusetzen. Allerdings im Gegensatz zur Sowjetunion und zu Rumänien meist nicht als Fraktion innerhalb der regierenden kommunistischen Parteien, sondern, weil diese im Hinblick auf ihre Abhängigkeit von Mos-

kau und ihre häufig militärgestützte, geliehene Macht desavouiert waren, als gewerkschaftliche, demokratische oder bürgerlich-liberale, antikommunistische Oppositionsbewegung. Der schließlich erzwungene Verzicht auf die Festschreibung der führenden Rolle der kommunistischen Parteien, der der Absage an das Modell der Parteidiktatur gleichkam, war die Konsequenz dieser Transformation. Sie führte folgerichtig zur Errichtung parlamentarisch-demokratischer Regierungsformen, in denen die kommunistischen Parteien aufgrund der Resultate der allgemeinen, freien und geheimen Wahlen nurmehr eine randständige Rolle spielen. Mit der Umbenennung der staatsorganisatorischen Selbstqualifizierung der Länder als »sozialistische«, der Einführung von Eigentums- und Marktfreiheit sowie einer frei konvertiblen Währung und den Bestrebungen zur Revision der Blockzugehörigkeiten kommt dieser Prozeß der Autonomisierung der ehemaligen Satellitenstaaten zu nationaler Selbstbestimmung und voller Souveränität zu seinem vorläufigen Abschluß.
Nun ist Gorbatschow, entgegen dem Anschein, nicht vom Himmel gefallen. Daß sich der ehemalige Geheimdienstchef im Dschungel des nur von versierten Astrologen aufhellbaren Machtgefüges des Kreml durchsetzen konnte, spricht für den Sieg einer Fraktion, die mit erstaunlichem Realismus und Sachverstand die zentralen Mängel der sozialistischen Gesellschaft erkannt hatte: ihre notorisch zu geringe Produktivität und Effizienz, beruhend auf der Intransparenz ihrer Macht- und Entscheidungsstrukturen und einer insgesamt erschreckenden Unwissenheit des Systems über sich selbst. Was es aufgrund dieser Analyse primär zu mobilisieren galt, war die »Produktivkraft Öffentlichkeit« (Perels).
Wenn die Politik Gorbatschows der Versuch einer Antwort auf den sich abzeichnenden Bankrott der sozialistischen Planökonomie war, so muß darin der Schlüssel für die Veränderung der weltpolitischen Konstellation gesucht werden. Warum, woran und wieso jetzt ist die Planökonomie an jenem Punkt angekommen, an dem es kein Weiter so oder ein wenig anders, aber auch kein Zurück zu einer besseren Vergangenheit mehr gab?

2. Die Unterkomplexität des Sozialismus: ein Erbe der marxschen Theorie

Die sozialistische Planwirtschaft, für die sich derzeit der unpräzise, in gleicher Weise für die Wirtschaft unter dem Nationalsozialismus verwendete Begriff der »Kommandowirtschaft« einbürgert, war nach allgemeiner Ansicht vor allem zu wenig komplex und deshalb zu wenig lern- und reaktionsfähig. Selbst die durchaus vielfältigen, z. T. kybernetisch belehrten Ansätze, die etwa die DDR unternommen hat, um ihre ökonomischen

Funktionsdefizite zu beheben, vermochten diesem Mangel nicht abzuhelfen.
Der welthistorische Versuch zur Steuerung der Ökonomie nach »moralischen« Kriterien, unter politisch definierten Vorgaben und mit administrativen Mitteln ist in Konkurrenz mit den Systemen marktwirtschaftlicher »Selbststeuerung« bei bloßer politischer Rahmensetzung an seiner mangelnden Produktivität gescheitert. In grotesker Umkehrung seines Selbstbildes wurde damit das politische System der sozialistischen Gesellschaften in einer noch viel dramatischeren Weise zum »Gefangenen« seiner Ökonomie, als dies seinen wissenschaftlichen Thesen zufolge für das Verhältnis von Staat und Wirtschaft im Kapitalismus gilt: es erklärte sich für alles und jedes verantwortlich und war doch nicht in der Lage, die selbstgesetzten Ziele zu erreichen. Konsequent stürzte es, als seine notorische Unfähigkeit, den unverantwortlichen Zuständen verantwortlich zu wehren, offen ausgesprochen werden konnte.
Die mangelnde Komplexität der sozialistischen Gesellschaften beschränkt sich nicht auf den Bereich der Ökonomie. Sie galt und gilt gleicherweise für alle anderen sozialen Sphären: für Bildung und Kultur, Sozialisation und Ausbildung, Öffentlichkeit und Politik. Die Kommunikationsmedien Geld und Recht existieren zwar, aber nur auf dem Papier. Sie spielen keine »wirkliche« eigenständige Rolle, sondern sind politisch überdeterminiert. Ihr Eigenwert ist verschwindend.
Die Ursachen für diese mangelnde gesellschaftliche Ausdifferenzierung sind nicht allein politischer Natur. Sie sind nicht erst durch den Stalinismus begründet und poststalinistisch versteinert. Sie liegen vor allem in analytischen wie theoretisch-konzeptionellen Mängeln, die über Lenin bis hin zur Theorie des wissenschaftlichen Sozialismus bei Marx und Engels zurückreichen.
Der fundamentalistisch-antikapitalistische Charakter des Marxismus ergibt sich aus dem inneren Zusammenhang von Arbeitswertlehre und Anthropologie, Rechts- und Staatstheorie und Geschichtsphilosophie. Dieser soll hier kurz skizziert werden, um wenigstens hinreichend plausibel zu machen, daß der realexistierende Sozialismus keineswegs von Erblasten dieser Theorietradition freigesprochen werden kann. Daß er deren humanistische Ziele nicht erreicht hat, ist evident. Er blieb mit hilflosen Mitteln auf der Strecke. Zu vermuten ist, daß auch der Weg falsch war.
Marx interpretiert die Gattungsgeschichte als den Gang des Menschen zu sich selbst. Der Mensch arbeitet sich als Produzent seiner Lebensumstände buchstäblich aus sich heraus. Aber siehe: In dieser säkularisierten Schöpfungsgeschichte geht es ihm wie zuvor Gott im Verhältnis zur ersten Natur. Des Menschen Produkt, die zweite Natur, ist ihm entfremdet, weil es eigenen Gesetzmäßigkeiten gehorcht, ein verselbständigtes Wesen führt. Und dies tut es, weil die Welt dialektisch kopfsteht und

alles auf der Basis der warentauschenden Gesellschaft anders erscheint, als es in Wirklichkeit ist. Vernünftige Vergesellschaftung ist unter diesen Produktionsverhältnissen sowenig möglich wie Subjektvernunft: Selbstbestimmung, Autonomie und Freiheit sind ideologische Floskeln.

Resurrectio, Wiederauferstehung der Gattung durch Wiederaneignung aller entfremdeten und verdinglichten Abstraktionen ist das Programm, damit endlich die Geschichte mit Vernunft, Willen und Bewußtsein gemacht werden kann und die Vorgeschichte ein Ende nimmt. Das historische Subjekt, das allein zu diesem zweiten Schöpfungsakt der Selbstkonstitution in der Lage ist, ist diejenige Klasse, die aufgrund ihrer Stellung im Produktionsprozeß im Zentrum der produktiven Selbstreproduktion der Gattung steht. Daß dies nur die industrielle Arbeiterklasse sein kann, ergibt sich aus der um die Mehrwerttheorie spezifizierten und so proletarisch gewendeten Arbeitswerttheorie. Diese Theorie, mit der ursprünglich bürgerliche Hegemonieansprüche begründet wurden, weist nunmehr das Monopol der gesellschaftlichen Wertschöpfung der proletarischen Klasse zu.

Die Mängel der Arbeitswertlehre liegen nicht nur in der Außerachtlassung der einzig der Natur zukommenden Fähigkeit, ein Nettoprodukt und damit wirkliche Wertschöpfung zu bilden – worauf die Menschheit durch die ökologischen Folgen ihrer Produktion derzeit nachhaltig hingewiesen wird. Sie liegen auch in seiner tautologischen Fassung (der Wert der Ware Arbeitskraft wird durch den Wert seiner Reproduktionskosten, der Bildungs- und Lebensmittel bestimmt – woraus aber ergibt sich deren Wert, wenn nicht durch den Wert der in sie eingehenden gesellschaftlich notwendigen Arbeitszeit, der seinerseits durch den Wert der Ware Arbeitskraft bestimmt wird?), seiner kulturell-zivilisatorischen Überhöhung (es gibt, entgegen Marx' Annahmen, keinen »Familienlohn«, der die Reproduktionskosten für den Nachwuchs der Arbeiterklasse einschließt) und seines eschatologischen Überschusses, der die Trägerschaft der gattungsgeschichtlichen Emanzipationsmission an die repressive Rolle bindet, an die die Leistung von produktiver Arbeit im System des Kapitalismus typischerweise gefesselt ist.

Hausfrauen und Advokaten, Priester und Literaten, Wissenschaftler und Politiker haben es schwer, sich in dieser Theorie mit historischen Aufträgen zu versorgen. Sie übernehmen sie zwar, wie die Geschichte und insbesondere ihre jüngsten Phasen der postsozialistischen Revolutionen wieder gezeigt haben, immer wieder. Aber für die sozialistische Revolution war dies nur umwegig zu begründen: über die vertragstheoretische Unterstellung von kollektiven »Bündnispartnern« und die Theorie vom wissenschaftlich aufklärbaren, gesetzlichen Gang der Weltgeschichte, der seine weltgeistige Inkarnation in der Parteiinstitution des von Intellektuellen dominierten Zentralkomitees fand.

Im Gegensatz zu bürgerlich-liberalen Theorien, die freilich ohne säkulare Erlösungsutopien auskommen müssen, nimmt das empirische Subjekt und seine subjektiv beschränkte Vernunft, die zusätzlich durch die Stellung im gesellschaftlichen Reproduktionsprozeß ideologisch befangen ist, eine wenig prominente Rolle ein: Es wird nicht gefragt, weder über die Normen, unter denen es mit anderen zusammenleben will (parlamentarische Demokratie), noch über die Bedürfnisse, deren Befriedigung es wünscht (Markt). So ist in der sozialistischen Perspektive das empirische Recht der bürgerlichen Gesellschaft nur strategisch relevant für die Ausgangspositionen im geschichtlichen Befreiungskampf. Danach werden, so die Erwartung, alle gesellschaftlichen Abstraktionsformen absterben: Die Ware verliert ihren Wertcharakter, das Geld seine geheimnisvolle spiritualistische Kraft, das Recht seine Verschleierung der materialen Ungleichheit, die Wissenschaft ihre Herrschaftsfunktion. In der transparenten Gesellschaft, die den von Fetischen unverstellten Blick auf ihre Strukturen freigibt, fallen Subjektvernunft und gesellschaftliche Vernunft in eins.
Es kann nicht verwundern, daß auf der Grundlage dieser theoretischen Annahmen die Politik der kommunistischen Parteien zunächst fixiert war auf den Akt der Machtübernahme. Das Politik- und Staatsverständnis blieb rein instrumentell und strategisch. Dadurch konnte weder eine adäquate theoretische Grundlage für die innerkapitalistische Praxis der Mehrheit der Arbeiterparteien, ihren pragmatischen Reformismus und dessen Folgen, entwickelt werden noch die Eigengesetzlichkeit der Sphäre politischer Macht überhaupt kritisch reflektiert werden. Folglich lag der Planwirtschaft seit Lenins Zeiten nicht nur ein hoffnungslos naives Verständnis der Implementationsmöglichkeiten politischer Programme zugrunde. Sie blieb vielmehr insgesamt unbelehrt über die Funktionsdefizite bürokratischer Herrschaft, der Selbstrekrutierung der Führungseliten und des auf immerwährende widerspruchslose Selbstbestätigung angelegten »demokratischen Zentralismus«. Die marxsche Theorietradition mußte die sozialistischen Staaten darüber hinaus äußerst skeptisch stimmen gegenüber allen aufkeimenden Formen sozialer Differenzierung – jede Autonomisierung gesellschaftlicher Teilbereiche wurde auf dieser Grundlage als ein Schritt zurück auf dem Weg zur kommunistischen Gesellschaft interpretiert.
Die zwangsweise Sistierung der gesellschaftlichen Entwicklung auf einem unterkomplexen Niveau steht also durchaus in Zusammenhang mit der wissenschaftlichen Konzeption des Marxismus. Sie hat in der politischen Ideologie der sozialistischen Länder eigentümliche Zwittergestalten geboren wie die »sozialistische Warenproduktion«, den »sozialistischen Rechtsstaat« und zuletzt gar die »sozialistische Marktwirtschaft«, die begrifflich zusammenbrachten, was nicht zusammengehörte, und damit den Blick für die gesellschaftlichen Realitäten nominalistisch verstellten.

Im folgenden soll die These von der zu geringen Komplexität der Planökonomie an einer ihrer zentralen Unterstellungen deutlich gemacht werden: der Idee, wonach die gesellschaftlichen Bedürfnisse in einem umfassenden Sinn planbar seien. Dabei soll zugleich herausgearbeitet werden, daß diese Vorstellung in wachsenden Gegensatz zur gesellschaftlichen Realität und den ökonomischen Produktivkräften geriet. Das Scheitern des Sozialismus hat durchaus Gründe, die in der Unfähigkeit dieser Produktionsverhältnisse wurzeln, die technisch gegebenen Realisationsmittel angemessen zu nutzen. Diese Selbstapplikation der materialistischen Theorie auf ihre Praxis hat im Blick auf ihre Opfer und die verschlissenen moralischen Werte durchaus tragische Züge.

3. Transparenz und Konstanz der Bedürfnisse als Voraussetzung der Planwirtschaft

Für die Konzeption einer bewußten, planmäßig gesteuerten und verwalteten Entwicklung der Ökonomie sind – selbst wenn wir unterstellen, daß Planziele nach einem simplen Zweck-Mittel-Schema erreicht werden könnten – zwei Annahmen zentral: Erstens, daß die für die Planung zuständigen Instanzen die individuellen wie kollektiven Bedürfnisse kennen, auf die hin die Organisation der Produktion ausgerichtet werden soll.

Und zweitens, daß diese Bedürfnisse, weil im Hinblick auf sie langfristige Investitionsentscheidungen getroffen werden, über einen relativ langen Zeitraum hinweg konstant bleiben.

Beide Implikationen, soviel ist auf den ersten Blick erkennbar, sind ausgesprochen problematisch. Woher bezieht ein bürokratischer Lenkungsapparat sein Wissen von den Bedürfnissen der vielen einzelnen, wie ermittelt er sie? Welcher Instrumentarien bedient er sich hierfür? Kennen die Individuen denn überhaupt selbst ihre Bedürfnisse oder werden diese nicht vielmehr, wie Mode, Werbung und der allfällige Einkaufsbummel zeigen, erst selbst im Anblick der Warenangebote entdeckt? Gehorcht das Angebot der Nachfrage, oder schafft sich nicht mindestens ebenso umgekehrt das Angebot seine Nachfrage? Waren und Dienstleistungen befriedigen Bedürfnisse, aber sie bringen sie immer nur vorübergehend zum Verschwinden. Stets erneut und stets in anderer Gestalt meldet sich die »Wunschmaschine« des Begehrens – konstant ist nur das Begehren selbst, nicht aber die Wahl der Objekte, auf die es sich richtet. Im Gegenteil, das Begehren ist geradezu charakterisiert durch den Wechsel, das rastlose Suchen und Wandern, die Austauschbarkeit der Objekt-Besetzungen.

Wenn dem so ist, dann wird man weiter davon ausgehen müssen, daß es –

gemessen an dem unerschöpflichen Potential möglicher Bedürfnisse – eine Überproduktion von Waren nicht gibt. Wo sie auftritt, ist sie die Folge fehlerhafter Produktionsentscheidungen oder fehlender kaufkräftiger Nachfrage, von Geldmangel auf seiten der Käufer. Die Nachfrage nach – freilich erschwinglichen – Luxusgütern übersteigt prinzipiell das Angebot.

Die Idee der Planökonomie geht demnach offensichtlich von ungewöhnlichen, ja, evident unzutreffenden Voraussetzungen aus. In der Tat reflektiert sich in ihr, so die These, die hier zu explizieren versucht wird, eine geschichtliche Epoche, in der die Planbarkeit der menschlichen Bedürfnisse eine relativ simple Rechenaufgabe war – oder doch zu sein schien.

Die Planwirtschaft ist ein Industrialisierungsprojekt in der Ablösung von einer agrarisch dominierten Produktionsweise. Diese ersten Industrialisierungsphasen gehen unter kapitalistischen Bedingungen, wie die Geschichte des 19. Jahrhunderts in Europa und die derzeitige Lage der Länder der Dritten Welt zeigt, mit einer Verarmung und Verelendung der Masse der Bevölkerung einher. Was angesichts dieser Situation zu befriedigende Bedürfnisse sind, liegt auf der Hand: die Primärbedürfnisse ausreichender Ernährung, Kleidung und Wohnung. Diese Bedürfnisse erfüllen die beiden skizzierten Grundannahmen der Planökonomie: Sie sind bekannt und können als elementares Quidproquo der menschlichen Existenz als konstant gesetzt werden. Der Sozialismus, so läßt sich die These zusammenfassen, stellt damit eine historische Entwicklungsalternative zur ersten Phase der kapitalistischen Industrialisierung dar.

4. Der Sozialismus als schwerindustriell-frühkapitalistische Entwicklungsalternative

1. Etappen der industriellen Entwicklung

Ich will versuchen, für diese These im folgenden einige plausible Argumente zu versammeln. Hierfür ist es erforderlich, sich kurz der Phasen und Schwerpunkte der industriellen Entwicklung zu vergewissern. Üblicherweise werden die Sparten der gesellschaftlichen Produktion eingeteilt in die Sphäre der Landwirtschaft (primärer Sektor), der Industrie (sekundärer Sektor) und von Handel und Dienstleistungen (tertiärer Sektor). Im Verlauf der vergangenen 200 Jahre läßt sich in allen Industrienationen, angeführt von den jeweils fortgeschrittensten Ökonomien, eine signifikante Verlagerung beobachten: War zunächst der primäre Sektor »führend« in bezug auf die Anzahl der Beschäftigten und seinen Anteil am Bruttosozialprodukt, so übernimmt in der folgenden Epoche der industrielle Sektor diese Rolle, um sie seit Ende der 60er Jahre in wachsendem Ausmaß an den Bereich von Handel und vor allem der Dienstleistungen abzutreten.

Auch wenn im Detail die Zuordnungen und die Bewertung der einzelnen Faktoren umstritten sein mögen: Daß wir uns im Übergang zur postindustriellen Dienstleistungsgesellschaft befinden, ist einhellige Ansicht. Sie ist charakterisiert u. a. durch einen erheblichen Anstieg des durchschnittlichen Bildungsniveaus, Mobilität und Individualisierung, Rückgang des Bevölkerungswachstums, hohen Anteil der Staatsausgaben am Bruttosozialprodukt und korporativistische Einfriedung des industriellen Konflikts.

Daniel Bell, der als einer der ersten die These von einem derzeitigen globalen Strukturwandel der Industriegesellschaft begründet hat (*Die nachindustrielle Gesellschaft*, Frankfurt 1975), hat unlängst die seit der industriellen Revolution entstandene moderne Gesellschaft in drei Epochen untergliedert. In seinem Aufsatz »Die dritte technologische Revolution und ihre möglichen sozioökonomischen Konsequenzen« (Merkur, 1, 1990) unterscheidet er die Phase der Dominanz der Schwerindustrie, die Ära der Elektro-, Motoren- und Chemieindustrie und schließlich die der Computerindustrie.

Der Übergang von einer Etappe zur nächsten wird eingeleitet durch technologische Revolutionen, die sich rasch durchsetzen und alsbald das Profil der Ökonomie bestimmen. Epochemachende technologische Revolutionen in diesem Sinne beziehen sich auf die Nutzbarmachung jeweils neuer Energie- und Informationsträger, die gleichsam wie ein Nervensystem die jeweilige Produktionsweise durchziehen und neuartige Vernetzungen und Kombinationsmöglichkeiten eröffnen. Sie bestimmen auf diese Weise im wesentlichen den spezifischen Energie-, Kommunikations- und »Reflexionshaushalt«, über den die Wirtschaft verfügt.

In groben Zügen läßt sich nach Bell die angesprochene Abfolge so charakterisieren: Mit der Entwicklung der Dampfkraft vor mehr als 200 Jahren beginnt das Zeitalter der Schwerindustrie. Es entstehen, in meist enger räumlicher Verbundenheit, Kohle-, Eisen- und Stahlwerke. Mit dieser Energiequelle erhält erstmals die Vorstellung, die Steigerung der Produktivität könne von der »Naturkraft der menschlichen Arbeit« unabhängig gemacht werden, eine technisch handhabbare Grundlage. An die Stelle der direkten Ausbeutung tritt die Idee einer friedlichen Form der Reichtumsproduktion durch Investition. Die Schlüsselqualifikation dieser Produktionsetappe liegt beim Ingenieur und Meister, als Informationsträger und -speicher dient die Schrift.

Mit dem Übergang zur Dominanz der Elektro- und Chemieindustrie vor ca. 100 Jahren kommt es zu einem grundlegenden Wandel dieser ökonomischen »Infrastruktur« und der von ihr geprägten Industriekultur. Die

Synthetisierung von Stoffen erlaubt die Schaffung einer »künstlichen Natur« und die Produktion von identischen, fehlerlosen Werkstoffen. Die Elektrizität als Energiequelle ist problemlos übertragbar und ermöglicht so die Dezentralisierung der Produktion, die Ablösung des Produktionsrhythmus von der Abfolge von Tag und Nacht. Zugleich revolutioniert sie mit der telegraphischen Codierung von Botschaften und der Entwicklung von Telefon, Radio und Fernsehen die Quantität, Qualität und Geschwindigkeit der Informationsvermittlung.

Das Computerzeitalter schließlich ist durch folgende vier Elemente charakterisiert: Durch elektronische Systeme erfolgt ein Zuwachs an Übertragungsgeschwindigkeit und die Reduktion von Bauteilen. Die Digitalisierung eröffnet andere Weisen der Informationsübertragung, die Miniaturisierung durch Chips und Megachips gestattet den Aufbau neuartiger komplexer Kontroll-, Regulierungs-, Leitungs- und Speichersysteme. Und die Entwicklung moderner Software schließlich gestaltet den Umgang mit diesen neuen Technologien so, daß sie von potentiell jedem ohne spezielle technische Fachkenntnisse angewandt werden können.

2. Technologische Revolutionen und gesellschaftlicher Wandel: Das unterkomplexe Vergesellschaftungskonzept des Sozialismus

Jede dieser industriellen Revolutionen mit ihren dominant werdenden neuen Energie- und Informationsträgern gestaltet nicht nur die Sphäre der Produktion um; vielmehr werden durch sie die gesellschaftlichen Beziehungen grundlegend verändert und neu organisiert. Chemie- und Elektroindustrie erfordern andere Qualifikationen und bilden einen anderen Typus des Arbeitnehmers aus als den frühkapitalistisch-schwerindustriellen »Massenarbeiter«. Die Dezentralisierung der Produktionsstätten führt zur Entstehung vielfältiger Industriegebiete, monostrukturelle Ballungszentren mit ihren spezifischen Siedlungsformen und sozialen Milieus verlieren an Bedeutung.

Die industrielle Produktion erfährt eine ungeheure Differenzierung und erstreckt sich zunehmend auf die einst handwerklich erzeugten Güter des täglichen Gebrauchs. Selbst Luxusgüter werden in Massenfertigung hergestellt. Maschinen dringen in alle Ritzen der ehemaligen Hausarbeit. Nur noch ein stets kleiner werdender Bruchteil der gesamtgesellschaftlichen Produktion steht im Dienste der Sicherung der elementaren Grundbedürfnisse, die ihrerseits einem dramatischen qualitativen Wandel nach oben hin – wie beispielsweise hinsichtlich der durchschnittlichen Wohngröße pro Kopf der Bevölkerung – unterliegen.

Das Scheitern der sozialistischen Gesellschaften, das derzeit ratifiziert wird, liegt nicht erst im Übergang zum Computerzeitalter und seinen spezifischen ökonomisch-sozialen Modernisierungswirkungen begründet. Diese haben es lediglich unumgänglich gemacht, daß der Bankrott auch öffentlich erklärt und abgewickelt wird. Schon die wirtschaftlichen und sozialen Potenzen der chemo-elektrischen technologischen Revolution konnten in diesen Ländern nur unzureichend genutzt werden. Lediglich in der ersten, schwerindustriellen Phase der Industrialisierung stellt der Sozialismus ein gesellschaftliches Entwicklungsmodell dar, das als Alternative zur kapitalistischen Modernisierung tauglich ist. Was Marx für den Kapitalismus angenommen hatte, daß er als Hemmschuh der Entfaltung der Produktivkräfte sich erweisen werde, gilt – nach dieser ersten Industrialisierungsetappe – in ungleich stärkerem Maße für den Sozialismus.

Für die These vom Sozialismus als Alternative zum schwerindustriellen Entwicklungsstadium des Kapitalismus spricht nicht nur die Tatsache, daß er als Sozialmodell zu dieser Zeit seine wissenschaftliche Begründung erfahren hat. Er ist auch politisch – von seinem imperialen Export und seiner hegemonialen Stütze durch die Sowjetunion nach dem Zweiten Weltkrieg abgesehen – stets nur unter gesellschaftlichen Bedingungen an die Macht gekommen, in denen der Übergang von den Strukturen einer feudalen (oder neofeudalistischen) Agrargesellschaft zu denen einer Industriegesellschaft auf der Tagesordnung stand. Die hier anstehenden sozialen Umwälzungen vermag eine auf zentraler Planung und der Konzentrierung aller politischer, wirtschaftlicher wie militärischer Macht beruhende Gesellschaft typischerweise effektiver zu bewältigen als eine auf Privateigentum basierende Gesellschaft: Die sozialen Enteignungsprozesse und die Konzentration des Kapitals, die Entbäuerlichung der Produktionsweise und die Massendisziplinierung lassen sich mit den planifikatorischen Rationalitätsschemata bürokratischer Herrschaft problemlos durchsetzen. Auf diesem gesellschaftlichen Entwicklungsstand ist auch das durchschnittliche Niveau der Bedürfnisse noch relativ unentwickelt. Das Erfordernis der Sicherung der materiellen Grundbedürfnisse hat absoluten Vorrang und ist insoweit auch global planbar.

Dies um so mehr, als die Sicherstellung dieser Grundversorgung außerhalb monetärer Kreisläufe erfolgt. Dies ist nicht nur ein Spezifikum sozialistischer Gesellschaften, die Wohnungen, Verkehr, Kinderkleidung und Grundnahrungsmittel derart hoch subventionieren, daß sie teils kostenlos, teils extrem verbilligt zur Verfügung gestellt werden. Wie noch in entwickelten kapitalistischen Gesellschaften am Beispiel der direkten Hilfen zum Lebensunterhalt im Rahmen der Sozialhilfe deutlich wird, verbirgt sich dahinter ein allgemeinerer Aspekt. Das Geld ist in der Hand der Individuen ein stets riskantes Mittel: Es kann so oder so ausgegeben werden, in ihm haust der Wille seines Trägers. Damit entzieht es sich administrativer Zweckbestimmung. Wo mit Gewißheit vorgegebene Zwecke – wie die Sicherung der Grundversorgung – erreicht werden sollen, scheint der Verzicht auf das Geldmedium und die verwaltungsmäßige Zuteilung von Gütern mehr Erfolg zu versprechen. Um den Preis freilich, daß der Preismechanismus ausfällt und damit keine Indikation für die Knappheit und den respektiven Wert der Güter erfolgt. Wie viele Wohnungen, wieviel Kinderkleidung, Brot und Bier eine solche Gesellschaft braucht, ist allein definitorischer Willkür der Behörden anheimgestellt. Bedürfnisse aber lassen sich auf Dauer weder – was auf dasselbe hinausläuft – ignorieren noch normieren. Sie graben sich ihre eigenen Kanäle, suchen und finden mehr oder minder tolerierte, halboffizielle Formen der Artikulation und Befriedigung: in Schwarzmärkten, Beziehungen, Bestechlichkeiten und Durchstechereien.

Der Sozialismus, der für die erste Phase der Industrialisierung sowohl theoretische Plausibilität besitzt wie praktische Effizienz verspricht, kommt als ökonomisches wie politisches Modell in dem Maße in die Krise, wie sich die Produktion über dieses Niveau der Sicherung der materiellen Grundbedürfnisse hinaus entwickelt. Schon im Industriezeitalter der zweiten technologischen Revolution beginnt der Abstieg seiner Karriere. Die Zentralverwaltungswirtschaft ist nicht lernfähig und flexibel genug, um das technologisch mögliche Ausmaß an Bedürfnisdifferenzierung, an Individualisierung von Interessen und an beruflicher, sozialer wie persönlicher Mobilität auch nur annähernd zu realisieren.

Wird das sozialistische Entwicklungsprojekt gleichwohl weitergeführt, so wird seine zunächst gut begründete Gleichheitsmoral realitätsfremd, aggressiv und im schlechten Sinne ideologisch: Sie entleert sich zur bloßen Propaganda, die die im gesellschaftlichen Zwielicht wachsende soziale Ungleichheit schlecht kaschiert. So unterstellt sie weiterhin kollektive Bedürfnisse und Interessen, wo diese gerade nicht oder nicht mehr vorhanden sind. Die Folge ist eine Zwangskollektivierung von Lebensformen, wie sie exemplarisch in der Uniformität der Plattenbauweise im Wohnungsbau der DDR zum Ausdruck kommt. Im Gegenzug werden kollektive Güter, und d. h. unter Bedingungen einer fast gänzlichen Verstaatlichung: nahezu alle Güter systematisch vernachlässigt. Die Altbauten, Straßen und Schienen verfallen, Luft, Wasser und Boden werden ruiniert. Die private Armut wird nicht konterkariert – und ein wenig vergoldet und legitimiert – durch öffentlichen Reichtum. Im Gegenteil. Die Tristesse beider Sphären ergänzt einander.

Auf der anderen Seite greift die antikapitalistische Stoßrichtung der Propaganda immer weniger, je mehr in den entwickelten kapitalistischen Gesellschaften die Partizipation am gesellschaftlichen Wohlstand sich verallgemeinert. Einkommensniveau und Höhe des Lebensstandards hängen nicht nur zunehmend von einer Fülle von subjektiv beeinflußbaren Faktoren (wie etwa Bildung und Ausbildung, Familienstand und Wohnort, Urlaubs- und Konsumgewohnheiten) ab, sondern büßen mit der Zunahme konkurrierender Lebensweisen ihre vermeintliche Objektivität als Gradmesser in der Skala sozialen Ansehens ein. Je stärker die sozialen

Positionen austauschbar werden und das Schicksal seine prägende Kraft verliert, desto weniger verfängt die Möglichkeit, parteipolitische Motive an den Sachverhalt sozialer Deklassierung und das Ziel ihrer Überwindung zu binden: Die kommunistische Utopie erfährt in der Pluralisierung der Bedürfnisbefriedigung in entwickelten kapitalistsichen Gesellschaften ihre ironische Verwirklichung im allgemeinen Konsumismus. Als Parteiprogrammatik verschwindet sie.

Mit zunehmender Entwicklung der industriellen Moderne machen sich die Entwicklungshemmungen des Sozialismus geltend. Sinkende Produktivität und abnehmende Wettbewerbsfähigkeit, gepaart mit systematischer Lernunfähigkeit aufgrund notorischer Uninformiertheit über seine Defizite, führen schließlich zu einer dramatischen Verschärfung der Systemkrise. Mangels autonomer Medien der Kommunikation, mangels eines funktionierenden Geld- und Preismechanismus, einer demokratischen Öffentlichkeit und einer freien, sich selbst bestimmenden Wissenschaft und Forschung organisiert die sozialistische Gesellschaft all ihr Wissen über sich selbst in pathologischer Form: als Geheimwissen bürokratischer Apparate. Die Pathologie dieser Organisationsform besteht darin, daß diese nicht an Wahrheit, sondern an Selbsterhaltung interessiert sind. Sie produzieren nur solches Wissen, von dem sie glauben, daß es ihnen nützt.

Offiziell beglaubigt wird das Scheitern des Sozialismus erst in der Phase der dritten industriellen Revolution. Der abermaligen Radikalisierung der Differenzierung, Subjektivierung und Individualisierung der Formen der Produktion und Befriedigung von Bedürfnissen, der Geschwindigkeit und weltweiten Freizügigkeit des Informations- und Nachrichtenverkehrs, der Dezentralisierung und Verallgemeinerung der Kommunikationsmedien und den Zwängen ihrer globalen Vernetzung halten die monopolistischen Informations- und Machtstrukturen der sozialistischen Gesellschaften nicht mehr stand. Das intentionale, gesellschaftlich definierte und veranstaltete Regelwerk seiner Funktionszusammenhänge ist dermaßen unterkomplex gegenüber der sozialen Praxis geworden, daß die politische Simulation in keinem praktischen Kommunikationszusammenhang mit den realen Funktionsmechanismen mehr steht. Die staatliche Planung läuft derart an der Realität vorbei, daß auch ihre allfälligen »Fehler« nicht mehr in den alltäglichen Routinen der Praxis aufgefangen werden können. Die heilsame Kraft des gesellschaftlich ungeplanten, verborgenen »schwarzen Funktionalismus« versagt. Die Nebenregierungen der Wirklichkeit verselbständigen sich. Was begehrt ist, ist nur noch auf dem Schwarzmarkt oder in den Geschäften zu haben, in denen mit harter Valuta gezahlt werden muß. Offiziell geht nichts mehr. In dieser letzten Entwicklungsphase wird gesellschaftliche Steuerung im Sozialismus zu einem vollständig imaginären Projekt, zu bloßer Propaganda.

Die Konsequenz, die die Politik Gorbatschows eingeschlagen hat, ist unausweichlich: Die Bereiche von Politik und Ökonomie müssen entzerrt und wechselseitig so verselbständigt werden, daß die spezifischen Systemsprachen Recht und Geld ihre Informationsfunktionen für demokratisch-moralisch legitime Machtpositionen und knappe Güter übernehmen können. Versuche, hierbei auf halbem Wege stehenzubleiben und allein ökonomische Freiheiten einzuräumen, wie sie etwa die chinesische Staatsführung unter Deng Xiaoping mit ihrer Politik der vier Modernisierungen seit 1980 gemacht hat, führen zwangsläufig in tiefe politische Krisen und Auseinandersetzungen. Aber das Projekt der Eroberung politischer Freiheiten, das zeigt das Ende der kommunistischen Diktaturen in der industriellen Moderne, läßt sich nicht auf Dauer verbieten. Es bricht sich im Gefolge entwickelter Marktstrukturen Bahn und steht damit doch erst vor seiner historisch entscheidenden Aufgabe: der Notwendigkeit, deren Automatik im Interesse der Überlebensfähigkeit der Natur und der menschlichen Gattung insgesamt Herr zu werden.

Die Autorinnen und Autoren

Bernhof, Reinhard, Schriftsteller, lebt in Leipzig

Binas, Susanne, studiert Musikwissenschaft an der Humboldt-Universität, lebt in Ost-Berlin

Blanke, Thomas, Professor für Arbeitsrecht an der Universität Oldenburg und Publizist, lebt in Oldenburg

Czollek, Michael, Schriftsteller, lebt in Ost-Berlin

Erd, Rainer, Privatdozent und freier Publizist, lebt in Frankfurt am Main

Ettl, Wilfried, wiss. Mitarbeiter am Institut für interdisziplinäre Zivilisationsforschung an der Humboldt-Universität, lebt in Ost-Berlin

Grunenberg, Antonia, Privatdozentin und wiss. Mitarbeiterin an der Forschungsstelle Osteuropa an der Universität Bremen, lebt in Bremen

Hildebrandt, Eckardt, wiss. Mitarbeiter am Wissenschaftszentrum für Sozialforschung Berlin, lebt in Berlin (West)

Hofmann, Gunter, Journalist bei der Wochenzeitung DIE ZEIT, lebt in Bonn

Jünger, Jürgen, wiss. Mitarbeiter am Institut für interdisziplinäre Zivilisationsforschung an der Humboldt-Universität, lebt in Ost-Berlin

Kabus, Sylvia, Schriftstellerin, lebt in Leipzig

Preuß, Ulrich K., Professor für Verfassungsrecht an der Universität Bremen, lebt in Bremen

Schedlinski, Rainer, Schriftsteller, Herausgeber der Zeitschrift »Ariadnefabrik«, lebt in Ost-Berlin

Schoch, Bruno, wiss. Mitarbeiter an der Hessischen Stiftung für Friedens- und Konfliktforschung, lebt in Walldorf bei Frankfurt

Schulz, Marianne, wiss. Mitarbeiterin am Institut für Soziologie und Sozialpolitik an der Akademie der Wissenschaften der DDR, lebt in Ost-Berlin

Segert, Dieter, Professor für Philosophie an der Humboldt-Universität, lebt in Ost-Berlin

Seifert, Jürgen, Professor für Politische Wissenschaften an der TU Hannover, lebt in Hannover

Walter, Dieter, Professor für Wirtschaftswissenschaft am Institut für Wirtschaftswissenschaften der Akademie der Wissenschaften der DDR, lebt in Ost-Berlin

Wielepp, Christoph, Schriftsteller, lebt in Leipzig

Wielgohs, Jan, wiss. Mitarbeiter am Institut für Soziologie und Sozialpolitik an der Akademie der Wissenschaften der DDR, lebt in Ost-Berlin

Zocher, Peter, Student der Musikwissenschaft an der Humboldt-Universität, lebt in Ost-Berlin

Wendepunkte deutscher Geschichte 1848-1945

Herausgegeben von Carola Stern und Heinrich A. Winkler

Mit Beiträgen von Jürgen Kocka, Eberhard Kolb, Wolfgang J. Mommsen, Wolfgang Schieder, Gottfried Schramm und Heinrich A. Winkler

Band 3421

In jüngster Zeit wird aus unterschiedlichen Gründen - seien es Aktionen von Terroristen oder die Bekämpfung ihrer Gewalttaten, die Handhabung des sogenannten Radikalenerlasses oder der Streit um die Verjährung von Mord - immer wieder die Frage gestellt, wie demokratisch die Bundesrepublik Deutschland eigentlich ist. Diese Frage wird regelmäßig verknüpft mit dem Hinweis auf die »deutsche Vergangenheit«, womit in erster Linie die Zeit des Nationalsozialismus gemeint ist.
Das »Dritte Reich« war kein Betriebsunfall der deutschen Geschichte. Darin sind sich die meisten Historiker einig. Aber ist deshalb der Umkehrschluß erlaubt, Hitlers Machtübernahme sei ein notwendiges Ergebnis der politischen Entwicklung Deutschlands gewesen? Gab es nicht doch Wendepunkte, an denen Geschichte auch anders hätte verlaufen können? Und: Sind jene Traditionen, die den 30. Januar 1933 möglich machten, heute noch wirksam oder gehören sie inzwischen der Vergangenheit an?
Das vorliegende Buch ist ein Versuch, diese Fragen zu beantworten. Im Mittelpunkt steht das Problem, warum Deutschland einen anderen Weg gegangen ist als die großen westeuropäischen Demokratien.

Fischer Taschenbuch Verlag

fi 790/1